# Les cloches sonneront-elles encore demain ?

Philippe de Villiers

# Les cloches sonneront-elles encore demain ?

Albin Michel

« Toute vérité franchit trois étapes : d'abord elle est ridiculisée. Ensuite elle subit une forte opposition. Puis elle est considérée comme ayant toujours été une évidence. »

Schopenhauer

# Sommaire

J'ai écrit ce livre avec une boule au ventre. Ma plume, souvent, hésitait, trébuchait. Faut-il vraiment dire tout cela ? Parfois mon sang se glaçait en écrivant. J'avais la gorge serrée. Non, je ne peux plus. Et puis mon instinct reprenait le dessus. Oui, il faut l'écrire. La France est en danger. Il est grand temps de donner l'alerte, de sonner l'alarme. Il faut que quelqu'un le fasse. Il faut aller réveiller le bedeau pour sonner les cloches. Pas le glas, la France n'est pas morte. Mais le tocsin, pour qu'elle ne meure pas.

J'ai rencontré beaucoup de monde. Et de nombreuses informations m'ont été confiées pour qu'elles soient divulguées, comme pour mon livre sur les *Mosquées de Roissy*[1] afin que les Français sachent et prennent conscience de la situation de gravité extrême que notre classe politique dissimule, à l'abri de ses prébendes. Elle ne veut pas qu'on la dérange dans ses jeux qui, pourtant, ne sont plus de saison. Ses jeux de rôles et ses jeux de cartes. Elle veut continuer sa partie de bridge. Sur le pont du *Titanic*.

Elle répugne à aborder la seule question qui vaille : un pays peut perdre sa richesse, il n'en meurt pas. Il peut perdre ses libertés, être accablé d'impôts, détruire ses paysages, abandonner sa souveraineté même, il n'en meurt pas. De tout cela, il peut se relever. Mais s'il perd son *identité*, qu'il ne sait plus ce qu'il est, d'où il vient, où est sa vraie richesse, alors il meurt. Un homme qui perd la mémoire perd l'orientation. Un peuple qui perd son histoire est frappé d'Alzheimer. Il devient végétatif. Il a besoin d'une tierce personne, d'un « accompagnant ». Or, la tierce personne, on la connaît, je n'en veux pas. Elle a une fiche S.

I

# Le Lapsus

Il fallait oser. Il a osé. Quand on se croit en pays conquis et qu'on a des complices dans la place, on peut tout oser. En ce jour de Pâques, le 5 avril 2015 au Bourget, devant un public en liesse de 50 000 croyants, le recteur de la Grande Mosquée de Paris – un tenant de « l'islam modéré » – a décidé de lancer un ballon d'essai. Il dévoile un objectif à atteindre : « Nous avons 2 200 mosquées, il en faut le double d'ici deux ans ! »

Petite gêne chez les politiques, juste une approbation discrète – « il faudra bien un jour – confesse-t-on – sortir de l'islam des caves, où se dissimule le fanatisme ». Chacun s'exerce à la compréhension. En revanche, l'accueil tourne aux allégresses publiques parmi les cléricatures médiatiques et les cléricatures tout court : Monseigneur Dubost bat sa coulpe et confie sa préférence « pour que des églises deviennent des mosquées plutôt que des restaurants ». On ne veut pas rester en arrière du mouvement. L'idée d'abandonner un lieu de culte à une religion concurrente ne choque pas la cohorte des *dévots utiles.* Ils sont les compagnons de route des conquérants du Coran.

Ainsi dopé par ce test jugé encourageant, le recteur Boubakeur, s'exprimant sur Europe 1 quelques semaines plus tard, redoublera d'audace. Il poussera son avantage et ira jusqu'à proposer de *transformer les églises vides en mosquées.* Quand le journaliste Jean-Pierre Elkabbach, un des archontes du « Vivre-Ensemble », l'invite avec gourmandise à préciser sa pensée, Dalil Boubakeur réplique sans ciller : « Pourquoi pas ? C'est le même Dieu, ce sont des rites voisins, fraternels... »

Dans sa *Lettre ouverte aux Français,* le recteur de la Grande Mosquée justifiera sa proposition : « Si on va vers une vision mathématique des choses, on pourrait effectivement mettre les plus à la place des moins » : moins d'églises = plus de mosquées, deux biens substituables. Des mosquées qui manquent, des églises vides qui ne demandent qu'à se remplir. C'est si simple...

Dans la foulée, le président de l'Union des Organisations Islamiques de France (Uoif), franchira une étape supplémentaire en réclamant, je cite, la construction de « mosquées-cathédrales ». Cet homme-là est proche des Frères musulmans ; on connaît leur profession de foi : « L'islam est notre objectif, le Prophète est notre chef, le Coran est notre loi. »

Les islamistes radicaux veulent la France, ils veulent le monde. La nouvelle conquête spirituelle est en marche. Après chaque acte de guerre, nos dirigeants font les gros yeux et répondent au crime par un délit, le *délit de fuite,* la fuite devant les mots : on ne désigne pas l'ennemi, on ne nomme pas le mal. On lutte « contre le terrorisme ». Avec ledit « terrorisme », il y a deux sortes de gens face à face : ceux qui terrorisent et ceux qui sont terrorisés. Les premiers instaurent la panique : avec le couteau, ils égorgent ; avec la kalachnikov, ils rafalent ; avec le camion, ils écrasent. Les seconds descendent dans la rue, ils déposent des bougies et murmurent en se tenant la main, comme pour émouvoir les tueurs, « ils n'auront pas ma haine... ». Peut-être pensent-ils qu'en dessinant des petits cœurs et en reprenant la chanson *Imagine* de John Lennon qui célèbre la paix perpétuelle et la fraternité universelle, ils vont attendrir et fléchir les assassins.

L'idée sous-jacente de la riposte des bougies nous en dit long sur la peur et la lâcheté : on est tous frères, on est tous de la même terre, il faut s'entendre.

Pourquoi ne pas inaugurer une ère nouvelle de la fusion des cœurs, d'une paix de consensus, une ère de confusion des mosquées et des églises ? À Molenbeek, quelques semaines après les attentats, cette nouvelle voie a été inaugurée, la presse s'en est fait l'écho avec un bonheur de pâmoison : « Pour la première fois, le vendredi 17 juin 2016, la rupture du jeûne du ramadan a eu lieu dans l'église Saint-Jean-Baptiste[2]. » L'archevêque de Malines-Bruxelles, Mgr De Kezel, a annoncé la décision des évêques belges d'« intégrer l'islam dans l'enseignement catholique[3] », instaurant ainsi un syncrétisme islamo-catholique, un hybride prometteur de beaux échanges interreligieux fusionnels.

Néanmoins, beaucoup de Français se retiennent sur le chemin de cette euphorie mâtinée d'imprudence. Chacun reste sur son quant-à-soi. À la suite des déclarations de Dalil Boubakeur, il n'y a guère eu de commentaires.

Le milieu politique se tient coi ; blotti dans un silence précautionneux, il regarde avec une excitation discrète le recteur « faire ses Pâques » dans nos églises désaffectées. Sans doute le recteur fut-il ravi d'apprendre que l'évêque d'Auch, Mgr Maurice Gardès, avait distrait une partie du denier du culte pour l'affecter à la reconstruction de la mosquée d'Auch. L'œcuménisme post-conciliaire encourage ceux qui, soucieux de « l'Accueil de l'Autre », piaffent à l'idée de confier leurs édifices religieux à des sacristains en djellaba. L'évêque d'Évry invite les musulmans à psalmodier le Coran dans la basilique de Longpont, dans l'Essonne. La presse, elle, brûle des bâtons d'encens. Il y a de l'émotion dans la plume, on communie aux deux espèces de la laïcité et des droits de l'homme.

Bientôt, quelques voix fortes s'élèvent, autour de l'écrivain Denis Tillinac, qui monte dans les tours et sonne le tocsin : « Une église n'est pas une mosquée ! » Une pétition circule avec quelques noms de conséquence qui carillonnent d'indignation. Ils en appellent aux ressorts intimes de notre imaginaire, on invoque Millet avec son *Angélus*. On va même jusqu'à prendre à témoin les mânes de François Mitterrand, on ressort son affiche de mai 1981 où il pose devant une église de campagne – *La Force Tranquille*. Qu'on soit croyant ou indifférent, on ouvre son cœur à la France des terroirs. Avec cette trilogie immémoriale qui résonne encore dans le cœur des Français : l'église, la mairie, l'école. Et un peu plus loin, le cimetière. Les souvenirs enfouis. La cloche d'or des noces, le petit tintement du baptême, les parents qu'on enterre, le glas de toutes nos jeunesses, les saisons et les jours qui passent, inexorables. La post-modernité, qui a tout arasé en nos âmes expirantes, confie à tous ces clochers le rôle de dernières balises de nos dérives, de nos vies tempétueuses, de nos virevoltes. Des points fixes à l'horizon de nos insignifiances mondaines, qui authentifient l'unité des vivants et des morts.

Toutes ces vieilles églises de pierre malade et ces cloches ancestrales qui ne sonnent plus appartiennent malgré tout à la personnalité française. Nul ne peut en disposer. Elles mettent chaque jour en nos humeurs si changeantes un peu de pérennité. Elles sont la haute mémoire de « ce cher et vieux pays ». C'est pourquoi il ne faut pas y toucher. Il ne faut pas déranger nos paysages intimes. C'est la civilisation. La nôtre. Elle n'est pas échangeable. On ne peut pas la troquer contre une autre, comme une liquette.

Il fallait bien s'attendre à ce qu'on sonnât les cloches du recteur Boubakeur pour qu'il fasse machine arrière. Et qu'on nous laisse vivre avec nos images, nos langages et ces identités sonnantes qui rythment les brumes de nos nostalgies : nos pèlerinages au cœur de la France éternelle, nos extases sous l'ange de Reims, la Vierge noire de Rocamadour qui nous emmène aux Croisades avec le petit roi lépreux, la couronne d'épines, la Sainte-Chapelle, les voûtes grégoriennes. Nos élans, nos regrets, nos envols, nos repentirs. Cette mémoire qui nous vient des autres et nous prépare à l'harmonie avec un temps plus long que nos songes.

Il ne faut pas toucher à nos sonorités natales. Je me souviens d'une confidence de Napoléon qu'il glissa à Las Cases à Sainte-Hélène : « Le son de l'angélus me manque sur cette île. Je ne puis m'accoutumer à ne plus l'entendre. Jamais le son des cloches n'a frappé mon oreille sans reporter ma pensée vers les sensations de mon enfance. Quand je l'entendais sous les bois de Saint-Cloud, souvent, on me croyait rêvant un plan de campagne ou une loi de l'Empire : alors que, tout simplement, je reposais ma pensée, en me laissant aller aux premières impressions de ma vie[4]. »

Tous nos grands écrivains ont évoqué le souvenir de ces premiers battements de cloches qui demeuraient, dans la nappe profonde de leur conscience, des battements de cœur. Chateaubriand évoque le parfum virginal de la fleur s'accordant aux réminiscences du gémissement du glas dans la vallée qui donne une âme à la pierre : « Tout se retrouve dans les rêveries enchantées où nous plonge le bruit de la cloche natale : le berceau et la tombe, le passé et l'avenir. »

Chacun a fait un jour de sa vie l'expérience de ces impressions indélébiles dont l'oreille enfantine a porté le cachet et qui sortent du néant. Quand j'étais enfant, chaque matin, j'étais réveillé par trois mélodies, portées par les vents et les rosées qui venaient jusqu'aux persiennes : le chant du coq, l'enclume de la forge, la cloche de l'angélus. C'était une symphonie française.

La France n'est pas un espace aléatoire, une *terra nullius*. On ne peut en disposer comme d'une feuille blanche. Le parchemin est déjà écrit. Il est chargé de signes, de cicatrices, de testaments, de belles intentions. Il vient enluminer nos pauvres vies. On ne traverse pas la France comme une plaine sablonneuse sans confins. On y séjourne en ses pérennités.

Il y va de la concorde civile. Elle impose de bien vouloir respecter l'épaisseur du temps, au sens de la prière de Péguy à Notre-Dame de Chartres :

*« Vingt siècles de labeur ont fait de cette terre*
*Un réservoir sans fin pour les âges nouveaux,*
*Mille ans de votre grâce ont fait de ces travaux*
*Un reposoir sans fin pour l'âme solitaire. »*

Il ne faut pas piétiner le reposoir. Le recteur Boubakeur n'a pas prêté attention au jour choisi pour sa proposition tapageuse. Sans doute n'était-ce pas intentionnel mais c'est le dimanche de Pâques qu'il a résolu de demander à ses amis de substituer « au blanc manteau d'églises », comme on disait au Moyen Âge, un grand concours de minarets. Or, en ce jour de la fête de Pâques, nos enfances nous convoquent, elles nous reviennent au cœur avec le souvenir des cloches qui étaient parties à Rome le Jeudi saint et qui, pour leur retour, après la Vigile pascale, sonnent à toute volée : c'est la joie des retrouvailles. Et la surprise : on va chercher les œufs que les cloches ont semés, depuis le ciel, dans les jardins de France.

II

# L'heure du Muezzin

Les cloches appartiennent à ce petit monde aujourd'hui menacé des marqueurs symboliques de notre identité. D'ailleurs, de tout temps, les révolutionnaires ont entrepris de raser les clochers et d'imposer alentour un silence de bronze. Les cloches sont comme les statues. Il faut les détruire, car ce sont des signes de la civilisation qu'on récuse.

En 1793, l'ordre fut donné par la Convention de les descendre et de les fondre pour en faire des canons. Ce fut le signal de la révolte paysanne des Vendéens et des Bretons. Plutôt « la mort que la souillure »... En 1889, comme lors des inventaires, en 1906, on recommença la querelle des « sonnailles ».

En 2013, les Femen ont fait irruption dans la nef de Notre-Dame, avant de tomber le manteau pour se jucher, seins nus, sur le socle des trois bourdons. C'était leur manière à elles de fêter le jubilé des 850 ans de la cathédrale. Elles déposèrent, au pied de l'autel, le nouveau credo post-moderne, parodiant ainsi la devise américaine *In God, we trust.* En tapant sur le bronze, elles chantaient : *In Gay, we trust.* Vaste programme... Elles furent relaxées pour leurs dégradations campanaires. Les surveillants furent condamnés pour les avoir expulsées.

Partout, en France, les actes de profanation se multiplient : en 2014, sur 807 lieux de culte et sépultures profanés, 673 étaient des sites chrétiens. On n'en parle guère. L'incendie criminel de Saint-Louis de Fontainebleau est passé inaperçu[1].

Et voici qu'on construit désormais – principe de précaution oblige – des sanctuaires *sans cloches*, comme à Sartrouville, l'« église des cités ». Le curé a ainsi justifié cette décision prémonitoire : « Nous voulons éviter de *provoquer* [*sic*] la population de quartiers à majorité musulmane. »

Il va donc falloir apprendre à s'effacer et faire disparaître les configurations familières du temps jadis. En quelques décennies, nos anciennes harmonies sont devenues des nuisances sonores.

Au nom de la laïcité, les autorités se préparent à faire le ménage pour mettre en sourdine tout ce qui serait trop voyant, trop peu laïc.

Je suis tombé de l'armoire en entendant, sur RTL, le président de l'Association des maires de France, François Baroin, qui intervenait trois jours après les attentats du 13 novembre 2015. Le journaliste Yves Calvi lui demande quelle est, selon lui, la voie à suivre pour en finir avec le terrorisme. Il répond qu'il paraît urgent de mutualiser l'espace citoyen, et donc de supprimer les crèches de Noël dans toute la sphère publique. En d'autres termes, pour amadouer les djihadistes, il est recommandé de se priver de nos symboles, de nos traditions, de nos affections. Au nom de la laïcité, on va supprimer les galettes des Rois dans les cantines scolaires au moment d'y faire entrer le halal.

Pour faire reculer l'islamisme, il faudrait éradiquer le christianisme ! Plutôt que de s'affirmer, on bat en retraite ; on va de recul en recul. Tout le pays se laisse envahir par la peur. Il doute de son assise. Après les mosquées, viendra le temps des minarets, comme en Suisse. Puis le temps du muezzin. Au nom de la laïcité, on fera taire les cloches. Mais pas le muezzin.

Quand il y eut en Suisse un référendum portant sur l'interdiction des minarets, au-delà des quatre qui existent déjà, toutes les élites ont multiplié les mises en garde. Le Conseil fédéral a prévenu : « L'interdiction de construire des minarets pourrait mettre en péril la paix et nuire à l'intégration de la population musulmane. » La Conférence des évêques catholiques de Suisse a évoqué le risque de « fragiliser les efforts nécessaires pour établir une attitude d'accueil réciproque dans le dialogue et le respect mutuel ».

Le peuple suisse n'a pas écouté ses élites. Il fut bien inspiré. Il a voté contre les minarets, les « phares du djihad ».

Par les temps qui courent, les peuples n'en font qu'à leur tête. Il a fallu une journaliste syrienne musulmane pour remettre les pendules suisses à l'heure. Elle interpella toutes les belles âmes si sensibles à l'« Accueil de l'Autre » : « Avez-vous oublié que les sonneries des cloches d'église sont interdites au Koweït ? Avez-vous oublié que la construction d'églises est interdite dans certains pays arabes ? Avez-vous oublié les invocations exprimées dans nos mosquées tous les vendredis et appelant à diviser, à disperser et à anéantir les chrétiens ? Avez-vous oublié les fatwas interdisant de souhaiter bonne fête aux chrétiens ? etc[2]. »

Chez nous, les pouvoirs publics se taisent mais savent très bien quel est le projet stratégique mondial des islamistes : génocider les chrétiens en Orient et effacer en Occident toute trace de christianisme.

Ce qui se déroule là-bas, sur la terre même qui a vu la naissance du christianisme, devrait pourtant nous alerter. Les patriarches des Chaldéens et des Syriaques nous répètent à l'envi : « Ce qui se passe chez nous se passera chez vous. Ce qui nous arrive aujourd'hui vous arrivera demain. » Personne ne veut voir. Il s'agit d'une des plus brutales persécutions de l'histoire : les maisons des chrétiens sont marquées d'un N, comme « nazaréen ». Les églises sont saccagées, les monastères sont bombardés. Les manuscrits sacrés de l'époque fatimide sont détruits. Le 26 avril 2016, l'État islamique a dynamité le clocher de l'église Notre-Dame de l'Heure à Mossoul, offert aux Chrétiens d'Orient par l'impératrice Eugénie, épouse de Napoléon III, en 1860. Pas un mot dans la presse.

C'est la fin d'un ancrage bimillénaire. Le cardinal Bechara Boutros Raï, le patriarche des maronites, nous prédit des jours sombres : « L'Occident ne comprend pas que le danger guette à sa porte, devenue branlante par l'amoindrissement de ses valeurs. Comment un peuple entier a-t-il pu être expulsé de son sol comme si de rien n'était ? » Il y a un siècle, les chrétiens en Orient représentaient 20 % de la population. Ils n'en représentent plus que 2 %.

« Nous ne voulons pas quitter cette terre. Ici, les pas des apôtres résonnent sous les nôtres. » Ainsi les chrétiens du Levant préviennent-ils des périls à venir les chrétiens du Couchant, pour que l'Occident sorte de sa dormition. Mais nous ne les entendons pas. Le pape François répète à l'envi : « Nous sommes tous des migrants. » Et si les migrants de demain, c'était nous ?

## III

# La Défrancisation

La classe politique a viré de bord. Elle accompagne le mouvement. C'est en 1983 que tout se retourne : Mitterrand écoute Delors, il se convertit au monétarisme et à l'européisme. Le capitalisme financier va prospérer. Chaque jour davantage, les délocalisations déchirent nos tissus. Les friches, l'exode, le chômage de masse. On abandonne à leur sort, au nom de la religion des coûts mondiaux, les petits commerçants, les petits métiers, les petites gens, les ouvriers. Ils sont trop chers. Ils vont être euthanasiés. Toutes les élites se mondialisent. Et annoncent la parousie. On travaille pour le monde. Et le monde travaille pour nous. La mondialisation sera *heureuse* ou ne sera pas.

Le grand patronat veut changer de main-d'œuvre : l'Algérie, le Maroc sont tout près. *Mare nostrum...*

La gauche mute vers la prolophobie. Les ouvriers décrochent. Ils ne voteront plus pour elle. Elle ne les aime plus. Elle va changer d'électorat. Elle cherche un prolétariat de substitution. Très vite, elle le trouve : le nouveau peuple élu sera l'Autre, l'Immigrant.

Tous les décramponnés des villes et des campagnes se regardent, effarés, au milieu d'un étrange ballet : le porte-monnaie qui se vide, l'usine qui se démonte, la mosquée qui s'installe.

Avec le cynisme consommé du politicien de la IVe République, Mitterrand se souvient du ministre de l'Intérieur qui tonnait en 1956 : « L'Algérie, c'est la France. » Le ministre, c'était lui. Il renverse le logiciel : « La France, c'est l'Algérie. » Il réforme la carte de séjour. Il ouvre les bras aux étrangers et prononce la phrase célèbre : « Ils sont chez eux chez nous ! »

Aujourd'hui, le programme est accompli. Ils sont chez nous presque chez eux. Et nous, nous ne sommes plus tout à fait chez nous. Bientôt chez eux.

La colonisation est en marche. La défrancisation aussi. Les « faces de craie » commencent à raser les murs.

Le temps vient où les barbus-bernard l'hermite sortent de leurs coquilles, qui ont été abandonnées par l'espèce française en voie d'extinction.

Avec arrogance, ils nous enjoignent de « réécrire l'Histoire de France à la lumière de l'apport de la civilisation islamique[3]. »

Les profs jubilent. Enfin du neuf, enfin de nouvelles histoires à raconter... Toutes les élites européennes prêtent une oreille complaisante aux sermons visionnaires des prédicateurs zélés, comme celui de la mosquée Bilal de Berlin qui marquera les esprits : « L'Europe moderne est la fille de la civilisation islamique, mais c'est une fille *ingrate*, qui oublie tout le bien que lui ont prodigué ses parents et qui se frappe la tête contre le mur... Sans la civilisation islamique, l'Europe moderne n'aurait jamais vu le jour[1]... »

Un an après, le 7 février 2016, seul sur la scène du Grand Palais de Lille, entouré de drapeaux français, devant un public de femmes voilées et de barbus portant le *qamis*, c'est-à-dire la tenue du Prophète, le théologien Tariq Ramadan va enflammer la salle. Ce jour-là, il se découvre : « La France est une culture maintenant musulmane. *L'islam est une religion française.* La langue française est la *langue de l'islam.* Vous avez la capacité culturelle de faire que la culture française soit considérée comme une culture musulmane parmi les cultures musulmanes. » Et il ajoute avec un brin d'ironie : « Tout ce que je dis est dangereux pour ceux qui aimeraient qu'on continue à se penser comme des bénis-oui-oui minoritaires... La France a un grand besoin de renouveau de sa classe politique ». À bon entendeur, salut...

À la fin de l'année 2015, le traumatisme du Bataclan inspire au ministère de l'Intérieur des mesures exceptionnelles pour la sécurité des « fêtes de Noël ». Par un dimanche « œcuménique », dans plusieurs villes de France, des « gardes musulmanes » se mettent en place pour la messe de minuit.

Devant l'église Saint-Léger de Lens une vingtaine de musulmans, proches de l'Uoif, forment une haie de protection pour les fidèles ainsi rassurés.

À Béziers, la cathédrale Saint-Nazaire est gardée par une patrouille de jeunes protecteurs de bonne volonté. Le maire, Robert Ménard, reconnaît l'un d'entre eux, qui avait notamment publié sur les réseaux sociaux une photo d'une Marianne décapitée, dont la tête avait été remplacée par un Coran. Alors il pose la question : « Une garde musulmane qui protège une cathédrale ? Mais contre qui ? Des hordes de moines bouddhistes ? Des chamans sibériens ? Depuis quand les pyromanes nous protègent-ils des incendies ? »

Par delà l'anecdote de ces patrouilles de Noël, ces initiatives ont une portée symbolique très forte. Voilà que, dans notre pauvre pays tuméfié, apeuré, une religion inscrite au cœur de son identité semble si faible qu'il apparaît possible aux tenants radicaux d'une autre religion de s'arroger le droit de la protéger.

Le lendemain de Noël, le ministre de l'Intérieur, Bernard Cazeneuve, a publié – sur le réseau social Twitter – une brève déclaration : « Respect pour les musulmans qui ont *protégé* les églises pour Noël. Concorde et Fraternisation dans la République. » Ce communiqué laisse entendre que les musulmans ont autorité pour faire la loi, puisqu'ils assurent les missions de sécurité publique qui incombent officiellement à l'État.

Il renvoie à l'imaginaire de la *dhimma* islamique traditionnelle, un pacte de soumission – protection qui s'imposait en terre d'islam aux chrétiens et aux juifs, les *dhimmi*.

La France porte le deuil d'une grandeur défunte. Elle a connu bien des malheurs dans son histoire. Elle s'est toujours relevée. Elle garde, de toutes les épreuves traversées – l'occupation allemande, la guerre de Cent Ans, les invasions barbares – une mémoire douloureuse mais victorieuse. Pour la première fois, elle doit affronter la *crainte de disparaître*. Notre manière d'habiter la France n'est plus tout à fait la même. Nous ne sommes plus seuls. C'est désormais une manière de cohabiter. Car la terre de France porte dorénavant deux peuples : un peuple neuf qui s'installe avec ses fiertés et un peuple exténué qui n'est même plus conscient des conditions de sa survie, un peuple hagard qui ne sait plus où il habite.

Ces deux peuples appartiennent à des civilisations singulières. Ils n'ont pas d'histoire commune. Ou plutôt si, une histoire commune chargée de retours d'amertume et de ressentiments. On vit dans la post-colonisation : les mœurs, les coutumes, les croyances et les indifférences se heurtent.

De temps en temps, dans les « zones sensibles » comme on dit, un mot un peu radical part d'une fenêtre et traverse la rue à l'adresse des ultimes *céfrans*, des *kouffars* – les mécréants –, les infidèles. Il y a de la francophobie dans l'air. Et dans les airs avec les rappeurs comme Ministère amer qui mettent leurs mélodies au service de la revanche millénaire : « Poitiers brûle. Et cette fois-ci, pas de Charles Martel. On vous élimine puisque c'est trop tard », ou encore : « La France pète, j'espère que t'as capté le concept. »

Depuis les premières boules de gui dans les anciens tilleuls et les chicanes des druides et des premières tribus, la France est connue pour « sa vieille propension gauloise aux divisions et aux querelles ». Jules César avait déjà su, en son temps, en tirer profit. Mais il y eut, pendant des siècles, une manière française de cautériser les plaies. L'unité capétienne, puis le roman national des « hussards noirs de la République » cultivaient des références supérieures à tous les déchirements. On pouvait recoudre. Quand on prononçait les noms de Bouvines, Jeanne d'Arc, Verdun, les cœurs s'apaisaient et se mettaient à l'unisson.

Nous avons perdu le fil et les nouveaux Français cultivent un autre imaginaire qui appartient à l'Oumma, loin de nos tendresses et de nos chamailleries domestiques.

La terre de France ne porte plus les mêmes songes. Ceux qui y vivent ne sont plus habités par le même passé, par les mêmes affections.

Ce n'est pas que les hommes d'aujourd'hui soient pires que les hommes d'autrefois, mais ils ne sont plus *reliés* les uns aux autres. Il n'y a plus vraiment de communauté de destin.

Alain Peyrefitte a raconté une confidence de De Gaulle. Celui-ci pressentait le choc identitaire qui secoue notre pays meurtri : « C'est très bien qu'il y ait des Français jaunes, des Français noirs, des Français bruns. Ils montrent que la France est ouverte à toutes les races et qu'elle a une vocation universelle. Mais à condition qu'ils restent une petite minorité. Sinon la France ne serait plus la France. Nous sommes quand même avant tout un peuple européen de race blanche, de culture grecque et latine et de religion chrétienne... »

Et il ajouta, sur un ton prémonitoire : « Les Arabes sont des Arabes, les Français sont des Français. Vous croyez que le corps français peut absorber dix millions de musulmans, qui, demain, seront vingt millions et, après-demain, quarante ? Si nous faisions l'intégration, si tous les Arabes et les Berbères d'Algérie étaient considérés comme Français, comment les empêcherait-on de venir s'installer en métropole, alors que le niveau de vie y est tellement plus élevé ? Mon village ne s'appellerait plus Colombey-les-Deux-Églises mais Colombey-les-Deux-Mosquées[2] ! »

Quelques décennies après cette mise en garde, la France ne sait plus ce qu'elle est vraiment. En 2007, Nicolas Sarkozy créa, par une sorte d'acte manqué, un ministère « de l'Identité nationale ». On met le mot quand la chose fait défaut. Puis il ouvrit un débat. Le ministre de l'Identité, Éric Besson, pressé de définir le concept, en vint à expliquer que le peuple français n'existait pas : « La France n'est ni un peuple, ni une langue, ni un territoire, c'est un agglomérat de peuples qui veulent vivre ensemble. Il n'y a pas de Français de souche, il n'y a qu'une France de métissage[3]. »

Il n'y aurait donc plus d'identité française.

Cet aveu m'a rappelé une anticipation prophétique de Chateaubriand, délivrée depuis son donjon de Combourg : « Des peuplades de l'Orénoque n'existent plus ; il n'est resté de leur dialecte qu'une douzaine de mots prononcés dans la cîme des arbres par des perroquets redevenus libres, comme la grive d'Agrippine gazouillait des mots grecs sur les balustrades des palais de Rome. Tel sera bientôt notre sort et celui de nos jargons. Quelque corbeau envolé de la cage du dernier curé franco-gaulois, dira, du haut d'un clocher en ruine, à des peuples étrangers, nos successeurs : “Agréez les accents d'une voix qui vous fut connue”. »

À moitié défrancisés, les Français pourraient bien connaître le sort des peuplades de l'Orénoque. Et n'être plus qu'un souvenir dans la mémoire des oiseaux.

IV

# Le Frankistan

Tariq Ramadan a un coup d'avance. C'est un visionnaire, il est déjà à l'étape suivante. Son exhortation aux musulmans du Nord lors du rassemblement annuel, en février 2016, les invite à prendre conscience du chemin parcouru : « Je vous appelle au courage, ça ne va pas être facile. J'aimerais vous dire une chose : qui aurait pu penser, il y a trente ans, que nous *en arrivions là* ?[1] »

La conclusion qui suit en forme de semonce a une portée significative : « L'État ne peut pas ne pas tenir compte d'un peuple qui change, donc il faut *changer le peuple*[2]. » C'est exactement l'exhortation de Bertolt Brecht, sauf que, chez Brecht, il s'agit d'une scène imaginaire : l'écrivain allemand prête à l'un des personnages de son théâtre cette question plaisante : « J'apprends que le gouvernement estime que le peuple a trahi la confiance du régime et devra travailler dur pour regagner celle des autorités. Dans ce cas, ne serait-il pas plus simple pour le gouvernement de *dissoudre* le peuple et d'en élire un autre ?[3] »

En *élire* un autre ? La formule est amusante... le comble serait évidemment d'obtenir, à la fin de la pièce, les applaudissements du peuple *dissous*, pour que la parabole, encore plus criante d'absurdité, déclenchât le rire du public. De l'imaginaire au réel, le pas est franchi. La fantaisie littéraire est devenue une stratégie. La France est en train de muter. On change de peuple. Nous ne sommes plus dans une fiction, sur des tréteaux. La pièce de Brecht se réalise sous nos yeux.

Vu du côté de la mégapole hypermobile des bobos déconstructeurs, c'est un exercice excitant de « changer de peuple ». Nicolas Sarkozy n'était pas loin de cette distraction exotique avec son affiche de 2007 « La France d'après ». D'après quoi ? D'après les Français ? D'après la culture ? D'après la littérature ? La France post-historique ? L'Après-France ?

Cette nouvelle figure d'une France renouvelée, transfusée, est bien là désormais, inscrite dans nos paysages, méconnaissables. Elle a remplacé l'autre, vidée d'elle-même. Désaffiliée. Cette France toute neuve s'invente tous les jours. Elle migre en ses modes de pensée et ses accointances. Analphabète de son propre passé. Satellisée, tourbillonnante, désorbitée, atomisée. Devenue une géographie de circonstance. Deshistoricisée. On s'y côtoie sans se fréquenter. Il n'y a plus de destin désiré.

La citoyenneté s'en est allée, avec les anciennes ferveurs, le matrimoine et le patrimoine sont tombés en désuétude. Ils sont sujets à dérision. Il n'y a plus d'héritage. On n'hérite de rien d'autre que du cosmos.

On n'a plus qu'un seul devoir civique : « sauver la planète ». Nous sommes tous devenus des planétaires universels, des légataires cosmiques. L'État n'existe plus comme fournisseur du Bien Commun. Il n'a aucun droit sur nous. On a des droits sur lui.

Sur le forum de toutes les bigarrures, où se croisent des hybrides solitaires-solidaires, la vie n'est plus que Créance. On vit dans le hors-sol, la mobilité absolue. On est tous des nomades. Comme a dit François : « La Bible n'est que l'histoire d'une humanité qui *chemine.* » Alors, nous nous mettons en chemin. Un jour accueillant, un jour accueilli.

Il n'y a plus d'avenir pour les sédentaires qui sédimentaient leurs souvenirs. Les nations deviennent des désignations inutiles. *Natio*, c'est naître. On est né de nulle part. On arrive tout juste. Et quand on est là depuis longtemps, on ne sait même pas d'où on est venu.

La famille désinstituée laisse des orphelins de lignée. Le fils n'a pas d'histoire à se raconter, seulement des jeux vidéo en 3D pour tuer le temps. Il quête dans les jours mornes quelques ivresses. Ses rêves l'emmènent vers l'Orient incandescent. Sa sœur qui croise les voiles de ses voisines de classe courant à la mosquée interroge sa mère, hamburger et portable à la main :

« Mes copines disent qu'elles sont musulmanes... Et nous, nous sommes quoi ?

– Nous, nous sommes rien », lui répond la mère qui est banquière, à l'abri du besoin.

Bien sûr, elle entend par là : nous sommes laïcs, sans appartenance, nous ne dépendons de rien ni de personne. Nous sommes libres[4].

La fille, insomniaque, est allée à « Nuit Debout ». Elle veut faire la révolution. Et le fils est fasciné par ses copains de foot qui rêvent du djihad.

Naître sans héritage, grandir sans apanage, mourir sans lignage, c'est le lot de l'homme de passage, de l'homme sans ancrage. *L'homme de rien*. Qui ne trouve rien en arrivant, qui ne laisse rien en partant. Qui, finalement, n'aime rien. Rien que lui-même, ses pulsions et appétences.

La grande mutation aura finalement produit ces hommes de rien, qui ne croient à rien, qui ne retiennent rien, et que plus rien ne retient, qui ne partagent que l'instant à venir du genre humain et ont perdu jusqu'à l'idée même d'un voisinage. Ces hommes sans dilection ont juste un Smartphone à l'oreille et un dessin de petit cœur en Stabilo, pour le prochain attentat. Avec une pancarte toute prête : « Je suis un Autre. » Ils n'ont rien à défendre mordicus.

Alors, dans ce monde-là, bardé de pacifisme, la colonisation devient facile. Elle n'en est même plus une. On ne colonise pas le vide. On le remplit. Ainsi un peuple a-t-il pu se laisser divertir, engourdir, et fuir la notion même du temps, la conscience de lui-même. Aussi bien perd-il le goût, comme un vieillard perd l'appétit, le goût de l'avenir, l'envie de se perpétuer. Un peuple végétatif n'a plus d'horizon. Il est déjà sorti de l'histoire, de celle qui s'écrit en lettres de sang. Quand d'autres rêvent d'y entrer.

Les hommes de rien ne s'étonnent plus de rien. Et ne s'inquiètent de rien. Ils sont comme les ravis des santons de la crèche : le visage de notre pays change à vue d'œil, de population, de mœurs, de civilisation. C'est le temps de l'échange, de l'enrichissement mutuel, du grand mélange.

Et pourtant il y a aujourd'hui deux France qui ne se côtoient plus : la première est jubilatoire, mobile, spéculative, celle des élites. La deuxième est déprimée, reléguée, périphérique, celle des couches populaires.

On ne reconnaît plus la France des oubliés, des bourgs abandonnés, avec des alignements d'écriteaux « Commerce à céder », non plus que la France des villes de l'envers qui appartiennent à cette vieille terre aux entrailles retournées qui a renoncé à elle-même et laisse grignoter alentour son art de vivre ancestral. Tout un pays qui prend des allures de banlieue universelle. Il suffit de voyager pour voir que tout change. Même les campagnes les plus reculées participent de la grande mue.

La France officielle interdit aux petits Blancs d'entretenir leur identité, de cultiver leurs jardins secrets, secrètement français.

Elle leur fait un devoir civique de contenir déplorations et chagrins devant les pans de murs de la maison qui tombe en ruine. On peut regarder son village changer. Mais on n'a pas le droit de s'en plaindre.

Quand on traverse tous ces petits Kaboul qui ont déjà transmué, on croise des rangées de femmes qui flottent dans des jilbabs – ce long voile qui leur couvre le corps – et, parfois, de plus en plus souvent, portent le niqab, qui ne laisse voir que les yeux.

Les unes après les autres, les villes basculent dans la France halal. Lunel n'est plus de l'Hérault. Oyonnax est devenue turque comme Lons-le-Saunier. Graulhet n'est plus d'Albigeois, Creil n'est plus du pays de France, Yssingeaux de Velay, Chauny de Picardie. Petit à petit la France glisse : Avignon n'est plus la Cité des papes mais celle des salafistes. Partout les Français de souche souffrent. Ils sont déjà dans une culture de minoritaires. Ils se taisent. Leur histoire, leurs attachements deviennent exotiques.

Notre langue même recule chez nous, là où elle fut proclamée. À Villers-Cotterêts, au cœur de cette ville où, en 1539, le roi François Ier a décrété l'exclusivité du français dans tous les actes officiels – la fameuse ordonnance – on parle arabe sur la place de l'église. « La maison du maître d'école a été vendue pour faire une mosquée, la charcuterie a été transformée en boucherie halal, le restaurant savoyard est devenu kebab. Et, conséquence de la construction de HLM sur la route de Vivières, les murs ont été couverts de tags, des poubelles ont flambé[5]... » Et le château où François Ier a signé l'ordonnance menace ruine. Les visites y sont interdites, à cause des pierres qui tombent.

Pour les indigènes, l'acclimatation « en terre étrangère » est difficile. Ils vivent dans un nouveau pays qui n'est plus le leur. Les nouvelles populations installent chez nous leur manière à elles d'habiter le monde. Elles créent, recréent des communautés d'appartenance. Pour les « souchiens » – les sous-chiens – l'exil chez soi est une ascèse. On y fume le narguilé, on voit, dans la rue, les hommes qui marchent devant, les femmes qui suivent. La séparation des sexes, etc.

La banlieue s'islamise. Et le processus gagne le cœur des villes. Même Paris, la ville des « surclasses », comme Londres ou New York, fière de n'appartenir qu'au monde entier, commence dans certains quartiers à ne plus ressembler au rêve de United Colors of Benetton pour se mettre petit à petit à l'unisson de La Mecque ou de Raqqa. Un processus qui commence à susciter de plus en plus le regard dubitatif du « bobo » local. La journaliste Géraldine Smith a publié au printemps 2016 un essai révélateur sur une rue du 11e arrondissement de Paris, la rue Jean-Pierre Timbaud, symbole d'un « Boboland » qui a basculé.

Elle raconte les tribulations et les déconvenues de « sa vie de famille entre bobos et barbus ». « Quand nous nous sommes installés, j'étais enthousiasmée par la diversité sociale, religieuse et culturelle de ce quartier qui ressemblait à la France plurielle que j'appelais de mes vœux. » Elle ne veut rien voir des mutations qui, petit à petit, signalent la transformation du quartier. Le café des hommes, le voile, les interdits religieux.

Un jour, un de ses voisins lui fait un aveu qui va la faire réfléchir : « On intègre tellement l'ambiance de la rue qu'on finit par se convaincre qu'on prend un gilet parce qu'il fait froid, au lieu de s'avouer qu'on n'ose plus se promener les épaules nues. » Puis elle décrit, au fil du temps, la liquéfaction de la sociabilité : « Quand un boulanger sert systématiquement les hommes avant les femmes, quand les petits commerces sont remplacés par des librairies islamiques et les magasins de mode ne déclinent plus dans leurs vitrines que la gamme très réduite du voile intégral, l'atmosphère de la rue s'en ressent forcément… De même, quand des petits groupes prosélytes abordent des jeunes du quartier pour leur intimer de se joindre à la prière, non pas une fois par semaine mais tous les jours ! Les premières victimes de cette évolution ne sont pas les gens qui peuvent déroger à la carte scolaire ou, mieux, déménager. Ce sont ceux qui n'ont pas les moyens de partir, comme ce pizzaiolo qui baisse les rideaux parce qu'on lui enjoint de ne plus vendre que du Coca arabe. »

Car cette salafisation n'est pas neutre. Elle cache un projet politique. Elle prépare des citadelles islamiques. Comme il y eut durant les guerres de Religion des citadelles protestantes.

Mais, à la différence de nos aïeux, personne ne veut le reconnaître. Bientôt, on ne retrouvera plus rien de nos cités.

Il suffit d'écouter les chansons de banlieue pour comprendre. Avec des paroles touchantes et l'expression de ses tendresses d'artiste, Grand Corps Malade chante sa maladie d'amour pour sa ville :

*« Si t'aimes voyager, prends le tramway et va au marché.*
*En une heure tu traverseras Alger et Tanger. »*

Le refrain résume les nouvelles mythologies de l'Après-France :

*« Saint-Denis, ville sans égale,*
*Saint-Denis, ma capitale,*
*Où, à Carrefour, tu peux même acheter*
*De la choucroute halal.*
*Ici, on est fier d'être Dieunésiens. »*

La ville aux 130 nationalités acquiert ainsi de nouvelles fiertés. On n'y voit presque plus d'Européens. C'est dans le Saint-Denis historique qu'a été tué le « cerveau » des attentats du 13 novembre, Abdelhamid Abaaoud, tout près de la colline où a roulé la tête de saint Denis ; et juste à côté du tombeau de Charles Martel, qui repose dans la nécropole des rois d'où partaient les croisés avec l'oriflamme « Mont-joie, Saint-Denis ».

Saint-Denis n'est plus dans Saint-Denis. Sur le parvis de la basilique, on voit passer des boubous et des barbus, parfois même des toutes petites filles drapées dans le linceul islamique. Si la paroisse reste bien vivante, c'est grâce au zèle de la communauté chrétienne des Africains et des Tamouls. Le cimetière des Rois n'est plus qu'une enclave. Signe des temps : face au grand porche des Rois, le bar-tabac a changé de nom : il s'appelle le Khédive. La basilique a pris un coup de jeune. Sa pierre est blanche. Sa façade a été ravalée. À Saint-Denis, on l'appelle avec un brin de tendresse, « la belle étrangère ». On ne lui fera pas de mal. Elle appartient à une histoire qui ne compte plus.

Gilles Kepel décrit, dans *Quatre-Vingt-Treize*, la ville de Saint-Denis comme « La Mecque de l'islam de France ». Le 11 juin 2016, les « Indigènes de la République » ont organisé sur l'esplanade de la basilique, avec le soutien de la mairie, une rupture de jeûne du ramadan. Voilà. La boucle est bouclée. Le gisant de Charles Martel dort d'un marbre définitif. Saint-Denis vit au Stade et dans l'Oubli.

Comment a-t-on pu en arriver là ? Que s'est-il passé pour que nous acceptions de voir notre pays muter aussi vite et aussi mal ? Il aura fallu une incroyable conjonction de lâchetés, d'imprévoyances et de démissions pour emporter notre pays loin de ses bases et le conduire aux portes de l'abîme.

Dans une note peu connue d'un de ses livres[6], le philosophe Emmanuel Kant relève que « les Turcs appellent l'Europe chrétienne le Frankestan ». Il ne croyait pas si bien dire : il n'y aura bientôt qu'une lettre à changer pour désigner la partie française, le « i » de Frankistan.

V

# La Conquête

Nous sommes à la veille de deux poussées migratoires de grande ampleur. Les experts font sonner des alarmes discrètes : « Nous n'avons encore rien vu. » Un chercheur de l'Iris pose la question : « L'Afrique en crise va-t-elle se retrouver dans nos banlieues ?[1] »

La première poussée pourrait venir de l'Africanistan. La stratégie des djihadistes est la même partout : introduire le désordre, la désespérance et la panique dans les régions surpeuplées. La population des quatre pays qui sont au cœur du Sahel francophone – le Niger, le Tchad, le Mali et le Burkina – représente 67 millions de personnes. Dans vingt ans, elle sera de l'ordre de 130 millions. C'est beaucoup plus que les 23 millions que représente la population syrienne. Il y a loin d'une vaguelette à un tsunami.

La deuxième poussée viendra du Maghreb. Nous en voyons déjà les prémices. Mais c'est surtout l'Algérie qui peut basculer dans le vide, avec un régime grabataire, la faillite budgétaire d'un État soviétoïde, et surtout une jeunesse exponentielle – trois quarts des 40 millions d'Algériens ont moins de 30 ans –, travaillée par l'islamisme. Alors que sort de terre, à Alger, le plus haut minaret du monde – 260 mètres –, il s'est construit plus de mosquées depuis ces quinze dernières années que durant tout le XX<sup>e</sup> siècle.

Si l'Algérie explose, le Maroc et la Tunisie, à leur tour, connaîtront le chaos. C'est une machine infernale qui fait son tour de chauffe. À partir de l'hypothèse de ce grand ébranlement, l'écrivain Boualem Sansal a imaginé la victoire d'un empire islamiste mondial : « Peu à peu, le monde musulman se reconstruit et retrouve ses ambitions premières et sa volonté hégémonique. La frontière avec l'Occident commence à être abolie puisque maintenant l'islam politique s'ouvre des espaces à Londres, à Paris et à Bruxelles. On peut imaginer que, dans trente ans, l'islam gouvernera l'ensemble du monde musulman qu'il aura unifié. Dans soixante ans, il partira à la *conquête* de la civilisation occidentale[2]. »

Cette conquête est dans l'ADN de l'islam. Il suffisait de le réveiller pour qu'il se déploie.

Les nouveaux penseurs de l'Oumma ont disposé sous nos pas insouciants deux charges explosives qui vont ouvrir les failles et précipiter l'invasion : le retour aux *sources* de l'islam originel pour enflammer les jeunesses coraniques et la *surpression* démographique qui porte à l'exode et à l'expansion.

Face à des nations moralement épuisées, spirituellement anémiées, livrées à un ordre techno-marchand et un juridisme sans âme, la partie deviendra vite inégale.

Pour qu'une conquête réussisse, il faut que les conquérants aient une âme de conquérants, c'est-à-dire qu'ils emportent avec eux, dans leur cœur, la certitude de bronze qu'ils ne font que répondre à un appel puissant et supérieur. Comme on disait au Moyen Âge chez les croisés, « Dieu le veult ». Si Dieu le veult, on obéit : on va délivrer Jérusalem.

Entre les deux mondialismes, celui du feu sacré et celui de l'hébétude, l'issue est probable. Sauf en cas de sursaut spirituel et de retrouvailles avec le principe de notre civilisation.

Le grand-père de Tariq Ramadan, Hassan al-Banna, fondateur des Frères musulmans, que son petit-fils décrit comme

« le plus influent des réformistes musulmans de ce siècle », avait ainsi résumé avec brio, dans son « credo », cet esprit de *conquête* de la planète entière : « Je crois que le musulman a pour devoir de faire revivre la gloire de l'islam, en promouvant la renaissance de ses peuples, en restaurant sa législation. Je crois que le drapeau de l'islam doit dominer l'humanité, et que le devoir de tout musulman consiste à éduquer le monde selon les règles de l'islam. Je m'engage à lutter tant que je vivrai, pour réaliser cette mission, et à lui sacrifier tout ce que je possède[3]. »

Les islamistes n'ont aucune fantaisie. Ils cherchent à incarner ce qu'ils ont reçu. Les fantaisistes sont ceux qui n'ont pas lu le Coran ou ses plus ardents commentateurs qui croient, souvent en toute bonne foi, à une religion aseptisée, adaptable et christo-compatible. Une religion qui serait comme celle du Christ : une religion d'amour. Hélas, toutes les religions ne se ressemblent pas. C'est la grande erreur des Occidentaux de le croire.

Le Coran enseigne que l'humanité entière est destinée à se reconnaître musulmane ou à se soumettre au pouvoir de l'islam. Car Allah garantit le succès universel de l'islam. « Oui, ceux qui s'opposent à Allah et à son Prophète, voilà ceux qui seront les plus humiliés. Allah a écrit : “Moi et mes prophètes, nous vaincrons sûrement !” Allah est fort et puissant[4]. » C'est cette victoire qui assurera la paix et la justice, celles-ci consistant en l'obéissance au Dieu du Coran sur la terre, grâce à l'application de la charia, la loi islamique.

Il n'y a donc de paix possible que dans les territoires et chez les peuples islamisés ou gouvernés par un État musulman, mais pas là où règne la mécréance. Le Coran a très tôt conduit les musulmans à considérer la division du monde en deux blocs antagonistes : la *Demeure de l'Islam* – le *Dar al-Islam* – où prévaut la vraie paix et la *Demeure de la Guerre* – le

*Dar el-Harb* – qui lui échappe encore mais qu'il faut soumettre de gré ou de force.

La priorité consiste *à reconquérir* tous les territoires qui furent, un jour, sous la domination de l'islam, sur lesquels ses lois ont été appliquées et ses rites suivis, car ils font partie de la demeure de l'islam.

Le fondateur des Frères musulmans a précisé les contours de la conquête européenne : « Nous voulons que le drapeau de l'islam flotte de nouveau, au vent et bien haut, dans toutes les contrées qui ont eu la chance d'accueillir l'islam pendant un certain temps, et où la voix du muezzin a retenti [...]. Puis la malchance a voulu que les lumières de l'islam se retirent de ces contrées, qui sont retombées dans la mécréance. Donc l'Andalousie, la Sicile, les terres des Balkans, les côtes italiennes ainsi que les îles méditerranéennes sont toutes des colonies méditerranéennes musulmanes, et il faut qu'elles reviennent au sein de l'islam. Il faut également que la Méditerranée et la mer Rouge redeviennent des mers musulmanes, comme elles l'étaient auparavant[5]. »

On trouve dans le Coran des versets pacifiques, appelant à la discussion courtoise. Mais, comme le dit le philosophe Rémi Brague : « Ces versets datent de la première période de la mission de Mahomet qui, prêchant à La Mecque devant un auditoire indifférent ou même hostile, devait composer avec les autres groupes religieux. Une fois à Médine, devenu chef d'une armée, le ton change. L'avertisseur est devenu chef politique et militaire. Il s'agira désormais de combattre, de soumettre l'adversaire et de lui faire payer l'impôt. Et l'ennui est que, selon la dogmatique islamique, les versets descendus à Médine abrogent les versets antérieurs. »

La guerre répond donc à un commandement : « Combattez les incrédules jusqu'à ce qu'il n'y ait plus de sédition et que le culte d'Allah soit rétabli[6] » ; « Ô Prophète ! Mène combat contre les infidèles et les hypocrites et sois dur contre eux[7] ! » La guerre est une obligation, même si elle ne plaît pas à tous.

« Le combat vous est prescrit, et vous l'avez en aversion. Il se peut que vous ayez de l'aversion pour une chose, et elle est un bien pour vous[8]. »

C'est dès les premiers temps de son expansion que l'Islam s'est présenté comme une religion de controverse et de combat. En effet, sa naissance et sa croissance se sont déroulées dans un contexte de violences politico-religieuses. À La Mecque, où il naquit vers 571, selon l'historiographie officielle, Mahomet a d'abord prêché contre le polythéisme ambiant. À tous ceux qui s'opposaient à sa prédication, il promettait le Feu éternel s'ils ne se soumettaient pas à la volonté du Dieu Un, celui du monothéisme islamique.

À Médine, « la Ville du Prophète », où il émigra en 622 avec ses premiers disciples et où il mourut dix ans plus tard, il pratiqua la razzia et tendit des embuscades aux caravanes mecquoises.

Au VIIe siècle, dans la péninsule arabique, les Bédouins pratiquaient l'observance de mois sacrés au cours desquels ils s'interdisaient de recourir à la guerre et à la razzia. Le Coran en tient compte. Toute forme d'agression doit donc, en principe, se dérouler en dehors de ces périodes. « Après que les mois sacrés se seront écoulés, *tuez les associateurs* partout où vous les trouverez ; capturez-les, assiégez-les, dressez-leur des embuscades. »

« Mais s'ils se repentent, s'ils s'acquittent de la prière, s'ils font l'aumône, laissez-les libres. Allah est celui qui pardonne, Il est miséricordieux[9]. » La prière et l'aumône dont il est question ici doivent évidemment correspondre aux règles islamiques. Quant au qualificatif d'« associateur », il s'applique aux chrétiens adorateurs d'un Dieu-Trinité, comme cela ressort de cet autre verset : « Combattez : ceux qui ne croient pas en Allah et au Jour dernier ; ceux qui ne déclarent pas illicite ce que Allah et son Prophète ont déclaré illicite ; ceux qui, parmi les gens du Livre – juifs et chrétiens – ne pratiquent pas la vraie Religion. Combattez-les jusqu'à ce qu'ils paient directement le *tribut* après s'être humiliés[10]. »

Selon la Sunna et ses biographes, le Prophète a dirigé lui-même 27 campagnes militaires et en a décidé 38 autres dont il a confié la direction à ses compagnons. Il a par ailleurs éliminé toute présence juive de Médine. Lors de son installation dans cette ville, en 622, trois grandes tribus relevant du judaïsme y étaient établies. Un peu plus d'un an après, ayant refusé de se soumettre au nouveau pouvoir et d'adopter le monothéisme islamique, plusieurs de ces communautés furent spoliées de leurs biens immobiliers puis expulsées.

En 627, les hommes demeurés sur place furent décapités et jetés dans des fosses préparées à cet effet, aux cris d'« *Allahou akbar* » – Allah est le plus grand. Leurs veuves et leurs enfants furent répartis comme esclaves entre les musulmans. Mahomet prit l'une de ces veuves, Rayhâna, comme concubine. Un hadith de la Tradition raconte cet épisode. « Il a alors tué leurs hommes et distribué leurs femmes, leurs enfants et leurs propriétés entre les musulmans, mais certains d'entre eux sont venus vers le Prophète, il leur a accordé la sécurité et ils ont embrassé l'islam[11]. »

Le Coran a validé cette tuerie : « Il – Allah – a jeté l'effroi dans leurs cœurs. Vous avez tué une partie d'entre eux et vous avez réduit les autres en captivité. Il vous a donné en héritage leur terre, leurs maisons, leurs biens et un pays que vos pieds n'ont pas foulé. Dieu est puissant en tout[12]. »

Le prophète de l'islam a donc tué, pillé, obligé des vaincus à se faire musulmans, réduit des captifs en esclavage. Ses éclatantes victoires et l'enrichissement procuré par les razzias, dont le Coran se fait l'écho, le confortaient dans ses certitudes. Elles accrurent le prestige de Mahomet et contribuèrent largement au succès et à la propagation de l'islam. En effet, elles conféraient à la prédication de Mahomet une authenticité « divine » et incitaient les musulmans à imiter celui que le Coran qualifie de « beau modèle[13] » auquel il convient d'obéir, car « celui qui obéit au Prophète obéit à Allah[14] ». Dès lors, la violence était légitimée et sacralisée. Et elle le demeure.

Cette violence peut même prendre la forme d'attaques-suicide alors que le suicide en tant que tel est interdit. Mais lorsqu'il s'agit de l'intérêt ou de l'honneur supposé de l'Islam, il n'est pas prohibé mais il peut même être considéré comme une forme de martyre. À cet égard, le Coran dit que « Dieu a acheté aux croyants leur personne et leurs biens pour leur donner le paradis en échange. Ils combattent dans le chemin de Dieu : ils tuent et ils sont tués[15] ».

Par la suite, après la mort de Mahomet, en 632, c'est le plus souvent par les armes que les musulmans portèrent le message coranique à des territoires et à des populations de plus en plus éloignés de son berceau originel. J'ai observé que, sauf exception, les musulmans n'ont jamais rougi du comportement belliqueux de leur Prophète et des premiers califes. Aujourd'hui encore, ce comportement reste justifié, y compris par certains intellectuels qui se présentent comme ouverts à la critique des textes musulmans et à la modernisation de la pensée islamique. Tel est, par exemple, le cas de l'historien tunisien Mohamed Talbi. « Né dans un contexte de violence et d'agression, l'islam n'avait tout simplement *pas le choix* : il devait jouer le jeu ou se laisser écraser dans l'œuf[16] », écrit-il.

Ainsi, la violence est *intrinsèque* à l'islam. Le nier revient à travestir la réalité, comme l'a affirmé le célèbre islamologue Samir-Khalil Samir, jésuite égyptien, juste après les attentats du 13 novembre 2015. « La solution de facilité, très à la mode, consiste à dire que Daech n'a rien à voir avec l'Islam. C'est le pire discours que je connaisse. Ceux qui le tiennent devraient aller suivre quelques cours sur l'islam. »

Les prescriptions coraniques et l'exemple de Mahomet ont servi de fondement à l'élaboration de la doctrine du *djihad*, mot dont la racine revient 35 fois dans le Coran. Il s'agit d'un devoir de communauté qui commande à tout musulman, sans qu'une autorité n'ait à lui en donner l'ordre formel à un moment donné, de « faire effort » pour « la cause de Dieu », autrement dit pour le déploiement de l'islam dans le monde entier.

À l'époque contemporaine, au début du XXe siècle, le mouvement des Frères musulmans a actualisé la doctrine du djihad, comme en témoigne son slogan : « Le djihad est notre vie ; le martyre est notre souhait. » Pour Sayyed Qotb, un des maîtres à penser des Frères musulmans, la guerre offensive fait partie de l'essence de l'islam. Dans son commentaire du Coran, cet auteur influent explique que l'islam est un combat et que tout musulman doit être un guerrier : « Le djihad n'est pas une guerre défensive comme le disent certains "musulmans", mais *offensive* [...]. Elle est la révolution totale contre toute souveraineté absolue des hommes, en toutes ses formes, tous ses régimes, toutes ses lois en vue de la réalisation pratique du message sous la forme d'un régime assurant le gouvernement des hommes selon la charia. Il est nécessaire à l'islam d'avoir un ordre public ; il est donc nécessaire à l'islam d'user de la force ; le djihad, donc, est indispensable à l'islam, il fait partie de sa nature puisque sans lui l'islam ne survivrait pas[17]. »

Le djihad vise autant les non-musulmans que les régimes en place, même musulmans, lorsque ceux-ci sont considérés comme coupables d'impiété, de corruption et de trahison pour ne pas appliquer totalement la « loi divine » et pour s'allier à l'Occident « chrétien », décadent et honni.

Les tenants d'une lecture littéraliste du Coran voient aussi dans le djihad « une forme éminente du culte dû à Dieu ». C'est une façon de lui plaire puisque Dieu promet « une récompense sans limites à celui qui combat dans le chemin de Dieu, qu'il soit tué ou qu'il soit victorieux[18]. » Tel est d'ailleurs l'objectif qu'Oussama ben-Laden avait voulu assigner à l'organisation al-Qaida, « La Base », qu'il avait fondée en 1988. « Mon devoir est d'éveiller les musulmans ; de leur dire ce qui est bien pour eux et ce qui ne l'est pas, ce que dit l'islam et ce que veulent les ennemis de l'islam. Al-Qaida a été créée pour mener un djihad contre l'Impiété, plus particulièrement pour faire face à l'agression des pays impies contre les musulmans. »

Les idéologies islamistes actuelles reprennent donc à leur compte la bipartition classique du monde. Il en résulte que la paix avec les non-musulmans ne peut être que temporaire. Elle prend alors la forme d'une suspension des conflits, appelée le *Dar el-Solh*, la « Demeure de la Trêve ». Sa durée est limitée à dix ans mais peut être reconduite pour plusieurs périodes. Pendant ce temps, les musulmans n'ont pas à s'imposer par la violence. Ils peuvent pratiquer un « djihad de proximité » ou recourir à l'arme démographique, ce qui permet d'accroître l'Oumma.

Dans le *Dar El-Solh*, l'usage de la *taqiya*, la dissimulation, permet en outre d'avancer sans inquiéter l'adversaire. Lorsqu'Abballa, l'égorgeur des deux policiers de Magnanville, est passé devant un juge, il s'est déclaré athée. Tout est permis et même recommandé pour tromper l'ennemi ou l'endormir. En autorisant la construction de mosquées, l'État ignore souvent qu'il se rend complice de la conquête islamique. En effet, contrairement à l'église, la mosquée n'est pas seulement un lieu de culte, elle est aussi un lieu de débats politiques et de conquête sans limite. En outre, selon un principe traditionnel, tout lieu où un musulman a prié devient *ipso facto* « terre d'islam ».

En fait, le Coran enseigne que, dans les relations de l'Islam avec le reste du monde, tout est question de rapport de forces : « Ne faiblissez pas ! Ne faites pas appel à la paix quand vous êtes les plus forts. Dieu est avec vous : il ne vous privera pas de la récompense due à vos œuvres[19]. »

Naturellement, il ne s'agit pas de stigmatiser les musulmans en général mais seulement de détecter les risques attachés à l'islamisme régressif.

Au cours d'une perquisition dans les locaux de la banque islamique Al-Taqwa, puis au domicile des dirigeants, en Suisse et en Italie, les enquêteurs ont mis la main sur un document édifiant qui dévoile la stratégie globale d'infiltration des sociétés occidentales afin d'établir l'État islamique chez nous. Le texte de quatorze pages s'ouvre ainsi : « Ce rapport présente une vision globale d'une stratégie internationale pour la politique islamique. »

L'auteur du texte, Youssef Nada, confie que l'objectif est bien la conquête de la planète : « L'entité qui est la nôtre aujourd'hui est comme un corps gélatineux qui s'étendrait dans tous les sens si on lui appuyait dessus et qui continuerait, et nous sommes convaincus que notre champ d'action est le monde entier et que notre Oumma est celle de l'islam partout dans le monde. »

L'Europe est l'un des points de passage obligés et une étape prioritaire : « Vous nous avez vus sur les collines syriennes, maintenant nous sommes au sud de Rome », s'exclame un haut responsable de l'État islamique dans une vidéo macabre tournée le 16 février 2015 sur une plage libyenne et qui montre la décapitation de vingt et un coptes assassinés là quelques jours avant.

L'un des prédicateurs vedettes de l'islam cathodique, le télécoraniste inspirateur des Frères musulmans, Youssouf al-Qaradhawi, qui préside l'Union mondiale des savants musulmans, a publié lui-même sur son site[20] une fatwa éloquente : « On posa au prophète Mahomet la question suivante : “Quelle ville sera conquise en premier, Constantinople ou Romiyya ?” Il répondit : “La ville d'Héraclès sera conquise en premier”, c'est-à-dire Constantinople… Romiyya est la ville aujourd'hui appelée Rome, capitale italienne. La ville d'Héraclès, Constantinople, fut conquise en 1453 par Mohammed ben-Morad, jeune Ottoman de 23 ans connu sous le nom de Mohammed le Conquérant. L'autre ville, Romiyya, reste à conquérir, et nous l'espérons et le croyons. Cela signifie que l'islam retournera en Europe en conquérant et en vainqueur, après en avoir été expulsé deux fois : une première fois au sud, en Andalousie, une seconde fois à l'est, après qu'il eut frappé à plusieurs reprises aux portes d'Athènes. Je soutiens que cette fois la conquête ne se fera pas par l'épée mais par la prédication et l'idéologie[21]... »

Gilles Kepel s'étonne à juste titre que personne n'ait prêté attention au fait que, depuis une dizaine d'années, le djihadisme, tel qu'il se déploie en France, est la pure et simple mise en œuvre d'injonctions qui figurent dans un document-clé, publié en 2005 par Abou Moussab al-Souri. « Ce texte appelle à la résistance islamique mondiale et définit l'Europe comme le ventre mou de l'Occident[22]. »

Selon les plus hautes autorités du Renseignement et les experts des vingt-huit polices criminelles de l'Union européenne, l'Europe est clairement perçue comme le *maillon faible* de l'Occident. Les stratèges de l'islamisme constatent la réunion simultanée de trois éléments constitutifs d'une fragilité maladive : « Une *communauté* musulmane grandissante, un *affaiblissement* des États par l'intégration européenne, l'extrême *sensibilité* des dirigeants de l'Europe au chantage à l'islamophobie. »

Dans un rapport récent, que les services français se passent de main en main, l'agence policière Europol souligne que « Daech est parvenu à européaniser le recrutement de ses tueurs, leur entraînement et bientôt leur commandement ». « L'État islamique a développé une nouvelle capacité de combat pour effectuer une campagne d'attaque de grande ampleur, centrée sur l'Europe et en particulier contre la France », explique Rob Wainwright, le directeur d'Europol. « Le terrorisme peut maintenant frapper toutes les cibles, où il veut, quand il veut, dans des opérations complexes et bien coordonnées. L'escalade de la violence et le recours à des attaques massives pourraient être le chapitre suivant dans la stratégie de l'État islamique. » Mais surtout, Europol relève une nouveauté majeure : le terrorisme islamiste a changé sa façon d'agir : il laisse désormais la « liberté tactique aux combattants indigènes ».

L'islam veut le monde. Mais d'abord l'Europe. Et surtout la France, la « mère des croisés ». Il y eut la première Conquête, puis la Reconquista. Le mouvement est reparti dans l'autre sens. Aujourd'hui, en terre d'islam, on parle d'une « Reconquista à l'envers ». Et tout est fait, dans notre législation européenne, pour l'encourager, voire la favoriser. Nous avons baissé la garde.

VI

# Le Concierge était grec

Le terrorisme vient désormais se loger partout dans les interstices de notre quotidien le plus banal. La promenade, le voyage imposent des précautions inédites. On nous sonde. On nous contrôle, on nous ausculte. On nous passe au détecteur. Bientôt on nous fera traverser la vie en caleçon. C'est ce qu'on appelle le « Vivre-Ensemble », une des joies de la société multiculturelle : le « Vivre-Ensemble » des contrôleurs et des contrôlés, des soupçonneurs et des soupçonnés, des farfouilleurs et des farfouillés. Nous cheminons, ensemble, en sifflotant des airs grotesques de merles soumis, vers le même portique renifleur ; comme le suffrage, il sera bientôt universel, laïc et obligatoire. Les espaces publics où on peut déambuler librement se raréfient chaque jour. Nous sommes tous des terroristes en puissance. Alors on nous déboutonne, on nous visite les poches ; on nous fait sonnailler les prothèses. Tous des délinquants potentiels.

La présomption d'innocence trouvera un jour refuge dans les salles de bain. Là où, dans le plus simple appareil, il n'y a plus rien à faire sonner, ni de mélange explosif à trouver. On ne fouille pas les caves des banlieues mais on défait les ceinturons des honnêtes gens. On laisse tranquilles les trafiquants d'armes et on s'attaque aux trafiquants de chewing-gum et de dentifrice.

Tous suspects. Dans la société du contrôle mutuel. Avec deux catégories d'individus anonymes face à face : des fiches S hypothétiques contrôlées par des fiches S virtuelles. C'est une vie nouvelle. Une vie suspecte.

Voilà qu'on nous renvoie à une ancienne allégorie de notre histoire. Nous avons tous rejoint la statuaire en bronze de Rodin, nous sommes dans la peau des compagnons d'infortune de la guerre de Cent Ans, défaits, désemparés, comme du temps où Jeanne d'Arc, interrogée sur son amour pour les occupants anglais, répondait à la rumeur publique : « Oui, je les aime. Chez eux. » Nous sommes redevenus les *bourgeois de Calais*, en chemise, déchaussés, les mains en l'air, détroussés, délestés des clés de nos villes, jetées dans des auges en plastique, sous le portail à soupçons. Condamnés pour la vie à nous glisser sous les fourches caudines du grand scanner.

Quand les portiques s'éteignent, les télévisions s'allument. On a droit à la même image, au même gros plan, au même coup de menton, au même serment qui tourne en boucle : « Nous irons les chercher partout... » Ou encore : « Il faudra du temps... » Ou enfin : « Il n'y aura aucune faiblesse ! »

Alors, on se dit : ils ont compris. Enfin ! En échange, on se prépare pour un effort supplémentaire, on accepte de nouveaux portiques, de nouvelles fouilles, un vêtement de plus à enlever, de nouvelles files d'attente. Pourvu que la tranquillité revienne. Si c'est le prix à payer, on est prêt à céder encore une petite portion de liberté. Après tout, au Japon, il y a des masques antipollution dans la rue. C'est la vie moderne. Le terrorisme, c'est moderne, comme la pollution. Comme le consumérisme. On ne peut pas tout avoir. Le chariot plein et le cœur léger.

On sent bien que nos dirigeants ont un problème pour se débarrasser de ces assassins qui reviennent et vivent parmi nous. Mais, comme disent les journalistes, les djihadistes sont des aiguilles dans une meule de foin. On voudrait bien trouver les aiguilles sans trop remuer la meule de foin. Alors, il faut être patient, tenir ses nerfs ; et surtout ne jamais prononcer les mots qui fâchent, comme le mot « frontière ».

L'idée même de frontière, comme protection au sens politique, qui permet d'apporter au monde ce qu'on a de meilleur, est devenue une abomination morale. Tout éloge de la frontière comme condition première de l'échange et de la paix, traité comme un mauvais sentiment, déclenche l'anathème : « Ceux qui voudraient rétablir les frontières nationales prennent le risque de nous conduire vers les abîmes que nos grands-parents ont connus. » Ainsi s'exprimait le président Sarkozy. Et son successeur d'ajouter : « Ceux qui veulent déchirer les traités, rétablir les droits de douane et les guérites de la police des frontières, ceux-là, qui se prétendent patriotes, ne croient plus en la France. Sortir de l'Europe, c'est sortir de l'histoire[1]. » Rien de moins.

Mauvais Européen, mauvais Français, mauvaise nature, mauvaise souche. Les *souchiens* aboient, la caravane passe.

Hélas, si la Vérité ne fait pas que des heureux, l'Erreur ne fait que des morts. Quand une Idée ne coïncide plus avec le Réel et qu'on choisit l'Idée, on quitte le Réel, on verse dans l'Idéologie et ses exercices de piété confite. Abattez les frontières et vous verrez surgir mille petites forteresses.

Le « système Schengen » n'a jamais fonctionné. Un homme l'avait compris dès l'origine : « C'était en 1985. Tout le monde était ébloui par l'Europe, la libre circulation des personnes. Les accords de Schengen, j'étais contre, témoigne Pierre Joxe, alors ministre de l'Intérieur socialiste. Je l'ai dit à François Mitterrand, qui m'a envoyé sur les roses. Je lui ai dit : "Avec Schengen, on met la frontière de la France *au Pirée.*" Historiquement, cela a été une folie et un aveuglement collectifs. Une erreur terrible a été commise. »

Pierre Joxe appartient à cette sorte d'hommes d'État qui savent reconnaître leur faute. Car Schengen fut bien plus qu'une erreur, une faute. Le désastre ne peut plus être dissimulé. Mais, à quelques exceptions près, toutes nos élites rivalisent encore d'entêtement idéologique : au nom de la sacro-sainte « ouverture », mieux vaut avoir *tort* avec Schengen que *raison* avec les tenants du système westphalien des États-nations, qui avait pourtant fait ses preuves.

Partout où flotte l'esprit de Schengen, c'est la faillite : Schengen est à Calais, c'est la *Jungle*, la capitulation de l'État de droit. Les autorités françaises ont laissé s'installer, à côté de la ville, une enclave étrangère, une organisation sociale parallèle, avec ses lieux de vie, depuis les écoles jusqu'aux théâtres.

Le corps préfectoral s'est transporté sur les lieux à la rencontre de milliers de migrants sans papiers, illégaux, pour les supplier d'accepter les hébergements qui leur étaient offerts par la puissance publique, c'est-à-dire par le contribuable français. Surprise, affront : les clandestins ont refusé l'offre. Ils préfèrent rester entre eux.

Nos élus ne font plus respecter l'intégrité du territoire national ; ils sont sous pression. Ils ont peur. Voilà où nous mène l'angélisme d'État. *No border, no frontier.* La misère du monde s'invite chez nous. Les passeurs mafieux font fortune. Les rideaux de fer tombent sur les vitrines. Détresse des petites gens. « Salauds de pauvres ! » Xénophobes. Qui voudraient renvoyer les migrants d'où ils viennent.

Nos gouvernants en savent beaucoup sur la réalité cachée. Ils ont des rapports du Renseignement français sous les yeux, qui les interpellent : « Comment un fusil d'assaut de type kalachnikov, produit il y a deux ou trois décennies au sud de Belgrade, peut-il se retrouver entre les mains d'un adolescent de seize ans, dans les rues des quartiers nord de Marseille ? Comment un lance-roquettes M82 serbe a-t-il pu atterrir dans le véhicule de deux frères radicalisés venus assassiner des journalistes en plein Paris ? Pourquoi est-il si difficile de comptabiliser l'ensemble des armes à feu détenues illégalement en France ? Pourquoi est-il si facile de retravailler un fusil d'assaut neutralisé pour le rendre de nouveau apte au tir[2] ? »

Depuis trente ans, les trafics d'armes ont été amplifiés par trois facteurs que les pouvoirs publics ont traités par le déni : la dislocation de l'URSS et la dissémination de son arsenal, les conflits dans les Balkans, les printemps arabes.

Les Services français ont transmis, à de nombreuses reprises, la même note d'alerte : « L'absence de frontière, mêlée à une corruption latente, a pour conséquence d'empêcher les contrôles systématiques sur les grands axes routiers alors que la voie routière est toujours celle privilégiée pour les transferts illicites d'armes de moyenne envergure. Pour les grands transferts d'armement par voie maritime ou aérienne, l'effacement des frontières au profit de la liberté de circulation des marchandises et des personnes sur les océans ou dans les airs a eu la même conséquence, tant le commerce mondialisé a connu une croissance exponentielle depuis deux décennies. »

L'État connaît le détail des enquêtes portant sur les habitudes des trafiquants, sur les voies empruntées. Des rapports circonstanciés décrivent et distinguent les « transports terrestres avec des caches aménagées dans les véhicules pour des lots d'explosifs, à partir des commandes effectuées dans une logique commerciale de flux tendus, et les transports par voie de "mules" dans les bus internationaux pour importer de grandes quantités d'armes de poing avec un risque faible[3] ».

Nos ministres ont, sur leur bureau, des documents précis sur les jours, sur les heures, sur les points de franchissement de tous les convois. Le zèle des enquêteurs gave les autorités de précisions utiles : « Les gares routières internationales, celles de Bagnolet et Saint-Denis, sont des plaques tournantes de ce genre de trafic. »

Nos responsables n'écoutent pas ceux qui les préviennent. Ils ne lisent pas entre les lignes les rapports des Services. Ils sont dans l'irénisme et le déni.

À partir du mois de janvier 2015, les mises en garde pleuvent. On les met sous le boisseau. Jusqu'à la date des attentats, le gouvernement n'a pas cillé. Il est resté arc-bouté sur la même position : « Notre frontière, c'est Schengen et Schengen, ça marche... Ça permet d'avoir un véritable contrôle[4] », déclare le ministre de l'Intérieur, qui parle comme la statue de Baudelaire : « Je hais le mouvement qui déplace les lignes. » La ligne, c'est Schengen, rien que Schengen.

Après les attentats de janvier 2015, Bernard Cazeneuve nie qu'il puisse y avoir des terroristes qui se glissent dans les convois des migrants. C'est aussi le message qu'ont répercuté les médias *mainstream*. Le 14 septembre 2015, France Inter publie sur son site internet un article intitulé « Réfugiés : le *fantasme de l'infiltration terroriste* ». Le commentaire éclaire l'arrogance du titre : « La menace est-elle réelle ? Au ministère de l'Intérieur, on la balaie d'un revers de main. Cette infiltration est un fantasme, un chiffon rouge agité par l'extrême droite pour faire peur aux Français. Place Beauveau, on assure que les migrants qu'on laisse entrer en France sont ceux qui veulent y demander asile. »

Selon le discours officiel, il est plus rapide et moins risqué pour les djihadistes d'emprunter d'autres voies que celles des migrants.

Pourtant, dès le 30 janvier 2015, le site américain *BuzzFeed* rapportait les propos de deux passeurs et d'un logisticien travaillant pour l'État islamique. Celui-ci affirmait qu'il avait envoyé des terroristes en Europe, depuis la Turquie « cachés dans des bateaux remplis de centaines de réfugiés ». Il estimait à 4 000 le nombre de djihadistes infiltrés par Daech. Ces chiffres arrachaient alors à la presse européenne migrationniste un cri d'indignation.

Pourtant, dès février 2016, le directeur d'Europol, Rob Wainwright, affirmait à son tour, dans un quotidien allemand[5] que 3 000 à 5 000 terroristes étaient entrés en Europe, confirmant implicitement que Schengen était une écumoire.

Le 6 juillet 2015, Michèle Coninsx, responsable d'Eurojust, en charge de la coopération judiciaire, indiquait que, selon l'Agence européenne, des combattants de Daech se seraient fait passer pour des réfugiés : « Nous voyons que des passeurs financent parfois le terrorisme et qu'il arrive qu'ils soient utilisés pour assurer des exfiltrations et des infiltrations de membres de l'État islamique. »

Malgré tous ces signaux d'alarme, le discours officiel ne change pas jusqu'aux attentats du Bataclan. Alors, toutes les certitudes vacillent. Le site de France Inter, qui évoquait en septembre 2015 le « fantasme de l'infiltration », change à la hâte le titre et le contenu de l'article. On peut désormais lire : « Des terroristes parmi les migrants ? »

L'enquête judiciaire sur les massacres du 13 novembre va tout nous apprendre sur le parcours des terroristes. Elle vient démentir de fond en comble les propos lénifiants du gouvernement. Un des assassins parlera, à propos de Schengen, d'un « jeu de piste ». C'est une énorme gifle.

Les deux kamikazes irakiens du Stade de France s'étaient mêlés au flot des migrants. Ils étaient en possession de deux passeports syriens qui, par la suite, se sont révélés faux. Le cerveau des attentats de Paris, Abdelhamid Abaaoud, a même remercié Schengen dans le magazine en ligne de Daech, *Dabiq* : « Mon nom et ma photo étaient partout à la une et je suis parvenu à rester chez eux, à planifier des opérations puis à partir sans problème et à rentrer en Syrie quand ça a été nécessaire. » Merci Schengen. Nos autorités ne bronchent pas.

Durant les mois qui précèdent les attaques de Paris, les terroristes se jouent de toutes les frontières, vont et viennent en Europe, en Turquie, en Syrie, en toute tranquillité.

Un enquêteur néerlandais a démontré qu'il était possible d'acheter des faux papiers syriens pour 750 euros. Le directeur de Frontex, Fabrice Leggeri, a confirmé l'existence d'un trafic de faux passeports syriens : « Il y a des personnes qui, aujourd'hui, sont en Turquie et achètent des faux passeports syriens parce qu'elles ont évidemment compris qu'il y a un effet d'aubaine puisque les Syriens obtiennent le droit d'asile dans tous les États membres de l'Union européenne. »

Le gouvernement a, sous les yeux, les bases Interpol : elles recensent 183 000 passeports irakiens vierges volés et 9 400 passeports syriens volés pour l'année 2015. Le pire, c'est que, souvent, les djihadistes passent la frontière de l'Union avec leurs vrais passeports. Qui ne sont même pas des documents falsifiés. Il leur suffit d'effectuer des « sauts de puce » en Europe pour échapper aux contrôles. Un jeu d'enfant.

Les gouvernants de notre pays ont donc fait le choix de protéger Schengen plutôt que le peuple.

Il n'y a, dans leur démarche, aucune candeur ni excuse. Car ils ont, sur leurs tables de travail, chaque matin, toute la masse des informations. Ils savent ce qui se passe, en temps réel, à chacune de nos frontières, dans nos aéroports. Surtout, ils savent que Schengen, cela veut dire que notre frontière n'est plus en France, elle est en Grèce.

Je me suis procuré une note, rédigée le 14 avril 2016, par le coordinateur antiterroriste de l'Union. Il évoque des failles graves dans la transmission d'informations à Europol ; sur les 5 000 citoyens européens qui ont rejoint la Syrie et l'Irak, on ne retrouve, souligne-t-il, que 2 986 noms. Où sont donc passés les autres ?

Le « système d'information Schengen » est aussi défaillant que le « fichier Interpol des documents de voyage volés et perdus », le SLTD.

Par ailleurs, les renseignements obtenus sur le terrorisme ne sont pas croisés dans le « Système Schengen » avec les autres formes de criminalité, comme le trafic de drogue ou le trafic d'armes. Même le journal *Le Monde*[6] s'en alarme.

Le milieu politique sait tout cela, mais il se tait, pratiquant les deux formes de mensonge, par action et par omission. À la dissimulation s'ajoute l'incurie : le 13 novembre, j'ai entendu, comme beaucoup de Français, le président Hollande annoncer, d'un ton martial, sur toutes les télévisions : « Je vais *fer-*

*mer* les frontières. » Quelques jours plus tard, l'annonce fut rectifiée : « Je vais rétablir les *contrôles.* »

Encore quelques semaines et cette nouvelle annonce fut retirée. Comment contrôler des frontières qui n'existent plus ? Des frontières que tous nos gouvernants voulaient abattre au nom des meilleurs sentiments. Les contrôles, symboliques, se sont limités à l'autoroute. Entre la Belgique et la France, il existe en effet 1 500 points de passage possibles. Il est aisé, pour les terroristes et autres trafiquants, de circuler à deux véhicules, à la manière des go-fast : « Le premier est vide, expliquent les services de police, il part en éclaireur pour repérer une route non contrôlée, afin de faciliter le passage sans encombre d'un second qui, lui, n'est pas vide. » « Jeu de piste », vous dis-je.

De fait, d'après mes informations, aucun terroriste n'a été arrêté au passage d'une frontière depuis le 13 novembre.

On a sacrifié la sécurité au commerce. On a oublié de nous dire que Schengen a été mis en place à la demande des firmes a-nationales qui perdaient de l'argent au passage des frontières intérieures. On a mis la politique à la remorque de l'économie.

Le « rétablissement des frontières nationales coûterait trop cher », a expliqué François Fillon. Bel aveu ! Mais leur disparition coûte beaucoup plus cher en vies humaines, en insécurités multiples. Que représentent ces vies humaines pour ceux qui ont désormais comme seule devise celle de Lord Baring : « *Business first !* » ?

Ceux qui ont tranché l'ont fait en connaissance de cause. Ils savaient que l'espace Schengen ne pouvait pas fonctionner, pour au moins deux raisons : la première, c'est que le *renseignement multilatéral* n'existe pas. Seul le renseignement bilatéral est humainement praticable et efficace. Car le renseignement – tous les spécialistes le disent – repose sur un réseau de relations irriguées par la confiance : « On ne balance pas du renseignement dans un entonnoir sans savoir qui est au bout. »

Le multilatéralisme relève des sphères *supra*-étatiques. Le bilatéralisme donne aux sphères inter-étatiques une prime considérable. On n'échange pas de renseignement avec des entités, mais avec des hommes, des États incarnés ; un renseignement ne se donne pas. Il s'échange. Entre voisins. Entre nations riveraines qui partagent une frontière commune. On échange les secrets d'État. Quand on est en confiance depuis des lustres et qu'on respecte le principe de réciprocité.

On nous annonce la création d'une sorte de FBI européen. Mais, pour les spécialistes, ce projet est irréaliste : « En matière de lutte contre le terrorisme, accorder vingt-huit violons, c'est comme faire jouer ensemble un orchestre de sourds », se désole une source sécuritaire qui ajoute : « Le renseignement est un élément extrêmement fort de la souveraineté nationale. » Les États gardent encore quelques secrets et les partagent entre eux dans une relation exclusive de face à face.

La deuxième raison de l'échec structurel du « système Schengen », c'est la montée en puissance du *juge européen*, dont le laxisme est mortel. Cette cour se préoccupe de détails mesquins qui paralysent l'action de la police. Il faut le dire aux citoyens. Ainsi, par un arrêt de 2010, la Cour de justice a interdit à la France de pratiquer des *contrôles mobiles* dans une bande de vingt kilomètres, à l'intérieur des frontières. Pour quel motif ? La libre circulation des terroristes ? Il arrive donc que des juges se comportent comme des irresponsables.

Autre exemple, dans un arrêt El-Dridi, en date de 2011, la justice européenne interdit aux États de « pénaliser » le simple séjour irrégulier. Une simple contravention pour ceux qui préparent des attentats ?

La judiciarisation s'ajoute à la bureaucratie nourrie de cet esprit procédurier qui substitue les moyens aux fins. Plutôt la norme que le bon sens. La norme, c'est le « système Schengen ». Le bon sens, c'est la sécurité des peuples. La classe politique a fait le choix de *l'ouverture.* Elle a sciemment exposé notre pays à une invasion progressive et continue. Le prix à payer est aujourd'hui insupportable.

VII

# Les deux Déferlantes

La situation géopolitique aurait pourtant mérité une tout autre réponse. Kadhafi nous avait prévenus : « Demain peut-être que l'Europe ne sera plus européenne et même noire, car ils sont des millions d'Africains à vouloir venir... Nous ne savons pas ce qui se passera, quelle sera la réaction des Européens blancs et chrétiens face à ce flux d'Africains affamés et non instruits. » Et d'ajouter avec un brin d'ironie mordante : « Nous ne savons pas si l'Europe restera un continent avancé et uni ou s'il sera détruit comme cela s'est produit avec les invasions barbares[1]. »

Nous avons eu deux présidents successifs depuis cette prophétie. Et deux déferlantes migratoires. À chacun la sienne. La première, en 2011, a été provoquée par Nicolas Sarkozy, avec les printemps arabes. La seconde, en 2014, par François Hollande, avec la RiyadPolitik en Syrie. Du grand art.

Tout commence avec la Libye. En décembre 2007, Nicolas Sarkozy réservait un accueil somptueux à son ami Kadhafi qui avait planté sa tente bédouine dans le parc de l'hôtel Marigny, à côté de l'Élysée.

Les diplomates chevronnés savent depuis longtemps que la Libye, c'est l'entonnoir de l'Afrique. Tous les flux d'immigration illégale, depuis le Liberia, la Somalie, l'Érythrée, passent par la Libye. Kadhafi est un dictateur, mais il retient les flux. Il se pose en gendarme des côtes africaines.

Au nom de la morale, aux ordres de l'Amérique et secondé par l'inévitable Bernard-Henri Lévy, Sarkozy décide, au moment des printemps arabes de 2011, de donner un coup de pied dans la fourmilière. C'est son ministre des Affaires étrangères, Alain Juppé, qui, le 17 mars 2011, arrache une résolution du Conseil de sécurité de l'ONU, permettant d'ouvrir les hostilités.

La France précipite la chute du dictateur. Kadhafi aurait été assassiné, dit-on, par certains hommes des services français (pour éviter qu'il ne parle ?). Très vite, la Libye verse dans le chaos. Situé aux confins des routes du Sahara, le pays devient le point de rendez-vous des dizaines de milliers d'Africains qui cherchent à gagner l'Europe. La vague se forme. Elle monte.

Récemment, le ministre de la Défense, Jean-Yves Le Drian, a tiré la sonnette d'alarme : « Il y a environ 800 000 personnes qui attendent en Libye de passer en Europe. »

J'ai relu, par curiosité, les déclarations d'Alain Juppé, à l'époque de l'intervention militaire de la France. Rétrospectivement, sa splendide assurance fait froid dans le dos. Il appelle à revoir la politique arabe de la France : « Trop longtemps, nous avons pensé que les régimes autoritaires étaient les seuls remparts contre l'extrémisme dans le monde arabe… Je souhaite que le dialogue s'ouvre sans complexe aux *courants islamistes,* dès lors que les règles du jeu démocratiques sont respectées de part et d'autre[2]. »

Il souhaite « dialoguer » avec les courants islamistes !

À la question « Y a-t-il un risque islamiste ? », il répond : « Oui. Partout. Il y en a un en Tunisie, en Égypte, en Syrie. Mais ne stigmatisons pas *a priori* tous ceux qui se qualifient d'islamistes… Il y a des gens attachés à l'islam, et en même temps, prêts à accepter les règles de base de la démocratie. »

Le 6 mars 2011, il qualifie de « très intéressants » les Frères musulmans qu'il a rencontrés au Caire : « Plusieurs de ces jeunes Frères m'ont fait part de leur vision d'un *islam libéral* et respectueux des règles démocratiques. » Il estime que « la présentation qui est parfois faite de ce mouvement mérite sans doute d'être révisée ».

L'*islam libéral* des Frères musulmans ! On croit avoir mal lu.

En mai 2012, le ministre répétera, juste avant de quitter le Quai d'Orsay : « Je suis fier de ce que nous avons fait en Libye. Car, en Libye, nous avons évité un massacre, nous avons évité ce qui se passe aujourd'hui en Syrie. »

Quand il est en visite au Maroc, il annonce que « 90 % des demandes de visas ont été acceptées », assurant « que la France veillera à alléger encore les procédures d'obtention de visas ». On ouvre les vannes.

Un peu plus tard, Alain Juppé, le « visionnaire », confesse son objectif en Syrie : « Éliminer Bachar, responsable à nos yeux de l'écrasement de son peuple et de la montée en puissance de Daech. » Il annonce l'« imminence d'une Syrie sans Bachar ».

Plus tard, dans la même ligne, Laurent Fabius, qui lui succède au Quai d'Orsay, s'extasie : « Al-Nosra fait du bon boulot. » Al-Nosra, c'est al-Qaida, une belle variété de l'islamisme. Juppé-Fabius, les deux frères siamois de l'ENA, deux têtes d'œuf démoulées le même jour, qui se ressemblent tant : même front lisse, même langage, même arrogance, même aveuglement. Même bêtise pacifiste à la Briand.

Par flots entiers, les migrants sont arrivés en Europe, pour beaucoup des musulmans. La cacophonie s'est installée. Les pays d'Europe centrale et orientale ont très vite cherché à rétablir leurs frontières nationales qui étaient souvent en même temps les frontières extérieures de l'Union. On les a blâmés, promis à la damnation. Les Tchèques, les Polonais, les Slovaques et les Hongrois, qui gardent le souvenir des armées du Sultan mettant encore le siège aux portes de Vienne, en 1683, à l'époque de Louis XIV, ont juste mâché quelques mots timides : « Nous ne voulons pas devenir musulmans. »

Le propos fut vite étouffé. À entendre nos dirigeants insulter les Hongrois ou les Polonais, on se dit que, pour un peu, ils en viendraient à regretter le rideau de fer. Ces peuples fraîchement libérés ne veulent pas de la parousie d'une Europe multiconflictuelle. Comme dit Erdogan, sur le ton du mépris, ils veulent rester entre eux, un petit « club chrétien ».

Décidément réputés détestables, ces Européens post-soviétiques n'ont cessé d'éveiller le soupçon : hier « anti-communistes primaires », aujourd'hui, « islamophobes primaires ». Ils voulaient seulement rétablir les contrôles frontaliers. Leurs prétentions furent balayées, on les montra du doigt, on les désigna à la vindicte. Et la grande migration commença. La frontière grecque céda ; une marée humaine s'engouffra. Le 13 novembre, Paris s'effondrait dans les larmes. Daech avait frappé. Le président tchèque, Milos Zeman, opposé à l'accueil de réfugiés musulmans, très bien informé par ses services, osa alors reconstituer le film de l'horreur : « La menace terroriste est *liée* à la crise des migrants : tout spécialiste du renseignement vous dira que l'État islamique a envoyé des terroristes dans les rangs des réfugiés. » Ce fut un tollé. La conscience universelle, ainsi froissée, envoya ce Tchèque aux géhennes. Il avait blasphémé, tenté de se soustraire à « l'Accueil de l'Autre », le nouveau dogme ecclésio-politique de l'Europe romano-berlinoise.

Après l'hécatombe du Bataclan, on aurait pu imaginer la fin de ce cirque de la bonne conscience. Mais il n'en fut rien, car le « Munich migratoire » n'est pas perçu comme une menace pour tous les Européens. Pour certains, il est même une secrète aubaine…

## VIII

# La Mamamouchie

Ce fut un enchaînement fatal : l'Allemagne, qui ne fait plus d'enfants, manquait de bras. Alors la mère Angela ouvrit les siens. Le patronat allemand réclamait une traite sélective. Il espérait que, depuis le flot, remonteraient vers le nord les emplois qualifiés de Damas et Bagdad. Avec leurs familles pour combler le vide démographique.

C'était la fête. Table ouverte, entrée libre. Venait qui voulait. Mais quand le seuil du million de « réfugiés » fut dépassé, la mère Angela céda à la panique. Elle appela au secours. Et se tourna vers les « collègues européens » pour le grand partage. Les grands quotas. Elle invoqua l'esprit européen. Alors se produisit l'horreur : le retour de la bête immonde, laissant affleurer, chez les voisins de l'Est, les pustules des « égoïsmes nationaux ». Parmi les champs de coquelicots, on vit fleurir des barbelés. Des murs, partout des murs qui montaient. Le crime contre Schengen. Le retour de la frontière.

Pour la madone des migrants, harcelée par sa population inquiète, le fardeau devint trop lourd. Elle s'en alla donc le déposer à Istanbul, aux pieds du Sultan. Ce faisant, elle remit entre les mains de la Sublime Porte le sort de l'Europe.

L'oncle Sam, chef de l'Otan et ami des Ottomans, l'encouragea en ses turqueries. Il lui parla comme à une nièce : « Je suis fier de vous. » Elle en rougit de confusion, et, au milieu des caftans, obtint son turban d'honneur.

Un accord allait venir, vanté par les chancelleries de l'Union comme un « Soulagement » : un Munich migratoire. Enfin ! Tous les Neville Chamberlain et les Georges Bonnet du XXIe siècle attendaient cela avec impatience.

Depuis le Rhin jusqu'au Bosphore, on chanta la *dame au grand cœur*. On s'inclina devant ses ardeurs prophétiques. On la pressentit pour le prix Nobel de la paix. Elle y gagna deux titres : les commissaires de Bruxelles l'appelèrent « la Mamma ». Et le sultan d'Istanbul la « mamamouchie », du nom que s'était donné lui-même le bourgeois gentilhomme de Molière, fasciné par le Grand Turc.

Le marchandage commença. Ce fut un beau chantage. À l'orientale. Un site grec[1] a révélé les minutes du face à face entre les deux négociateurs venus de Bruxelles, les présidents du Conseil européen et de la Commission et le calife turc Erdogan.

Depuis son somptueux palais d'Ankara, celui-ci avait affiché d'entrée trois exigences : d'abord une somme de 6 milliards d'euros pour soutenir l'accueil des migrants sur son territoire. Ensuite une exemption de visas vers l'Europe pour ses « ressortissants ». Enfin la relance du processus de son adhésion à l'Union européenne.

L'ampleur des exigences turques était telle qu'elle risquait d'entamer la bonne volonté, pourtant débordante, de nos négociateurs bruxellois. La plateforme turque était juste un test d'entrée, se rassurait-on.

Selon le fameux compte rendu, de part et d'autre de la table de négociation, le propos fut vif et costaud : d'emblée, le président du Conseil européen, Donald Tusk, s'adresse au président Erdogan sur un ton irrité :

« Nous étions convenus de payer 3 milliards d'euros en deux ans, mais j'apprends qu'Ahmet Davutoğlu, votre Premier ministre, veut maintenant 3 milliards par an.

– Mon cher Donald, réplique le Turc, si vous comptez nous payer 3 milliards sur deux ans, ce n'est même pas la peine que l'on parle plus avant... Nous ouvrirons les frontières avec la Grèce et la Bulgarie et nous mettrons les réfugiés dans des autobus... »

Le pauvre Donald en appelle à la sollicitude turque : « L'Union européenne est en difficulté depuis les attentats du 13 novembre, les accords de Schengen risquent d'être anéantis. C'est pourquoi nous voulons nous entendre avec vous... »

Le Turc s'engouffre dans la brèche. Il a senti la faiblesse : « Et si nous n'arrivons pas à un accord, comment allez-vous arrêter les réfugiés ? Allez-vous les tuer ? »

L'âpreté de l'échange cache un enjeu énorme : l'Europe ne peut en aucun cas refuser de payer une capitation au sultan ottoman pour la reprise sur son sol de milliers de migrants musulmans, échoués sur les côtes grecques.

Le président Erdogan enfonce le clou et simule la rupture de la négociation : « Désolé, nous allons ouvrir les portes et dire au revoir aux migrants[2]... »

Le président de la Commission, Jean-Claude Juncker, la voix traînante, s'exerce à un rappel gênant en regardant le Turc dans les yeux :

« Vous savez très bien que la Commission a retardé à deux reprises la publication du rapport d'enquête sur “le recul des droits de l'homme et des libertés fondamentales en Turquie”. Et ceci pour ne pas vous gêner dans votre campagne pour les élections législatives du 1er novembre 2015. Vous savez aussi que, chez vous, ce report a été critiqué.

« Ce report a été sans influence sur les élections que nous avons gagnées...

– Évidemment puisque nous ne l'avons pas publié... »

Soudain, comme un janissaire qui met la main au côté sur sa ganjarre, Erdogan tonitrue :

« Ce rapport est une insulte. Qui l'a rédigé ? Pourquoi n'êtes-vous pas venus me voir pour connaître la vérité ? »

Juncker quitte sa bonhomie. Il devient écarlate :

« C'est à *votre* demande que nous avons reporté la publication de ce rapport... Je me sens berné. »

On n'en est pas encore à la bataille de Lépante mais la relation s'abîme, les mines se renfrognent. Le ton monte. Juncker ose rappeler au président turc les défaillances de son pays quant aux libertés démocratiques. Erdogan fond comme un aigle sur le Luxembourgeois empourpré :

« Il ne faut pas comparer la Turquie au Luxembourg... Le Luxembourg a la taille d'une simple ville de chez nous... »

Le projet d'accord vacille. On glisse dans le registre de l'insulte. Mais, très vite, la négociation revient en eaux calmes. Le temps presse. L'urgence commande de s'entendre à tout prix. L'heure n'est plus à l'invective. Si on veut conclure, il faut que l'Europe soit « raisonnable », qu'elle revienne à la raison. La raison du plus fort. « Fort comme un Turc », selon le vieux dicton. Erdogan impose ses clauses. C'est à prendre ou à laisser.

Le 18 mars 2016, l'accord est signé aux conditions turques : c'est un marché de dupes. Les Européens ont cédé au chantage. La Turquie a tout obtenu et elle n'a rien concédé. Elle pourra, demain, ouvrir les vannes ou les refermer, retenir le flot ou nous inonder.

L'Europe est désormais dans la main du calife : elle va lui payer des milliards d'euros, elle a promis d'accorder la liberté de circulation à 80 millions de Turcs dans l'« espace Schengen ». Et elle a consenti à reprendre le processus de négociation sur l'adhésion de la Turquie à l'Union européenne.

La Turquie triomphe. L'« Union » s'est mise elle-même en liberté surveillée.

La mamamouchie Merkel a accepté, pour l'Europe entière, un nouveau statut périlleux de protectorat ottoman. Grâce à elle, ce pays qu'on appelait « l'homme malade de l'Europe » s'est rétabli. Il revient sur le Vieux Continent. Avec le dessein secret d'effacer un jour Lépante. Grâce à la mamamouchie, « l'homme malade » est guéri. Mais, aujourd'hui, les rôles sont inversés : c'est l'Europe qui est malade de la Turquie pour reprendre le titre d'un essai d'Annie Laurent[3].

Le président turc a une dilection pour la France. Il y séjourne souvent et, à chaque voyage, chaque conférence, il y laisse la trace d'une parole puissante.

En avril 2011, tenant meeting à Strasbourg, il a exhorté les Turcs à être « de bons Turco-Français », à préserver leur langue et la conscience d'appartenir au peuple turc. « Participez à la vie politique et sociale en France ! Soyez plus actifs dans les conseils municipaux », lança-t-il en conclusion aux 5 000 spectateurs qui interrompaient son discours en criant *Türkiye Sizinle Gurur Duyuyor !*, « La Turquie est fière de toi ! »

Le sultan a créé en son palais une direction gouvernementale en charge des Turcs vivant à l'étranger, qui lui est directement rattachée. À chacune de ses réunions chez nous, il incite les 650 000 Turcs de la diaspora à peser dans la vie politique française sans jamais renoncer à leur identité turque.

En juin 2014, au cours d'une réunion à Lyon, il demande à ses compatriotes « de ne jamais oublier leur culture, leurs traditions et leur croyance ». Puis il leur lance un appel solennel : « Ne vous assimilez pas. Ne laissez pas vos enfants s'assimiler... Vous êtes nos ambassadeurs... Pourquoi le nombre de nos ambassadeurs n'est-il que de 300 000 binationaux ? Je veux qu'il atteigne 620 000. La France a besoin de gens courageux, honnêtes et travailleurs comme vous. »

À Strasbourg, il exhorte les Turcs à prendre aussi la nationalité française, et interroge le public avec gravité : « Pourquoi n'avons-nous pas un seul concitoyen élu à l'Assemblée nationale et au Sénat ? » Une forme d'injonction à l'entrisme pour défendre les intérêts de la mère patrie. Quel président français aurait l'idée d'exhorter ses compatriotes à devenir des élus turcs ?

Le 4 octobre 2015, la scène du Zénith accueille le président turc comme une *rock-star.* Les jeunes filles lancent sur son passage des brassées de fleurs, au milieu d'une marée de drapeaux turcs.

Avant son arrivée, un muezzin venu d'Istanbul a récité des versets du Coran. Dans la salle, où hommes et femmes sont séparés, retentissent les *Allahou Akbar* scandés à l'unisson.

Le discours du Grand Turc est haut en couleur : il évoque la victoire de Saladin à Jérusalem contre les croisés, la prise de Constantinople par Mehmet II en 1453 ou la bataille des Dardanelles livrée par l'armée ottomane contre les alliés européens, en 1915. « Nos cœurs sont à l'unisson aujourd'hui, comme ils l'étaient en ces périodes de l'histoire ! », s'exclame-t-il. Au moins les choses sont dites.

Quand il en vient à la question des migrants, Erdogan regrette avec une ironie mordante que le chaos règne dans les territoires dont l'Empire ottoman s'est retiré. Puis il fustige, avec des mots choisis, les États européens « donneurs de leçons ». Et il les fait huer par la foule, ravie. Il présente la Turquie comme le défenseur de la « vraie civilisation » face à une Europe affectée par « la xénophobie, l'islamophobie et le racisme ».

Quelques semaines après la venue du calife, le défilé turc se poursuivra à Strasbourg. C'est au tour du Grand Mufti de Turquie, Mehmet Görmez, en costume d'apparat, de venir faire son show le 10 avril 2016 dans le même Zénith où 7 000 Turcs ont répondu à l'appel. L'événement est une célébration, celle de la naissance du prophète Mahomet.

Lors de cette soirée, tous les discours sont en langue turque. Le Grand Mufti presse le public de garder la tête haute : « À tous nos jeunes, à leurs mamans et à leurs papas, je veux dire : il y a des personnes qui commettent des assassinats mais ça n'a rien à voir avec l'islam. Il ne faut pas baisser votre tête à cause de ces gens-là. »

Comme le président turc, il insiste sur l'identité communautaire de la diaspora turque : « Notre premier devoir est de garder notre foi, notre langue et notre culture, pour qu'aucun de nos enfants, même dans des siècles, ne s'éloigne de notre grande religion. Nous sommes les enfants d'une civilisation qui a toujours vécu en paix avec les autres et nous avons le droit d'attendre des autres civilisations qu'elles vivent en paix avec nous. » Le propos est vivement applaudi.

Historiquement, c'est vrai, l'islam est une religion de paix. En terre d'islam. Mais pas ailleurs.

Chez nous, l'Empire ottoman retrouve des couleurs. Le président de la Turquie y tient des discours sans retenue. Il est en pays ami, en pays bientôt conquis. François Hollande a de l'avenir : il fera un bon vizir.

Mais comment donc expliquer cette démission de nos élites ? Très facilement. Cela fait vingt ans qu'ils suivent le même *plan secret*. Il est temps de le dévoiler.

IX

# Le Plan secret des élites

L'histoire, c'est la démographie. C'est elle qui l'enfante. Et elle est sans pitié quand elle redistribue les cartes. Car c'est elle aussi qui commande toutes les dynamiques de puissance et parfois tire un trait sur les peuples qui ne veulent plus vivre, parce qu'ils n'ont plus la force de se perpétuer.

Par-delà les civilisations, de siècle en siècle, l'enfant est la ligne de flottaison de l'espoir d'une société. La sénescence est la marque des peuples déchus, balayés par les jeunesses intempestives et conquérantes. Ce sont les grands mouvements de population portés par des débordements de vitalité qui, dans l'histoire du monde, ont bousculé les frontières, en organisant le va-et-vient entre le trop-plein et le vide. Quand il y a trop de bouches à nourrir, on va chez le voisin chercher son pain. S'il est riche et stérile, on prendra aussi la farine, la boulangerie et la boulangère. Ainsi va la marche du monde. Elle est rude, souvent tragique.

L'Europe aux anciens parapets, l'Europe de l'avortement de masse, l'Europe aux hédonismes stériles se retrouve aujourd'hui au cœur d'un de ces grands mouvements de l'histoire où elle semble aspirée par le vide. Comme du temps des Germains et des Huns, le choc des basses et hautes pressions provoque le déplacement de populations. Une sorte de tectonique des plaques est à l'œuvre.

En un siècle, l'histoire a tout renversé : la colonisation a changé de sens. L'expansion coloniale est allée du nord au sud et elle s'est retournée du sud au nord. À la conquête militaire d'hier répond la submersion démographique d'aujourd'hui. L'esprit de domination a changé d'hémisphère. Il tourne à la revanche. Nous assistons à une invasion lente, d'apparence pacifique, et sans résistance, avec cette curiosité propre à notre époque qui entretient une fascination réciproque entre l'envahi et l'envahisseur. C'est le syndrome du lapin dans les phares : attiré par la lumière et comme ébloui, le lapin ne tente aucun mouvement d'esquive. Il se laisse happer. Ainsi sont les élites européennes, atteintes du même syndrome. Elles développent avec l'envahisseur une sorte d'empathie et même de contagion émotionnelle. Elles s'identifient à lui, se ressentent comme xénophiles, islamophiles. Elles cultivent l'exotisme de leur propre disparition. Elles ont le repentir jubilatoire.

C'est un trait propre à tous les peuples fatigués. Déjà, à l'époque des Antonins, au IIe siècle après J.-C., Tacite était fasciné par les Germains qui, bientôt, envahiront l'Empire. Dans le *De situ ac populis Germaniae*, sa fameuse *Germanie*, il est comme électrisé par les mœurs pauvres et rudes des futurs maîtres de Rome.

En avril 1974, devant la conférence des États islamiques à Lahore, le président Houari Boumediene annonce à l'Europe le projet de transplantation de peuple qui se prépare : « Un jour, des millions d'hommes quitteront l'hémisphère sud pour aller dans l'hémisphère nord. Et ils n'iront pas en tant qu'amis. Ils iront là-bas pour le conquérir. Et ils le conquerront en le peuplant avec leurs fils. C'est le ventre de nos femmes qui nous donnera la victoire. »

La prophétie se réalise : nous assistons à la revanche de la guerre d'Algérie. L'enfantement, c'est le djihad des femmes, comme dit Annie Laurent.

Nous payons aujourd'hui au prix fort les deux erreurs historiques de la déconstruction européenne des nations qui nous laissent démunis, sans ressources morales ni réflexes de survie.

La première fut commise dès la création de la Communauté européenne, imaginée par Monnet et Schuman, les « pères fondateurs », à partir d'une architecture post-politique, sous parapluie américain, sans aucun projet de puissance propre. Une Europe « sans racines, sans origines, *post-historique* et post-tragique, fondée, par génération spontanée, sur le dépassement voire la négation des identités des peuples comme sur celui de la puissance[1] ». Le projet se voulait pacifique, post-national et post-politique ; il était mortifère : une Europe sans les États mais dotée d'un fédérateur extérieur, l'Amérique.

La deuxième erreur fut l'illusion de la « mondialisation heureuse » : quand le mur de Berlin s'écroula, la classe dirigeante de cette Europe américaine se mit à croire à la fin définitive des guerres, à la fin de l'histoire, à la fin des idées, à la fin des religions. Et à l'avènement du marché comme seul régulateur des pulsions humaines et tensions du monde.

Les citoyens allaient se muer en de simples consommateurs. La géopolitique allait devenir une antiquité. Nos élites se persuadaient que l'économie mondialisée, financiarisée, spéculative, qui allait s'étendre jusqu'aux confins de la planète, nous engageait dans une ère nouvelle de prospérité et de paix perpétuelle. Hubert Védrine résume bien l'eurobéatitude de l'époque : « On pensait que la démocratie de marché avait vocation à unifier le monde et à dissoudre les identités récalcitrantes comme de vulgaires calculs rénaux. »

La nouvelle idéologie de « l'économie globale » plonge alors nos élites dans l'irénisme du vide : l'échange va emporter les barrières, il va les souffler. L'économie rapprochera les hommes quand la culture les isole en leurs enclos. On imagine, pour paraphraser de Gaulle, que Dante, Goethe et Chateaubriand auraient mieux servi l'Europe s'ils avaient écrit en esperanto ou volapük intégré. Nous allons entrer dans un temps nouveau, pense-t-on alors, celui de l'*ouverture*. L'histoire est achevée, elle est parvenue à son terme, les nations sont dépassées, le temps des frontières est fini. Le dernier mur est tombé. On n'en construira plus jamais. Il n'y aura que des ponts comme sur les billets de l'euro – des ponts virtuels – et des mains tendues pour rassembler la famille humaine.

Hélas, cette idéologie pacifiste nous a désarmés. Notre félicité débonnaire nous a empêchés de voir monter les périls ; l'idée de paix perpétuelle est si ancrée dans les mentalités occidentales qu'elle entrave toute forme de prise de conscience du danger.

L'Europe sera ouverte ou ne sera pas !

Ouverte et généreuse, accueillante. L'Europe du partage. Non pas « l'Europe rabougrie, peureuse et cloisonnée des populistes mais une Europe progressiste et pleinement assumée », comme dit Pierre Moscovici dans sa novlangue bruxelloise.

Ce faisant, l'Europe est en train de devenir la colonie de ses colonies. Dans leurs exaltations, nos experts bureaucrates nous ont précipités dans une cascade de lâches disciplines : la France obéit à l'Europe, qui obéit à l'ONU, qui obéit à l'Amérique.

Les dirigeants américains cherchent à affaiblir l'Europe en instrumentalisant l'islam établi chez elle. Cette collusion a inspiré à Jean-Pierre Peroncel-Hugoz la formule « islamérique ». Ils veulent une Europe dénationalisée, recomposée en damiers, livrée au communautarisme, une Europe qui ressemble à l'Amérique, une réserve de consommateurs compulsifs, qui fournisse un marché annexe, où l'oncle Sam pourra écouler ses produits.

Mais il y a plus grave : dans cette vision de l'Europe, l'immigration n'est pas seulement tolérée et acceptée. Elle est voulue, programmée. Complotisme ? Pas vraiment. Il suffit de s'intéresser au dossier.

Pendant des années, les élites ont caché aux peuples européens leur plan secret : L'ONU a donné *instruction* à l'Europe d'appliquer le principe de la « *Replacement migration* », la migration de remplacement[2]. L'auteur de cette formule est un démographe français, Joseph Grinblat : « Le concept de migration de remplacement correspond à la migration internationale dont un pays a besoin pour éviter le vieillissement de la population qui résulte des taux bas de fécondité et de mortalité. Le déclin de la population est inévitable, en l'absence de migration de remplacement. » Ainsi s'exprime le secrétariat des Nations unies.

Dans son nouvel « Agenda du développement durable 2030 », publié en septembre 2015, le Programme des Nations unies pour le développement reprend le concept en soulignant « la contribution positive des migrants à une croissance inclusive ».

La Division de la population des Nations unies établit régulièrement des projections scénarisées qui évaluent les « *migrations de remplacement* » nécessaires pour maintenir un ratio actifs/inactifs convenable, préservant la croissance européenne.

Le scénario migratoire qui viserait au maintien du ratio « 3 actifs pour 1 retraité recommande de faire entrer dans l'Union européenne 153,6 millions d'immigrants de 2015 à 2040, au rythme d'une moyenne de 6,1 millions par an au cours de cette période ».

Quant à la France, le scénario de l'ONU préconise pour elle l'entrée de « 16 millions de migrants de 2020 à 2040, soit 800 000 personnes par an sur la période[3] ».

La formule onusienne, appliquée par les dirigeants de l'Europe, vient d'être reprise en France, par une note officielle de l'Institut national des études démographiques (Ined). Elle date du 6 avril 2016. Elle préconise ainsi le recours à l'immigration massive : « Alors que la crise économique va passer, la crise démographique va au contraire prendre de l'ampleur et sa résolution prendra du temps. Les migrations de remplacement pourraient faire partie des réponses de l'Europe à sa situation démographique[4]. »

Les Nations unies ont même osé esquisser un scénario dit « numéro 6 » visant à maintenir le ratio de 4 actifs pour 1 retraité. Les chiffres bondissent spectaculairement : dans cette hypothèse, l'Union européenne devrait faire venir 701 millions de migrants avant 2050. La France seule devrait en accueillir 93 millions. Il s'agit d'un chamboulement complet de population. L'Europe deviendrait un trou noir.

D'ores et déjà elle roule à l'abîme. Les élites européennes considèrent l'immigration comme la solution au vieillissement et à la rétractation de la population en âge de travailler. Cette tendance lourde s'apparente au choix de disparaître : cette importation de population massive équivaut à un véritable *repeuplement* du continent.

La démographe Michèle Tribalat en conclut que « l'immigration est devenue, dans l'esprit des dirigeants de l'Union européenne, la solution pour éviter un déclin démographique et limiter la régression économique et sociale[5] » en l'absence de toute politique familiale.

Le projet de la surclasse européenne est de moins en moins secret. Elle avoue ouvertement qu'elle a pour ambition de changer progressivement le peuplement de l'Europe. Depuis 2014, les langues les mieux pendues se délient. Le puissant ministre des Finances de l'Allemagne Wolfgang Schäuble estime ainsi : « Nous avons aujourd'hui *besoin* de l'immigration. Nous devons évidemment vivre avec les immigrés. Cela va changer notre vie de tous les jours, non pas pour le pire, mais pour le meilleur. Les gens ont raison de redouter le terrorisme mais pas l'islam[6]. »

Trois jours avant les attentats de novembre, le commissaire européen Pierre Moscovici, parlant au micro de RTL, commettait un lapsus révélateur : « Contrairement à l'idée reçue que l'Europe serait envahie et que ce serait une source de coûts considérables, l'afflux de réfugiés et de migrants a un impact *positif* sur la croissance. » Et il annonce une croissance de 0,2 % ou 0,3 %, grâce aux nouveaux flux migratoires des « réfugiés ». Plus on en accueille, plus on va fouetter la croissance. CQFD.

Autrement dit, notre niveau de vie est indexé sur la migration. Si elle stagne, il baissera. Si elle est bien soutenue, à son tour elle soutiendra la reprise à venir. Trois jours après sa déclaration, il y avait cent trente cadavres dans les rues de la capitale. À ce moment-là, la seule croissance réelle est celle des gyrophares indexée sur celle des kalachnikovs.

Car il ne faut pas se voiler la face : l'immigration est devenue le terreau de l'islam, qui est le terreau de l'islamisme, qui est le terreau du terrorisme.

Rien n'est mécaniquement lié, évidemment. Tous les musulmans ne sont pas salafistes et tous les salafistes ne sont pas terroristes. Mais tous les terroristes de l'État islamique sont des musulmans salafistes.

L'Union européenne nous force à les accueillir. Elle n'est pas la seule à jouer ce jeu dangereux.

Le combat pour la « migration de remplacement » est largement soutenu par les groupes de presse. Prenons le laboratoire d'idées créé par le géant allemand Bertelsmann. Cet empire mondial des médias et de l'édition possède une variété impressionnante de journaux et aussi la grande maison d'édition américaine Random House, qui a publié en 2006 le livre d'Obama *L'Audace et l'Espoir*. Cet institut allemand poursuit évidemment les intérêts de son pays. Il souligne que la chute du nombre de travailleurs en Allemagne est « susceptible de devenir chronique », et donc de provoquer une récession économique ; « un demi-million d'immigrants seront donc nécessaires chaque année pendant trente-cinq ans ».

Depuis le 9 septembre 2015, il n'est plus question de refouler les migrants clandestins. L'Europe accueille à tour de bras. Elle pratique, au nom d'une doctrine supérieure, la morale de l'*ouverture* énoncée par le président de la Commission, Juncker : « Il est temps de faire preuve d'humanité et de dignité. » Puis ce fut au tour de l'angélique Angela de déclencher le fameux appel d'air, en 2015, avec les conséquences que l'on connaît.

Tous ces raisonnements comptables s'emploient à justifier le déplacement de cargaisons humaines comme on déplacerait du bétail vers des prairies plus vertes. Ils postulent l'interchangeabilité générale des hommes et des peuples sans envisager les coûts et les conséquences psychologiques, sociales, morales, politiques, culturelles ou économiques inchiffrables.

Derrière l'appel à une immigration d'appoint pour la croissance, se cache un *projet néo-colonialiste* des grandes firmes post-nationales. On fait venir par priorité les médecins, les informaticiens, les ingénieurs des pays pauvres. Cette migration qu'on affiche comme hautement morale relève d'une générosité calculée, sordide. Il s'agit d'une nouvelle *traite.* Du temps de la première, on visitait les bouches, on inspectait les muscles et la dentition. Dans la seconde, on vérifie les diplômes. Quitte à appauvrir un peu plus les pays victimes de cette hémorragie « moralement correcte ».

Dans son « Agenda européen en matière de migration » publié le 13 mai 2015, la Commission européenne passe aux aveux : « Une pénurie de main-d'œuvre est observée dans des secteurs clés comme les sciences, la technologie, l'ingénierie et les soins de santé. Il faut donc maintenir l'Europe comme une destination attrayante pour les migrants... Tous les indicateurs montrent que certaines compétences supplémentaires et spécifiques requises à l'avenir devront nécessairement être recherchées à l'extérieur de l'Union européenne. Il faut se doter d'une main-d'œuvre hautement qualifiée et capable de s'adapter. »

La surclasse invisible qui dirige l'Europe sent bien que son projet de transplantation se heurte à des réticences résiduelles inattendues, car il y a encore des colonies de Mohicans – des

Anglais, des Hongrois, etc. – qui s'agitent. Nos politiciens, tout à leur besogne de désagrégation des nations, appliquent le jugement de Nicolas Gomez Davila : « L'habileté de l'homme d'État post-moderne consiste à s'approcher le plus lentement possible de la catastrophe. »

Ce plan répond à une vieille recette, qu'on appelle l'*engourdissement batracien* : on met la grenouille dans la casserole. Elle est contente, elle est dans l'eau. On chauffe, elle se prélasse dans la tiédeur. Elle s'habitue. Elle s'engourdit. L'eau devient brûlante. Trop tard. Elle trépasse. Le cuisinier apporte la casserole au commissaire. On passe à table. Tout a bien fonctionné pour l'Europe des tièdes. Jusqu'au Brexit. Les Anglais n'aiment pas les grenouilles. Ni les commissaires.

X

# L'Eurislam

À l'intention des peuples de nos vieilles nations, nos dirigeants européens ont prévu de nous administrer plusieurs doses de morphine pour que nous disparaissions en douceur, en laissant gentiment la place : la première est, comme on l'a vu, libellée « migration de remplacement ».

La deuxième dose préparée par les pharmacopées bruxelloises, plus rude, est toute contenue dans un flacon étiqueté : « *mutual accommodation* », l'« accommodement mutuel ». Nos médecins légistes de la Commission vont nous administrer leur ordonnance prescriptive qu'ils appellent « Manuel sur l'intégration ». Ce dernier repose entièrement sur le « principe du compromis culturel réciproque, avec une approche à double sens » [*sic*]. Le manuel propose un « Fonds européen pour l'intégration » qui a pour mission de soutenir financièrement les actions de propagande « transnationale, par exemple les campagnes ou manifestations interculturelles visant à diffuser des informations précises et exactes sur les cultures, les religions et la contribution économique et sociale des immigrants ». Derrière ce charabia, se dissimule un objectif simple, redoutable : l'accommodement mutuel, autrement dit l'acclimatation à « la culture religieuse importée », l'assimilation à l'envers !

La Commission a créé à cet effet un projet de recherche baptisé « Eurislam ». Je me suis procuré l'étude ainsi financée ; elle est écrite en anglais évidemment. L'intitulé est d'une éloquence prémonitoire : « Trouver une *place* pour l'islam. Interactions culturelles entre immigrants musulmans et sociétés d'accueil. » On est très loin des vieux concepts d'acculturation et même d'intégration. Ou plutôt on les a retournés. L'étude préconise la « *co-inclusion* réciproque ». La couverture du rapport, très audacieuse mais révélatrice, représente au cœur même du cercle des étoiles mariales de l'Europe, et sur fond bleu, un grand minaret surplombé du croissant islamique. Ce logo fusionnel tient lieu d'aveu programmatique.

Le 12 avril 2016, le rapport Draghici qui fut adopté par le Parlement européen prévoit lui-même une *rééducation* européenne aux « avancées sociétales » et à « l'acceptation des sociétés multiculturelles et multi-ethniques ». Il appelle les États membres « à prendre de nouvelles mesures pour promouvoir, dans les programmes scolaires, une éducation multiculturelle, non discriminatoire et ouverte à tous ».

La promotion du multiculturalisme est encouragée et financée par l'Union européenne grâce à un « Fonds européen d'intégration des ressortissants des pays tiers ».

À travers toutes ces initiatives aux apparences trompeuses, nous assistons à l'enterrement de l'Europe-civilisation par l'Europe-institution.

Une confidence me revient, arrachée par Malraux à de Gaulle : « Vous savez comme moi, cher Malraux, que l'Europe sera un accord entre les États, ou rien. Donc, rien. Nous sommes les derniers Européens de l'Europe, qui fut la Chrétienté[1]. »

L'Europe d'aujourd'hui n'a plus de parenté avec la couronne mariale de son drapeau.

La Commission s'est elle-même trahie en éditant, à plus de trois millions d'exemplaires, un agenda aux couleurs de l'Union européenne, que j'ai eu entre les mains et qui fut adressé à toutes les écoles secondaires. Il s'agissait d'un calendrier qui comprenait les fêtes musulmanes, hindoues, sikhes, juives, etc. Sans oublier la « Journée de l'Europe » et les dates clés de la construction européenne. Mais les fêtes chrétiennes étaient oubliées. La page du 25 décembre était vide. Il y avait juste un message en bas de page : « Un véritable ami est quelqu'un qui partage vos préoccupations et votre joie. » L'Europe avait oublié Noël. Tout un symbole.

Le « Manuel sur l'intégration » qui préconise la *mutual accommodation* auquel ont collaboré vingt-quatre chercheurs éminents issus d'universités prestigieuses émet le vœu de rendre plus efficaces les négociations institutionnelles sur « l'accommodement des musulmans ». Tout est dit dans cette ellipse. Il s'agit d'accommoder les restes, les restes d'Europe à l'islam.

Christopher Caldwell, un journaliste américain qui a mené une longue enquête, a ainsi dénoncé ce marché de dupes : « Cette immigration de masse ne valorise pas la culture européenne. Elle la supplante. L'Europe ne fait pas bon accueil à ses tout nouveaux habitants, elle leur cède la place[2]. » L'Eurislam, c'est la civilisation européenne qui cède la place à la civilisation islamique.

Même les musulmans les plus éclairés nous mettent en garde. L'écrivain Boualem Sansal nous a adressé, depuis Alger, un message d'avertissement : « Je vous le dis franchement, je crains pour vous. Vous me semblez si peu préparés, pour ne pas dire si indolents ! Je ne sais trop non plus si vous vous rendez compte que vos gouvernants, qui sont d'une pusillanimité indescriptible, vous poussent carrément dans le cauchemar[3]. »

Nous courons à l'abîme mais nous nous voilons la face, comme les pacifistes des années 1930 ou comme nos ancêtres de la Renaissance. En 1562, peu avant les dérives sanguinaires des guerres de Religion, Étienne de La Boétie, le grand ami de Montaigne – « parce que c'était lui, parce que c'était moi » – écrit un *Mémoire sur la pacification des troubles*. Que dit-il dans ce mémoire oublié ? Que la France menace de se transformer en une « République démembrée ». Il se veut très clair : « tout le mal est la diversité de religion qui a passé si avant » ; de sorte, avertit-il, que « deux diverses Republicques opposées de front l'une à l'autre » risquent d'engendrer une « haine et une malveillance universelle entre les subjects du Roy[4] ». Personne ne l'écouta. Le jugea-t-on trop pessimiste ? Dix ans plus tard, c'était la « nuit de la Saint-Barthélemy ». Les massacres se multiplièrent de part et d'autre. Personne ne put alors nier que la France avait plongé dans la guerre religieuse. Mais, auparavant, personne n'avait voulu voir. Comme à la veille de toute catastrophe prévisible. On préfère ne pas croire au pire.

Lors de son voyage à Lesbos, François a décidé de ramener à Rome des familles musulmanes plutôt que chrétiennes. Lui aussi a fait son choix, c'est l'Eurislam.

XI

# Le projet « Tamkine »

Les Européens ne regardent pas l'islam comme une civilisation mais comme une simple religion. Au nom de la liberté de conscience, principe fondamental des droits de l'homme, elle doit être, selon eux, protégée au même titre que toutes les autres religions. Ce qui est compréhensible. Mais c'est là le piège le plus redoutable. Car l'islam n'est pas seulement un corps de préceptes religieux. C'est aussi un projet de société qui s'oppose au nôtre. Le grand historien Fernand Braudel l'avait parfaitement compris dans son essai magistral sur *L'Identité de la France.* « L'islam n'est pas seulement une religion, écrit-il, c'est aussi une civilisation plus que vivante, une manière de vivre [...]. Un droit [...] fondé sur cette loi supérieure qu'est la religion du Coran[1]. » Et, ajoute Braudel, cette loi « ne reconnaît pas » le droit occidental.

Or, sans aller chercher les salafistes les plus résolus, c'est cette loi supérieure que l'islam des honnêtes gens, l'islam non violent, très éloigné du terrorisme, voire du salafisme, entend petit à petit faire respecter en Occident.

Selon l'essayiste et frère repenti Mohamed Louizi, ancien président des Étudiants musulmans de France, la doctrine des Frères musulmans désigne sous le nom de « projet Tamkine » l'étape ultime de l'*islamisation tranquille,* par imprégnation et capillarité des territoires, des structures sociales et du *récit* collectif au sein de la « Demeure de la Guerre », le *Dar el-Harb*, qui désigne les terres à conquérir[2].

Il s'agit d'enraciner l'islam dans nos proximités affectives et de réviser la mémoire des Européens, pour y loger de l'irréversible. Inscrire le récit islamique dans le récit historique de l'Europe. La « co-inclusion réciproque » et les « accommodements mutuels » relèvent désormais de la même langue, parlée à la fois par les intellectuels islamiques et les hiérarques de l'Europe : il s'agit d'infuser nos lois, d'infiltrer nos institutions, de conditionner nos raisonnements et nos comportements pour que soient acceptées, ou plutôt tolérées à la marge, les valeurs de la charia. On avance avec retenue. La prudence est de mise. C'est la politique des petits pas. Le but n'est pas de démontrer une quelconque supériorité de tel mode de vie ou de telle croyance, mais seulement d'obtenir des autochtones qu'ils fassent « une place à l'islam dans l'espace public national et européen ». Au nom des droits de l'homme et de la non-discrimination.

En effet, la « co-inclusion », comme on l'appelle, implique la parfaite équivalence de toutes les cultures, sans aucune prééminence pour nos racines chrétiennes. On ne doit privilégier aucune civilisation ni communauté, et surtout pas les espaces de chrétienté. Autant dire que l'islam politique s'engouffre dans cette béance. Dans le *Dar el-Harb* européen, la terre de conquête, l'islam politique prend soin de ne pas heurter de front les droits fondamentaux et principes démocratiques des sociétés européennes, mais plutôt de les retourner à son profit en faisant preuve de patience.

La visée stratégique de cette islamisation en douceur est claire. Puisque les Européens renoncent peu à peu à leurs patries charnelles et spirituelles, il suffira d'attendre que l'islam politique vole à leur secours. Face à des nations privées de toute transcendance, l'islam apparaîtra bientôt comme l'unique projet politique pour l'Europe. Un projet de société.

La patience a donc un sens : préparer la relève. La relève d'une civilisation par une autre.

Ayant acquis force contraignante depuis le traité de Lisbonne, la charte des Droits fondamentaux est devenue un auxiliaire juridique précieux pour cette stratégie ; la Cour européenne des droits de l'homme pratique elle-même la préférence exotique et élargit toutes les brèches par les audaces de sa jurisprudence : la liberté d'installer des mosquées en Europe est devenue un droit sacro-saint. La Cour européenne a même jugé qu'aucune priorité ne pouvait être accordée à la religion autochtone. Le droit de « chômer les jours de fête islamique », le droit « à des pauses courtes pour les prières », le droit d'« assister au service religieux du vendredi après-midi » sont désormais protégés par les arrêts du juge européen qui a par ailleurs garanti que le « droit de porter des vêtements religieux dans les lieux publics ouverts à tous » faisait partie de la « liberté de religion ».

Les experts de la commission de la culture et de l'éducation au Parlement européen ont entrepris récemment une réflexion sur la question de la famille : « Le mariage chrétien traditionnel n'est plus la *seule* institution sur laquelle une famille peut juridiquement reposer. La polygamie peut apparaître comme une *autre* manifestation possible de ce type d'union et ne pas être moins liée au droit européen de la famille traditionnelle qu'un mariage homosexuel. »

Selon les mêmes experts, la distance entre les régimes juridiques de la répudiation et du divorce n'est plus de nature à empêcher la reconnaissance de la répudiation dans la législation d'un pays européen. Le fait que seuls les hommes en islam puissent demander la répudiation est « une disparité qui ne semble pas suffisante pour entraîner l'application automatique des clauses dites d'ordre public ».

Selon Mohamed Louizi, la territorialisation islamique – le *Tamkine européen* – passe d'abord par une étape appelée le « Tawtine », qui consiste à bâtir des mosquées-cathédrales, à multiplier les acquisitions immobilières, à créer des écoles privées, afin de mieux participer à l'imaginaire européen et aux récits nationaux. Être *dedans* et non plus *dehors*. Mohamed Louizi met les points sur les *i* : « Les Frères musulmans s'emploient depuis le début des années 1980, sur le vieux continent, à acquérir ainsi de nombreux territoires pour pouvoir obtenir l'inscription, dans la durée, du *récit islamiste* comme élément du récit national de chaque pays de l'Europe. »

La stratégie globale d'islamisation de la France et de l'Europe passe par « le rétablissement du califat islamique aux frontières historiques, y compris là où l'islam avait une présence en Europe. C'est cela, le projet Tamkine. »

L'auteur a eu accès au cahier des charges qui planifie les quatre étapes : 1. Répandre l'islam par la construction de mosquées. 2. Former la jeunesse dans des établissements confessionnels. 3. S'assurer que toutes les couches de la société ont été infiltrées. 4. Prendre le pouvoir.

L'Union européenne prête la main à ce grand projet. J'ai découvert qu'elle utilisait le Fonds européen de développement régional (Feder), pour financer des mosquées et des espaces culturels. Le Feder a apporté de l'argent pour l'érection de la mosquée Merkez, la plus grande mosquée allemande, à hauteur de 2 millions d'euros. À Amsterdam, le Feder a apporté 1,4 million d'euros pour un soi-disant « complexe multifonctionnel ouvert à tous », qui héberge en fait une superbe mosquée, une madrasa – une école musulmane –, etc.

Le Feder, qui ne fait que recycler l'argent des contribuables, a été utilisé pour cofinancer d'autres mosquées mais qui portent un nom d'emprunt : « centres de rencontres, de jeunesse », etc. Grâce au financement de projets culturels et de programmes de recherche sur l'islam européen, de nombreux « chercheurs universitaires » travaillent à « générer de nouveaux concepts et à déplacer l'attention, depuis l'étude des idéaux religieux musulmans vers leur perception comme une part de la modernité et de l'Histoire occidentale ».

En d'autres termes, « il faut cesser de disséquer les règles et singularités du mode de vie islamique mais bien plutôt montrer que le projet islamique s'*incorpore* harmonieusement au roman national et européen[3]. »

Pour les institutions de l'Union européenne, la laïcité s'arrête là où commence l'islam. C'est le démocrate-chrétien Jacques Delors qui a ouvert le dialogue, dès 1994, en invitant à sa table des intellectuels musulmans ; puis, à partir de 2003, une organisation islamique paneuropéenne va devenir l'interlocutrice de la Commission, le Forum de la jeunesse musulmane européenne et des organisations étudiantes – le Femyso – ainsi que, plus tard, la Fédération des organisations islamiques en Europe. Ces deux organisations sont l'émanation directe des Frères musulmans. Une enquête personnelle m'a permis de découvrir que la branche « jeune » des Frères musulmans en Europe était *accréditée* et *subventionnée* par l'Union européenne. Le Femyso a installé son siège de façon symbolique à mi-chemin entre la Commission européenne et la Grande Mosquée de Bruxelles, financée par l'Arabie séoudite et présidée par son ambassadeur lui-même.

Le Femyso a donc réussi à obtenir une reconnaissance officielle auprès de la Commission et du Parlement européen. Il figure sur la liste des *lobbies agréés*. Il participe à des groupes de travail de la Commission. Il est régulièrement auditionné par les commissions. Il co-organise, au sein même du Parlement européen, de nombreux séminaires et des conférences sur l'« islamophobie », « la religion et la citoyenneté », « les questions liées aux femmes ». Il paye des *media-training* à ses membres. J'ai découvert qu'il avait même été consulté pour l'élaboration du traité de Lisbonne sur la rédaction des « valeurs de l'Union » et de la fameuse charte des Droits fondamentaux.

Cette organisation ne met en avant aucune vision idéologique ou religieuse. Avec habileté, elle ne traite que des thèmes de la non-discrimination et des droits de l'homme. Et, comme par hasard, de la « reconnaissance de l'islam comme part de l'héritage européen ». Un détail, il faut être musulman pour y adhérer.

Le Femyso bénéficie de tous les égards de l'Union. Les subventions européennes, interdites pour les organisations non laïques, pleuvent comme la manne : en 2014-2015, 85 000 euros ont été versés au titre du « soutien à la coopération avec la société civile », une aide à l'édition d'un « guide sur l'islamophobie » ou encore une subvention du Conseil de l'Europe, en 2014, pour le projet de sensibilisation écologique, intitulé « *Green-up my community* » ! Littéralement « verdir ma communauté ! » Ce projet prévoit le lancement d'un « mouvement paneuropéen musulman vert » [*sic*] dans une stratégie de rapprochement avec les partis écologistes qui inclinent à une certaine bienveillance à l'égard de l'islamisme. Vert sur vert !

Il est vrai qu'en Belgique, une bonne partie de la gauche est électoralement parlant dans les mains des islamistes. La journaliste belge Marie-Cécile Royen écrit même : « Que serait, aujourd'hui, le Parti socialiste sans les appels au vote des mosquées, de certains ambassadeurs et même des prédicateurs salafistes qui appelaient bruyamment à voter socialiste en 2012 ? Sans doute moins de 10 % à Bruxelles. C'est le parti écolo qui, en ce moment, paraît le plus sensible à l'idéologie de la confrérie musulmane en Europe[4]. »

La Fédération des organisations islamiques d'Europe (Foie), la maison-mère des organisations fréristes, est considérée comme le « porte-parole des musulmans » auprès des institutions européennes. C'est elle qui a ouvert l'« Institut européen des sciences humaines » à Château-Chinon, destiné à la formation d'imams conformément à la doctrine fériste et à l'enseignement de la langue arabe. Cette organisation est assistée – c'est à peine croyable – d'un Conseil européen pour la fatwa et la recherche, composé de vingt-neuf oulémas et présidée par Youssef al-Qaradhawi, le leader spirituel des Frères musulmans. Ce conseil est chargé d'émettre des fatwas sur les questions liées au statut des musulmans en Europe, ce qu'il désigne par l'appellation de « jurisprudence de minorité ».

L'Union des organisations islamiques de France a une « mainmise totale sur ce Conseil européen de la fatwa, qui se prononce sur la manière dont les musulmans d'Europe doivent se comporter, avec des fatwas niant le droit des femmes[5] », explique la politologue Fiammetta Venner.

Le co-fondateur de l'Uoif, Ahmed Jaballah, a dit tout haut ce que d'autres pensent tout bas : « L'Uoif est une fusée à deux étages. Le premier étage est démocratique, le second mettra en orbite une société islamique. »

Une quinzaine de lobbies religieux ou « antiracistes » sont accrédités auprès de l'Union européenne, la plupart d'entre eux sont infiltrés par les Frères musulmans. Le plus prestigieux – the European Network on Religion and Belief (Enorb) – a pour secrétaire général Karim Chemlal, qui se trouve être le représentant de la Fédération des mouvements fréristes d'Europe. Cette organisation comprend notamment le Forum islamique pour l'Europe, fondé par l'Arabie séoudite, basé à la mosquée de Londres, connu pour son fondamentalisme et qui entend établir la charia en Europe. On y retrouve aussi le Réseau musulman européen, un lobby présidé par Tariq Ramadan, qui se présente lui-même comme « expert consultant des diverses commissions du Parlement européen ». Ce mouvement « soutient l'idée d'une Europe aux racines juives, chrétiennes *et islamiques* » afin d'inscrire rétroactivement le récit islamique dans l'Histoire de l'Europe, le fameux Tamkine. Il s'est donné pour mission de faire pression sur les Églises et sur le Vatican.

La naïveté des institutions de l'Union européenne face à l'islamisation est proprement stupéfiante : ainsi la Commission vient-elle de financer un grand projet de déradicalisation islamique, à hauteur de 450 000 euros. Ce projet, appelé « Eurad », se présente comme « une approche de communication *basée sur la charia* pour prévenir et combattre les formes contemporaines de la radicalisation menant au terrorisme ». La charia pour déradicaliser ? Il fallait de bons technocrates de Bruxelles pour y penser.

Parmi les principales organisations bénéficiaires des aides européennes à ce grand projet, on retrouve notamment la Muslim Association of Ireland. Il s'agit de la branche irlandaise de la Foie dirigée par les Frères musulmans.

Ces derniers sont bien plus habiles que les autres salafistes. Depuis des décennies, les Frères musulmans tentent de séduire les partis politiques. Aujourd'hui, ils offrent leurs services pour « lutter contre la radicalisation ». L'Europe applique le principe du pyromane-pompier. La Foie est ultra-puissante, elle est à l'origine d'une charte des musulmans d'Europe signée à Bruxelles, par 400 organisations représentant 25 % des mosquées européennes. La signature a eu lieu en la présence solennelle des représentants du Parlement européen, le 10 janvier 2008.

Lorsqu'elle est interrogée sur les relations avec certaines organisations liées à la mouvance fériste, la Commission répond qu'elle « n'endosse pas » les opinions des organisations qu'elle consulte mais elle se refuse à condamner ou à écarter la charia islamique en tant que telle.

Une étude d'experts européens prône même, dans un lapsus révélateur, « l'intégration des non-musulmans dans la réalité musulmane ». Ces experts demandent de « prendre en considération la dimension musulmane dans toute réflexion sur l'*identité* européenne ». Bientôt nous serons invités *chez nous.*

L'Union européenne a donc résolu de conclure un « compromis historique » avec les Frères musulmans ; or leur programme a de quoi faire frémir : la confrérie égyptienne a été la matrice de l'islam offensif qui dans sa version djihadiste a mis le feu aux quatre coins de la planète. Dans son logo, les deux sabres croisés sous le Coran sont accompagnés du début d'une sourate sur le butin : « Tenez prêts contre les incroyants ce que vous pouvez de forces et de chevaux pour effrayer l'ennemi de Dieu et votre ennemi et d'autres que vous ne connaissez pas mais que Dieu connaît. Ce que vous dépensez dans le sentier de Dieu vous sera rendu et vous ne serez pas lésés. »

Cette Europe ouverte et accommodante est l'idiote utile de « l'islamisation tranquille ». Les élites européennes devraient méditer – s'il en est encore temps – le discours prononcé à Genève, en 1946, par Georges Bernanos ; il est d'une brûlante actualité : « Messieurs, la civilisation européenne s'écroule et on ne la remplace par rien, voilà la vérité. À la place de ces immenses épargnes accumulées de civilisation, d'humanité, de spiritualité, de sainteté, on offre de déposer un chèque sans provision, signé d'un nom inconnu, puisqu'il est celui d'une créature encore à venir. L'Europe est moins ébranlée par des forces antagonistes qu'aspirée par le vide. »

Hélas, la nature a horreur du vide. L'islam aussi. Je me souviens de Roger Garaudy, le philosophe communiste converti à l'islam. Je l'avais interpellé lors d'une conférence sur les fondamentaux de notre culture. Il m'avait répondu sèchement : « L'Occident fut un accident. » Les Frères musulmans le croient aussi. Les commissaires de la Bruxelles démocrate-chrétienne prononcent à voix basse les paroles de l'absoute. Dans la préface d'un livre de Frantz Fanon, Sartre eut ce mot terrible : « Occident, tu es condamné à mort. » Pour une fois, il ne s'était pas trompé.

XII

# Le « Pacte avec les Musulmans »

C'était comme un monôme étudiant : Juppé mettait les mains sur les épaules de Chirac, son mentor, qui avait les siennes sur les épaules de Pasqua, son inspirateur, qui voulait « terroriser les terroristes » et qui, lui-même, tendait la main à Le Pen pour briser les tabous : « Oui, nous avons des valeurs communes ! »

Le monôme faisait la course à droite. C'était à qui serait le plus ferme en matière d'immigration. Nous étions à Villepinte, pour l'ouverture des états généraux de l'opposition, en mars 1990. Chacun prenait son tour à la tribune : Madelin, Sarkozy, Fillon, etc.

Soudain monta au lutrin, pour la conclusion, le jeune secrétaire général du RPR. Sa calvitie précoce était le signe probable d'un cerveau en surchauffe mais qui voit plus vite et plus loin. Il lui revenait de faire approuver par l'assistance fiévreuse des militants une panoplie de mesures musclées, destinées à maîtriser les flux migratoires.

J'ai retrouvé, dans mes archives personnelles, la recension de ce grand moment d'incandescence et de bouillonnement.

Le jeune secrétaire général était sans cesse interrompu. La litanie des propositions qu'il égrenait, sur un ton monocorde, soulevait l'enthousiasme. L'orateur n'avait qu'à poser sa voix sur la vague. C'était « la foule, la houle, la mer ». Chaque mesure était une balle traçante et faisait chanter le bronze du canon : « Nous fermerons les frontières, nous suspendrons l'immigration, nous reconduirons les clandestins d'où ils sont venus. Et surtout nous réserverons les prestations sociales aux nationaux. »

Le secrétaire général justifia cette audace qui froissait les centristes et leur esprit d'ouverture : « Être étranger en France, ce n'est pas avoir automatiquement et intégralement tous les droits liés à la citoyenneté française ! »

Puis vint une phrase bien frappée sur l'islam qui fit lever la salle. Le secrétaire général mettait de la gravité dans son élocution pour donner plus de poids au serment d'alternance : « L'islam n'apparaît pas conforme à nos fondements sociaux et semble *incompatible* avec le droit français. »

En cet instant, les choses sont claires. L'opposition rejette clairement le multiculturalisme, un « concept irréel », le fauxnez d'une contre-société islamique, et réclame une assimilation des musulmans à la République française.

Le coordinateur des travaux peut même se permettre d'insister : « C'est à l'islam et à lui seul – je dis bien à lui seul – de s'adapter afin d'être compatible avec nos règles. »

Le jeune secrétaire général sait de quoi il parle : il est député du 18e arrondissement de Paris qui recouvre deux quartiers populaires : les Grandes-Carrières et Clignancourt.

Interrogé à l'époque par le magazine *Lui* sur l'intégration des populations immigrées dans cette circonscription, il souligne qu'il s'agit d'« un problème permanent et gigantesque ». Il exprime sa lassitude, au nom de tous « ces gens qui ont le sentiment que ça continue à se dégrader. Si on pouvait leur dire : “Bon, maintenant on a arrêté le flux, on va essayer de vivre en bonne intelligence...”, les Français de ces quartiers, qui ne sont pas spontanément racistes, seraient tout à fait prêts à jouer le jeu avec des populations venues d'ailleurs. » Et, laissant percer un filet d'amertume, il conclut : « Au contraire, ils ont le sentiment que ça continue et qu'ils sont totalement submergés. »

Le 19 juin 1991, Jacques Chirac fait écho à ce propos dans une improvisation tout en images, à Orléans : « Comment voulez-vous que le travailleur français, qui habite à la Goutte-d'Or, où je me promenais avec Alain Juppé la semaine dernière, et qui travaille avec sa femme et qui, ensemble, gagnent environ 15 000 francs, et qui voit sur le palier à côté de son HLM, entassée une famille avec un père de famille, trois ou quatre épouses et une vingtaine de gosses et qui gagne 50 000 francs de prestations sociales sans naturellement travailler… Si vous ajoutez à cela le *bruit* et l'*odeur*, eh bien, le travailleur français sur le palier, il devient fou ! Il devient fou, il faut le comprendre ! Et si vous y étiez, vous auriez la même réaction… Et ce n'est pas être raciste que de dire cela. »

Les militants du RPR exultent. Les centristes de l'UDF se pincent les lèvres et vont à confesse. Bernard Stasi, le social-sacristain, avale sa soupe de travers. Mais le jeune secrétaire général du RPR assure le service après-vente sans état d'âme. Selon une formule qu'il affectionne, « il est droit dans ses bottes ».

Bientôt, après un exil au Québec, au contact de la Nouvelle-France, il va changer de ville, changer de ton, changer de bottes. Et changer radicalement de langage.

Comme dit l'Évangile, « on ne met pas du vin nouveau dans de vieilles outres ». Le nouveau Juppé est arrivé dans le Bordelais. Il ne trinque plus aux mêmes arômes. Il est loin désormais, très loin, de Villepinte.

Sur le plateau de l'émission politique de France 2 « Des paroles et des actes[1] », quelques mois avant l'attentat de *Charlie Hebdo*, David Pujadas lui rappelle les « propositions de Villepinte ». Alain Juppé, embarrassé, cherche à « dépouiller le vieil homme » :

« Rétrospectivement, je pense que c'était une erreur…

– Oui, mais à l'époque, vous étiez d'accord ? reprend le journaliste.

– Sans doute... J'étais membre du RPR... Bravo... vous avez marqué un point. »

La nouvelle posture prend forme. Le 9 décembre 2009 déjà, en plein débat sur « l'identité nationale », il se dit convaincu que « la France est islamo-compatible ». Et il poursuit : « Évidemment oui, parce que toutes nos valeurs, liberté, égalité, fraternité, laïcité, respect de l'autre, nous conduisent à dire que la société française, comme elle l'a été par le passé – parce que la France a été historiquement un grand pays d'immigration – doit être accueillante et respectueuse des différences. »

La volte-face spectaculaire du nouveau maire de Bordeaux illustre de manière emblématique la démission de la plupart de nos élites. En moins de dix ans, du début des années 1990 au début des années 2000, ils ont fait litière des idées anciennes qui visaient encore à défendre notre projet de civilisation. Désormais, c'en est fini. Ce soir-là d'octobre 2014, chez Pujadas, ce n'est plus le Juppé de Villepinte et des coups de menton, c'est un Juppé œcuménique et samaritain, qui a trouvé l'accord parfait avec son nouvel ami, Tareq Oubrou, l'imam de la future Grande Mosquée de Bordeaux, réputé proche des Frères musulmans, ce mouvement qui juge que « la frontière est une méprisable hérésie ».

Les deux veulent faire oublier leur passé : l'un qui était pour la frontière. Et le second qui pratique la *taqiya*, la dissimulation de ses anciens propos sur le califat. En forme d'hommage à cet imam zélé et ardent, Alain Juppé lui a remis les insignes de chevalier de la Légion d'honneur. Les figures de proue de l'islam bordelais, devenues les patrons de l'Uoif, voient en lui « le bouclier de l'islam » en France.

En mai 2015, dans un entretien au *Figaro*, Alain Juppé franchit un nouveau cran et récuse l'assimilation : « L'idée d'assimiler les gens, d'effacer les différences, n'a pas de sens. Ni sur le plan moral ni sur le plan du réalisme. » Il joue les médiateurs : « Ne tombons pas dans la stigmatisation systématique. Il existe des *accommodements raisonnables.* » Le mot est lâché. Anglo-saxon ou peut-être québécois. Mais qui donc va s'accommoder ?

Juppé prône « l'union dans la diversité », pour reprendre la devise européenne. Il ne cache plus son inquiétude devant « les crispations et les vilaines peurs ». En août 2015, dans *Le Monde*, il se déclare « une nouvelle fois », insiste-t-il, « préoccupé par le rejet de l'islam ». Il veut « lutter pied à pied » contre la montée de l'islamophobie en Occident. Il entend apaiser les « tensions inutiles sur le voile » et promet de garder le droit du sol. Il confesse qu'il ne connaît pas le Coran. Il fait confiance à son ami, le recteur de Bordeaux, un Frère musulman qui lui met l'âme en paix.

Dans un billet posté sur son blog, le 10 octobre 2015, il s'en prend au « nouveau politiquement correct que serinent les chantres du déclinisme, à l'image d'Éric Zemmour, qui vantent "la nostalgie d'un prétendu âge d'or" ». Il condamne « les partis qui dessinent le visage d'une France *ratatinée* dans ses égoïsmes, prête à jeter aux orties l'Union européenne ».

Au début de l'année 2016, Alain Juppé considère qu'il doit finir sa mue. Le 4 janvier 2016, dans le *Journal du Dimanche*, il se découvre : « Il faut imaginer un *Pacte* avec les musulmans. » Cet accord devrait notamment porter sur le financement des lieux de culte, la formation des imams, etc. Un vieux truc de politicien : on fait mine de vouloir réformer pour mieux légitimer.

De retour dans son ancien arrondissement de Paris, le 31 janvier 2016, il délivre devant 500 personnes un *message abouti* en faveur d'une France diverse et unie : « Cette diversité de vos origines, de vos religions, de vos orientations sexuelles, je veux la respecter, il ne faut ni la nier, ni la combattre. » La salle applaudit. Vingt-cinq ans de propagande ont porté leurs fruits. Villepinte est bel et bien enterré. Mais comment ce processus a-t-il été possible ?

Le multiculturalisme est devenu un point de passage

obligé pour faire carrière et sortir du camp des réprouvés de la « France moisie ». Alain Juppé n'a pas vraiment changé. Il épouse comme beaucoup la houle du moment. Il s'adapte. Il pactise. Il sait qu'« en politique, il faut donner de l'espoir ». Alors il offre un beau cadeau à la jeunesse. Ainsi déclare-t-il devant les étudiants de l'université Paris II Panthéon-Assas : « Il ne faut pas être prisonnier de fantasmes. Il y a une lecture du Coran parfaitement compatible avec les valeurs de la République… Mon objectif est de cheminer vers une société heureuse[2]. » Son projet est novateur. Lui qui incarne physiquement l'impôt et ne sourit jamais, il se fait jubilatoire : « Je veux provoquer un élan et une adhésion autour d'un art de vivre nouveau. C'est ce que j'appelle l'*identité heureuse*[3]. »

Si la France ne veut pas changer d'identité, c'est à l'identité de changer de France : « l'identité heureuse » sera rédemptrice à condition que le repentir soit sincère et s'effectue en place publique.

XIII

# Changer de trottoir, changer de mémoire

Je me souviens, quand j'étais élève à Sciences Po, en 1972, de nos maîtres de conférence qui, la main en visière, nous invitaient à observer dans ce qu'ils appelaient le « laboratoire libanais » de l'Orient, l'anticipation prophétique, incarnée au pays des Cèdres, du communautarisme en gestation de l'Occident. On nous faisait rêver du Liban, un « modèle de cohabitation », « un pays de miel et d'encens ». Il n'y avait pas d'autre destin pour nous que de vivre à travers une réplique occidentale à venir les belles harmonies de ce kaléidoscope exemplaire. Alors tout Sciences Po partait là-bas, dans cet Orient si simple, et avec des idées si compliquées qu'elles ne tiendraient pas la marée.

Quelques années plus tard, la « France du Levant » était à feu et à sang. L'erreur de vision semblait manifeste. Malgré tout, nos dirigeants ont insisté, persisté à vouloir pactiser. Ils ont gardé leurs mêmes éprouvettes d'apprentis sorciers. Ils ont poussé chaque jour plus loin leur « refondation » politique qu'ils avaient établie sur deux principes : l'« espace sans frontières » et la « société multiculturelle ».

Depuis quarante ans, leur zèle de laborantins est admirable de constance, largement entretenu par deux vertus combattantes, l'islamophilie et la christianophobie.

C'est en effet à partir de Giscard et Chirac que l'antique

politique d'« assimilation » a pris une connotation sulfureuse. Le mot va connaître le bannissement. On le répute comme un adjuvant du colonialisme. Il s'agit bien sûr d'un mensonge historique, car même en Algérie française, 5 % seulement des habitants parlaient français, en dehors des pieds-noirs, preuve qu'il n'y avait pas eu « assimilation ». Ni imposition de la langue, ni apostolat religieux.

Fernand Braudel avait ainsi défini le concept : « L'assimilation a permis l'intégration de nombreux étrangers qui ont ajouté à la culture complexe française une nuance. » Juste une nuance. Pas une substitution de civilisation. Par glissements successifs, l'assimilation va faire place à l'« intégration », puis à l'« insertion » et enfin, en 2013, à « l'inclusion ».

Le début des années 2000 aura marqué l'acmé de la démission française. Dans son livre de confession paru en 2004, le candidat Sarkozy résume et assume cet esprit de renoncement : « La France est devenue multiculturelle, multiethnique, multi-religieuse... *mais on ne le lui a pas dit.* La composante musulmane de la France est une réalité. Il faut l'intégrer. L'intégration n'est pas l'assimilation, car cette dernière impose au dernier arrivé qu'il renonce à son identité pour être accepté[1]. » Et celui qui n'est alors que le jeune démiurge de Neuilly s'incline avec componction devant « l'influence historique des musulmans ». Il se félicite de ce que nous allons vivre à partir de ce que nos ancêtres ont vécu : « Les Arabes sont quand même arrivés jusqu'à Poitiers. Nous ne sommes pas le seul ni le premier pays à vivre ce mélange fécond de notre tradition judéo-chrétienne avec l'islam. L'influence de l'islam en Espagne a duré huit siècles. C'est en grande pompe que les musulmans espagnols viennent d'inaugurer une nouvelle mosquée à Grenade. La France a ignoré, *jusqu'à présent,* cette influence de l'islam dans sa culture... »

Le « jusqu'à présent » est un lapsus prémonitoire qui signifie : « Il va falloir s'y faire. » En route pour le *mélange fécond.*

La gauche antiraciste ne fut pas la seule à sanctifier cette

« préférence de l'islam ». La droite classique revisite le passé de notre pays à la lumière du nouvel impératif de l'islamisation des esprits. Paul Valéry avait laissé sa définition de l'Europe, elle paraissait exhaustive : « Toute terre qui a été successivement romanisée, christianisée et soumise quant à l'esprit, à la discipline des Grecs. » Alain Juppé a cru opportun d'apporter une retouche en imaginant que cette culture gréco-romaine et judéo-chrétienne avait été « *fécondée* au Moyen Âge par le dialogue avec la pensée et le savoir arabes[2]... » [*sic*]

Et naturellement, sur le chemin de cette quête au plus intime de nous-mêmes, on rencontre des héritages reconstruits et donc parfaitement inattendus. Il faut parfois relire certaines affirmations pour le croire. Jean-Luc Mélenchon a ainsi salué la paternité arabe de la cathédrale de Reims ! « Celle-là, comme toutes les autres, a d'abord été une victoire de l'esprit et des techniques que nous ont données les Arabes, car on ne les a pas trouvées tout seuls, ni grâce à votre chère Église catholique qui empêchait que les inventions se propagent[3]. »

Au comble du délire, François Hollande croit discerner l'ambition pacifique des hautes tranquillités islamiques dans l'histoire des hommes : « Il n'y a pas une civilisation, mais des civilisations de l'islam. Toutes raffinées et rayonnantes... Elles se fondent sur la *tolérance* à l'égard de toutes les interprétations du monde. Elles partent de la religion pour donner à l'œuvre humaine toute sa force[4]. » Que de bienfaits à venir !

Déjà, dans la cour de Matignon, le 1er février 2013, a retenti l'exhortation suivante : « La France est priée d'assumer la dimension arabo-orientale de son identité[5]. »

Candeur touchante. Tous ces bons apôtres de « la France métisse », faute de connaître notre histoire, l'arrangent à leur sauce. Ils l'« accommodent » pour inaugurer un passé commun aux accueillants et aux accueillis afin que les uns et les autres y trouvent le point d'appui de leur coexistence à venir. Ils inventent un amalgame irréel, une Europe christo-musulmane fantasmatique. Après le judéo-christianisme, fruit de notre histoire, voici venu le *christo-islamisme*, fruit de notre délire bienveillant.

Dans cette surenchère au métissage, certains font office d'honnêtes accommodeurs. Ils se tiennent encore, malgré leurs audaces, dans les limites des « accommodements raisonnables ». Les voilà aujourd'hui surclassés par quelques faussaires qui franchissent le cran d'après. C'est de Bruxelles que vient ce projet d'ablation : M. le commissaire Moscovici a déclaré le 8 mai 2016 : « L'Europe n'est pas chrétienne. Je ne crois pas aux racines chrétiennes de l'Europe. »

*L'Europe n'est pas chrétienne.* Elle l'a tout de même été un petit peu, non ? Saint-Pierre de Rome, le mont Saint-Michel, nos cathédrales n'en sont-elles pas quelques modestes traces ? L'Europe bénédictine ? Cluny, Fontgombault ? À moins de se tromper, l'audacieux propos de M. Moscovici revient à peu près à dire que l'Arabie séoudite ne serait pas musulmane, que le bouddhisme n'aurait rien à voir avec Angkor Vat et que l'hindouisme n'aurait qu'un rapport lointain avec l'Inde.

En fait, la saillie de Pierre Moscovici relève de l'acte manqué : il s'agit pour lui d'éradiquer « le petit reste » et de finir le travail de déracinement, pour pouvoir mieux enter sur un pied mère à l'agonie le greffon multiculturel.

Dans le même esprit, Martin Schulz, le président du Parlement européen, a utilisé avec habileté le « prix Charlemagne » pour tenir la plume de François, le récipiendaire, et lui fournir des éléments de langage qui sonnent conformes aux oreilles de cette Europe *sans* les nations. C'est pourquoi il a ensuite demandé que le texte du lauréat soit « distribué dans toutes les capitales européennes pour stimuler l'engagement vers une plus grande intégration ». Dans ce fameux texte, le pape François déclare : « Le Vieux Continent ne doit pas céder à son égoïsme en se retranchant dans des enclos particuliers. » Les « enclos particuliers » sont l'autre nom des nations. Pourquoi pas des « réserves », comme pour les Indiens ? Les tenants du « pluralisme juridique » tentent de protéger celles-ci en Amérique ; mais ils veulent les éradiquer en Europe.

Le lauréat rappelle à l'Europe qu'elle a toujours eu « une identité dynamique et multiculturelle ». Les « racines chrétiennes » ne sont plus mentionnées. Quelques jours plus tard, François ira plus loin : « Quand j'entends parler des racines chrétiennes de l'Europe, j'en redoute parfois la tonalité, qui peut être triomphaliste ou vengeresse. Cela devient alors du colonialisme. » Il craint que le christianisme ne colonise l'Europe et c'est pourquoi il préconise un Liban européen.

Comme la nuit de Tau des rois de France les préparait, dans le plus grand dépouillement, au sacre et à l'onction, l'Europe, ainsi spoliée de son identité définie par Simone Weil comme « le produit d'une histoire spirituelle chrétienne », est prête pour la grande aventure de la *juxtaposition.* Le passé n'est plus un obstacle pour le prétendu « Vivre-Ensemble ». Ainsi reformaté, révisé, retouché, le projet européen devient islamo-compatible.

Demain, l'homme nouveau, non discriminé, pourra acquérir rétrospectivement, à la faveur de l'indifférenciation culturelle, une « identité métisse » porteuse de tous les possibles. Cet homme-là a vocation à pérégriner, sans mémoire, délivré d'un passé trop lourd ; il traversera la vie en goûtant les saveurs de la légèreté. Il pourra pratiquer l'hédonisme ou l'islamisme. Dans un cas, on nourrira ses fantasmes de consommateur compulsif. Dans l'autre, on lui injectera les amphétamines de la haine. Si son premier état ne le conduit pas au second, on le shootera à la repentance. Le rejet de l'impardonnable France coloniale.

Ainsi chaque matin, monte, depuis l'aube, aux confins d'une France apeurée, à moitié prostrée, à moitié prosternée, une prière de contrition pour le rachat de nos forfaits passés : « C'est ma faute, c'est ma très grande faute... » Il y avait du sang dans les biberons de nos aïeux. Nous sommes des hôtes indignes, il faut expier. Aujourd'hui pour hier : notre histoire, celle de nos pères, indélébile, ignominieuse, impose cet exercice de commémoration pénitentielle pour nous débarrasser à jamais de l'esprit colonial qui encombre encore nos cœurs endurcis d'Occidentaux. Car il faut prendre garde de ne pas ajouter une deuxième colonisation chez nous à celle que nous avons pratiquée chez eux.

Il faut comprendre les arrivants et leur détestation du pays hôte, elle se nourrit de notre arrogance qui fabrique chaque jour de l'altérité. Il faut l'accepter comme une manière de rachat sur le chemin d'un « nouvel humanisme ». Nous aussi, nous devons nous mettre en marche. C'est à notre tour de migrer. Dans nos têtes, dans nos âmes. Nous ne pouvons pas rester figés, enkystés dans nos idées reçues. Il faut que notre mémoire bouge, qu'elle fasse sa place à une révision en profondeur.

Le Français doit faire sa mue. Demain, le petit Blanc, livide et passe-muraille, *old school*, apprendra à changer de *mémoire* comme il a appris déjà à changer de *trottoir*. Dépossédé de lui-même, le voici sommé de pratiquer la culture de la mésestime. Les institutions de la France *new school* devront l'aider à se déprécier. Il faudra du temps. Fernand Braudel avait eu cette formule dans son dernier livre : « Définir le passé de la France, c'est situer les Français dans leur propre existence. » François Hollande a ainsi dessiné la vocation du Musée national de l'histoire de l'immigration : « Rendre aux immigrés la place *qui leur revient* dans le récit national et se donner ainsi les moyens d'aborder de façon sereine la question toujours posée de l'immigration »[6]. Il faut donc réécrire l'histoire. Ce n'est que justice. Et c'est faire œuvre de paix.

Le projet d'un musée équivalent pour l'histoire de France, envisagée par Nicolas Sarkozy, ne verra jamais le jour.

La mémoire devient sélective et les gestes symboliques euxmêmes sont choisis à dessein. En 2013, le président de la

République se verra reprocher d'avoir tardé à adresser des vœux de Noël alors qu'il n'oublie jamais la célébration de l'Aïd : « Ces jours-ci, nous célébrons la grande fête de solidarité et de partage qu'est l'Aïd-el-Fitr. À l'issue du mois de jeûne du ramadan, temps fort de joie, d'échange de vœux et de présents, elle illumine la vie et les demeures des milliers de nos compatriotes de culture musulmane. Issue d'une longue tradition et porteuse de riches héritages culturels, par les valeurs qu'elle porte et l'idéal social qu'elle vise, elle s'inscrit pleinement dans notre démarche d'universalité. »

Au moment où le président célèbre l'Aïd, son Premier ministre, Jean-Marc Ayrault, reçoit le rapport officiel[7] qu'il a lui-même commandé et qui propose d'en finir avec « une logique du soupçon à l'égard de l'islam ».

Nous sommes en novembre 2013. Quelques mois avant les attentats de *Charlie Hebdo* et de l'Hypercacher mais aussi des refus de soutien multiples adressés en banlieue aux victimes des tueries.

Le groupe de travail gouvernemental entend instaurer « un nouveau panthéon pour une histoire plurielle », car « l'histoire enseignée se réfère à des figures incarnées qui demeurent très largement des "grands hommes mâles, blancs et hétérosexuels"... »

L'histoire de France va changer de récit et de points de repère : on ne parle quasiment plus de Napoléon « à cause de l'esclavage », de Saint Louis « à cause des croisades », de Jeanne d'Arc « à cause des voix », et naturellement de Roland de Roncevaux ou de Charlemagne « à cause des Sarrasins ».

On chemine vers une histoire épurée, revisitée, une histoire « halal », avec des livres et des célébrations islamo-compatibles. On tient le plus grand compte des nouvelles populations. On les met à l'honneur à travers nos défaites.

Plus d'un million d'Algériens ont quitté l'Algérie pour venir s'installer en France. Et il y avait eu auparavant un million de Français qui avaient été chassés d'Algérie, après le cessez-le-feu du 19 mars 1962. Ils ont été beaucoup moins bien accueillis que ne le sont les Algériens aujourd'hui chez nous. Le maire de Marseille fut tenté de les jeter à la mer. Les pieds-noirs et les harkis, dont personne ne voulait, ont connu l'errance. Ils ont beaucoup souffert de leur migration forcée. Ils étaient pourtant des migrants mais de « mauvais migrants ». Le 19 mars est pour eux la date du cauchemar qui commence. Pour eux et pour les harkis qui ont choisi la France, cent mille d'entre eux ont été assassinés après cette date.

Il semble que la guerre d'Algérie ne soit pas finie pour tout le monde puisque la date choisie pour les assassinats d'enfants que Mohamed Merah a commis à Toulouse a été justement le 19 mars 2012. En signe de commémoration macabre ?

Cette date symbolise une défaite française, les accords d'Évian. Et c'est le même 19 mars qui a pourtant été choisi par le président de la République comme un jour de fête pour se prosterner devant le président algérien, l'ineffable Bouteflika. L'argument officiel était de réconcilier les deux peuples.

L'écrivain algérien Boualem Sansal a protesté avec vigueur contre ce mensonge : « La réconciliation entre les deux peuples peut-elle se faire quand la France officielle soutient le pouvoir algérien, bras armé du FLN, promoteur de la religion de la haine de la France ? Et puis le FLN n'est pas le seul à haïr la France, il y a aussi les islamistes. Ils font la paire, ces deux-là, ils se ressemblent. En Algérie, on ne les distingue pas, on les appelle les "barbéfélènes". »

Renversement spectaculaire. Bientôt nous passerons d'une nation multiculturelle à une nation soumise. Au nom du « Vivre-Ensemble ».

Encore faudrait-il définir ce fameux slogan rassembleur : le « Vivre-Ensemble », mais pour vivre quoi au juste ? Vivre nos valeurs ? Vivre avec nos pensées ? Vivre de notre art de vivre ? Ou vivre ensemble autre chose, qui pourrait nous être imposé un jour, vivre la charia, déjà pratiquée dans certains quartiers en Angleterre.

Le président de l'Uoif, Amar Lasfar, a jeté les bases d'une France ainsi transmutée par le communautarisme : « Dans l'islam, la notion de citoyenneté n'existe pas mais la notion de communauté est très importante, car reconnaître une communauté, c'est reconnaître les lois qui la régissent. Nous travaillons à ce que la notion de communauté soit reconnue par la République. Alors, nous pourrons constituer une *communauté islamique*, appuyée sur les lois que nous avons en commun avec la République, et ensuite appliquer nos propres lois à notre communauté[8]. »

Le rêve, ou plutôt le cauchemar d'une France islamique *communautarisée* n'est plus hors de portée. Face à l'esprit de démission qui nous mine, l'esprit de conquête porte l'avant-garde de l'islam. À la mosquée d'Orly, Marwan Muhammad, directeur exécutif du Collectif contre l'islamophobie en France, a laissé entrevoir de grands espoirs : « Qui a le droit de dire que la France, dans trente ou quarante ans, ne sera pas un *pays musulman* ? Qui a le droit ? Personne dans ce pays n'a le droit de nous enlever ça. Personne n'a le droit de nous interdire cet espoir-là. De nous nier le droit d'espérer dans une société globale fidèle à l'islam. Personne n'a le droit dans ce pays de définir pour nous ce qu'est l'*identité française*[9]. »

*Personne n'a le droit*, nous intime M. Muhammad. Mais qui a encore le droit de dire que cela ne lui plaît pas ? Quand elle aura fait allégeance, il faudra bien que la France change de substance et de définition. Elle deviendra une autre France. Avec d'autres représentations communes, elle sera dotée d'une hyper-identité, à travers un islam qui ne reconnaît pas d'autre nationalité que l'Oumma, « la communauté mondiale des croyants ».

XIV

# Le Paradis diversitaire

Au nom du mythe égalitaire, nos élites ont installé une culture concurrente, favorisant au fil du temps le face-à-face de deux sociétés antinomiques.

Le multiculturalisme nous sort du champ politique, il nous est présenté comme une sorte de dessein humanitaire : on bouscule les héritiers pour qu'ils fassent de la place aux arrivants, au nom même d'un humanisme sourcé à nos racines chrétiennes : « J'étais un étranger et vous m'avez accueilli », « elle coucha l'enfant dans une mangeoire, car il n'y avait pas de place pour eux dans l'hôtellerie ». On va chercher saint Matthieu pour accueillir Mahomet. Bienvenue à la Crèche. Venez donc crécher chez nous. Et nous mettre sur la paille.

Ainsi la multiculturalité s'habille-t-elle des atours de la tradition oblative de l'Occident chrétien. Et en France, l'étranger retrouve le manteau de saint Martin de Tours. L'ouverture, la main qui se tend, le partage... Mais l'islam, lui, n'est pas partageux. La plaisanterie ne durera qu'un temps.

La France est de tradition multiethnique. La Martinique fut française avant la Corse. Mais elle n'a jamais été multiculturelle. La France est une culture. Le multiculturalisme, c'est l'implosion de la nation, donc la mort de la citoyenneté.

C'est à partir de 2007 qu'intervint le point de retournement dans le discours officiel : le premier à renoncer au concept d'assimilation fut Sarkozy – l'Américain. Fasciné par la personnalité du nouveau président des États-Unis, Barack Obama, il entend incarner la « modernité » et disputer à la gauche la politique de la « Diversité ». Il joue la carte du multiculturalisme : il promeut plusieurs personnalités « issues de la Diversité » à des postes symboliques de son gouvernement – Justice, Ville – et il entend, dès son arrivée à l'Élysée, inscrire cette même « Diversité » dans le préambule de la Constitution. Il veut faire sauter le verrou constitutionnel du principe d'égalité.

Heureusement, la manœuvre va échouer. Car « cette inscription dans le préambule de la loi fondamentale aurait officialisé le fait que la France n'était plus constituée d'un peuple, mais de plusieurs, chacun doté de ses propres fondamentaux culturels[1] ».

Sûr de son fait, le nouveau président avait confié à Simone Veil et à un comité théodule le soin de mettre en musique cette novation majeure. Une audition va peser lourd, celle de Malika Sorel-Sutter. Elle est née en France, elle a longtemps vécu en Algérie. D'une intelligence rare, elle a pris la mesure de la faillite de nos élites. Son patriotisme et son amour de la France font reculer ledit comité et emportent sa conviction. « Inscrire la Diversité dans le préambule de la Constitution, explique-t-elle, c'est consacrer la prééminence du lien d'appartenance à un groupe particulier et c'est favoriser dans les faits le projet d'idéal de société porté par un groupe sur le projet d'idéal de société porté par la communauté nationale[2]. » L'argument fait mouche.

En novembre 2008, le rapport du Comité est remis à Nicolas Sarkozy. Ce sera non à la « grande réforme ».

Le nouveau chef de l'État, ébloui par la personnalité d'Obama, remet l'ouvrage sur le métier. Il cherche à acclimater dans notre pays le principe de la « discrimination positive » et des quotas pour les minorités. Il veut adapter à la

France « l'affirmative action » à l'américaine. C'est encore un échec.

À l'époque, Nicolas Sarkozy me dit en privé :

« Je veux tout changer dans ce pays.

– Mais tu n'as pas été élu pour cela ; au contraire, la France est blessée, elle veut retrouver de la pérennité. La question identitaire est centrale. Il faut sortir du communautarisme, installé par tes prédécesseurs. »

Nicolas prête une oreille amicale. Il entend mais n'écoute pas.

Il nommera même bientôt un « commissaire à la Diversité », le sulfureux Yazid Sabeg, « pour faire le job ». Un peu plus tard, le président confie sa vision de la France de demain, en s'adressant aux jeunesses de France, le 17 décembre 2008, à l'École polytechnique : « L'objectif, c'est de relever le défi du *métissage* ; défi du métissage que nous adresse le XXIe siècle. La France a toujours été, au cours des siècles, métissée. La France a métissé les cultures, les idées, les histoires. Et l'universalisme de la France n'est rien d'autre que le fruit de ce constant métissage. »

Dans cette course au melting-pot, la gauche n'est pas en reste. Un événement inaperçu, considérable, va se produire : sous l'influence du think tank Terra Nova, elle va changer d'électorat.

Le rapport des experts de Terra Nova[3] appelle en 2011, sur un ton iconoclaste, le socialisme français à une révolution sociologique majeure : « Les ouvriers ne votent plus à gauche, ils n'ont plus les mêmes valeurs. Il convient de les passer par pertes et profits et de construire une nouvelle coalition électorale de remplacement. » Paradoxe étonnant, la gauche reprend la vieille antienne : « classes laborieuses, classes dangereuses ». Et elle se tourne alors vers un électorat composite, post-moderne, segmenté à partir des minorités, des femmes et de la classe supérieure des diplômés. Elle entend construire, à partir de cette addition de minorités, une majorité.

Cette nouvelle « identité sociologique » et progressiste tient le plus grand compte d'un constat cynique : « La population des Français issus de l'immigration est en expansion démographique et en mutation identitaire. » Avec la « mondialisation heureuse », les usines s'en vont, la France ouvrière n'a plus d'avenir, elle se rétrécit comme peau de chagrin. Alors que la réserve de voix dans la nouvelle France diversitaire est sans limites.

C'est la raison pour laquelle François Hollande ira jusqu'à proposer dans son programme présidentiel le droit de vote des *étrangers*. Il s'agit de flatter l'encolure. Et d'envoyer des signaux aux nouveaux « damnés de la terre », quitte à briser le droit du peuple français à la continuité historique.

Lors de la campagne présidentielle de 2012, il parle comme un champion de l'arithmétique électorale. À Aulnay-sous-Bois, le 7 avril 2012, il lance un appel vibrant aux minorités ethniques, que les cléricatures appellent les « minorités visibles ». « Les quartiers, les cités sont une chance pour la République. Ne sous-estimez pas la force de votre décision. Avec le suffrage universel, une voix en vaut une autre, et si certains sont plus riches que vous, vous, vous êtes *plus nombreux* qu'eux ! » Le cynisme des chiffres. L'électorat des « quartiers » et des « zones sensibles » comme on dit, votera à 86 % pour lui au second tour de l'élection présidentielle. L'opération est un succès.

Le journaliste de *L'Obs* Hervé Algalarrondo a su décrypter dans un livre cette nouvelle posture[4]. La gauche acclimate l'idée que les ouvriers ont mauvaise haleine, qu'ils développent dans leur sillage des relents de racisme. Dans les paysages intimes des socialistes, les références vont changer : Zola, Jaurès, Jules Guesde, l'ouvriérisme, passent à la trappe. La gauche, prolophobe, qui vénérait le métallo de Billancourt, a abandonné sa vieille mythologie. Le Marcel de bistrot, franchouillard, est remplacé par un nouveau héros, le Malien qui fait la plonge dans un restaurant chinois.

Le vote immigré a remplacé le vote ouvrier. La nouvelle équation est simple : celui qui aura les migrants avec lui cueillera le pouvoir comme un fruit mûr. Question de nombre.

Le dessein d'une « France plurielle » habille les harmonies cachées de la morale dominante – l'Accueil de l'Autre – et du cynisme électoral – le vote des cités. La mutation va être rapide. Et bientôt le malaise va envahir la sphère publique. Géraldine Smith, l'auteur de *Rue Jean-Pierre Timbaud*, lâchera cet aveu éloquent : « Ma génération a transformé en une relique intouchable la “culture de l'Autre” alors que la nôtre devait être librement négociable ! J'ai mis du temps à me demander pourquoi un Camerounais raciste ou macho devrait être moins critiquable qu'un Français de souche. Mon livre dit à chaque page que la vie quotidienne nous livre une somme de vérités qui valent plus que La vérité détachée de notre vécu, celle qu'on porte en bandoulière comme une amulette politique, son fétiche de “bien pensant”[5]. »

Le « paradis diversitaire » qui est devant nous prend des allures de purgatoire pour tous les dégrisés du multiculturalisme. Et pourtant, les autorités politiques et juridiques ne cessent de nous y conduire d'une main moite mais ferme.

## XV

# « Faire de l'en-commun »

Ce n'est pas sans raison qu'on appelle les énarques des « ingénieurs sociaux ». Ils fabriquent du social en brûlant les vieux tissus. Ils s'amusent avec la société comme avec de la pâte à modeler.

Le rapport récent du Conseil d'État remis à nos gouvernants[1] évoqué plus haut a ainsi appelé à créer « un Nous inclusif et solidaire ». Et il a accouché d'une trouvaille sémantique gorgée de niaiserie œcuménique : le devoir, dans les « zones sensibles », de « faire de l'en-commun ». Mais comment « faire de l'en-commun » quand tout vous sépare, la langue, les mœurs, les traditions ? La réponse vient avec la conclusion du rapport qui trahit les intentions secrètes de nos grandeurs d'établissement : « La société qui intègre se transforme *autant* qu'elle transforme celui qu'elle intègre. » Tout est dit.

Ainsi est née, en quelques décennies, sous nos yeux incrédules, dans l'esprit des élites qui voulaient imiter l'Amérique, au nom de l'utopie multiculturelle, une France *multidéculturée.*

Une nation ouverte aux fraternités cosmiques, proclamée sans barrière, finit ainsi dans la suspicion mutuelle. La frontière physique a disparu. La frontière invisible a pris le relais. Elle est partout. Elle ne nous est plus extérieure, elle passe par nous. Chassez la frontière naturelle, elle revient au galop.

La partition territoriale s'élargit chaque jour. La frontière s'est déplacée. On peut même parler d'un véritable séparatisme de l'habitat au sein des milieux modestes : « Les catégories populaires d'origine française et d'immigration ancienne ne vivent plus sur les mêmes territoires que les catégories populaires d'immigration récente[2]. »

Les classes dominantes, celles qui ont les moyens de la frontière invisible avec l'autre, ne veulent pas de ce séparatisme. Ce sont elles qui demandent, au nom du Bien, toujours plus de « mixité ». Christophe Guilluy résume ainsi le jeu de rôles tragique : « Aux classes dominantes, qui vivent le multiculturalisme à 5 000 euros par mois, et pour qui la solution passe par plus de mixité, les classes populaires – celles qui vivent le multiculturalisme à 1 000 euros par mois – répondent séparatisme. »

Les pouvoirs publics ne l'entendent pas de cette oreille. Dans une logique punitive et qui rappelle les démocraties populaires de l'habitat forcé, Manuel Valls a décidé de sanctionner les maires rétifs à la « politique de peuplement » qui consiste, au nom de la « mixité sociale – ethnique », à répartir la population immigrée sur tout le territoire français.

Ainsi les préfets ont-ils reçu pour instruction de préempter des terrains pour construire des HLM dans les 216 villes « qui ne dépensent pas assez pour le logement social ».

À Vaulx-en-Velin, le 13 avril 2011, le Premier ministre a même confié que cette politique était le « combat de sa vie ». Il a annoncé une palette de décisions destinées à lutter contre les discriminations « sur lesquelles notre société détourne le regard, les discriminations quotidiennes parce qu'on n'a pas le bon nom de famille, la bonne couleur de peau ». Et il a ainsi conclu : « Il faut renverser la table. Il faut que les élites de notre pays, dans les secteurs public comme privé, soient à l'image de notre pays. »

La stigmatisation a changé de signe : ce sont les bérets-baguettes-binious, selon l'expression chère à Bernard-Henri Lévy, qui sont désignés du doigt, soupçonnés de migraphobie.

Nos gouvernants feignent de ne pas voir que cette « politique de la ville » a viré au clientélisme ; on a donné les clés des cités à des « grands frères » placés sous la coupe d'imams. Les fameux « territoires perdus » ne l'ont pas été pour tout le monde. Ils l'ont été par la République, qui, par précaution, choisit les quartiers où elle continue d'envoyer ambulances et policiers.

La France mute... La France bouge... Même les noms et les prénoms changent. C'est le grand déracinement. La publication des carnets de naissance annuels de nos villes est édifiante[3] : bienvenue à Nora, Cyrus, Malak, Fouad-Amir, etc. Au registre des décès, on trouve Simone, Suzanne, Jacqueline, Jean-Michel, etc.

Les nourrissons viennent du Grand Sud. Les vieillards sont bien de chez nous. Le prénom du prophète de l'islam, Mohamed, est largement en tête sur les faire-part de naissance à Marseille et en Seine-Saint-Denis[4]. Quant aux prénoms composés, Mohamed-Amine a devancé, dès 2008, Jean-Baptiste, qui occupait la première place depuis trente ans. « Bravo aux petites musulmanes qui font beaucoup de bébés et contribuent ainsi à sauver les retraites » commentait alors le site Al-Kanz[5].

Il y a quelques années encore, la loi, les préfets, les juges et les usages imposaient nos traditions : Aznavour s'appelle Charles, Reggiani, Serge, Adjani, Isabelle. Les parents étrangers rêvaient de rejoindre la communauté nationale à travers leurs enfants, prénommés à la française. Pompidou en appelait ainsi aux « valeurs de la République ». Elles ont bien changé. Les nouveaux prénoms ne cherchent plus l'accord avec la symphonie mais la note qui dissone. Nous sommes dans l'auto-ségrégation. On refuse de s'agréger pour mieux se plaindre ensuite d'être mis à part. On cultive ce qu'on dénonce.

Les prénoms ne sont jamais neutres : quand on se convertit à une religion, on est obligé de changer de prénom. Le prénom reste ce qu'il a toujours été : une intention. La foire aux prénoms trahit, à travers la foire aux identités, la double pression de l'islamisation et de l'américanisation.

Nos politiciens donnent eux-mêmes de la voix pour bénir cette aube virginale des prénoms. Un amendement législatif a récemment proposé la grande « libéralisation des prénoms ». Nous sommes entrés dans une nouvelle époque, celle que le philosophe Gilles Lipovetsky a appelée l'âge de « l'éthique esthétisée de la vie ». Elle est fondée sur la liberté absolue de l'individu et sur le divertissement. On va vers la reconnaissance d'« un droit à changer de prénom ». On consommera des prénoms comme des objets de mode. Les officiers d'état civil se mettront à la téléréalité et au supermarché des « Clafouti », des « Masturbin », « Poupoune », Bob l'Éponge ou Satan, déjà en vogue.

Dans sa phase « Discrimination positive », Nicolas Sarkozy avait promis une novation majeure, lors d'une rencontre-débat organisée le 26 octobre 2005 à l'Hôtel de Beauveau : « La première fois où j'ai réuni les préfets, comme ministre de l'Intérieur, j'ai demandé à mes collaborateurs : "Y a-t-il quelque chose qui vous choque ?" Ils m'ont répondu : "Rien du tout. Tout est normal." Ben moi, y'a quelque chose qui me choquait. Parmi les préfets, il n'y avait que des Christophe, des Pierre, des Louis, des Jean et ils étaient tous de la même couleur. Je vous la laisse deviner. » Pour joindre le geste à la parole, il annonce la nomination d'un préfet musulman, Aïssa Dermouche, dans le département du Jura.

Nicolas Sarkozy choisit pour son nouvel enfant un prénom italien, Giulia. Et Rachida Dati appela sa fille Zohra. Le ton est donné. L'exemple vient d'en haut. Le célèbre Ubu d'Alfred Jarry est au pouvoir. C'est à lui qu'ont été confiées les nouvelles « valeurs de la République ». Il les a passées par sa fameuse machine. La « machine à décerveler » les cervelles de colibris.

Je me souviens d'une polémique très vive, en mars 2010 :

face à la militante antiraciste Rokhaya Diallo, Éric Zemmour souligne qu'il serait plus facile aux enfants d'immigrés de s'intégrer si leurs parents leur donnaient un prénom français. Quelques mois plus tard, au mois de juillet, sur Canal+, Martin Hirsch, le haut commissaire aux solidarités actives du gouvernement Fillon, fond sur lui : « Ce qu'il dit fait reculer le débat de mille cinq cents ans. C'est scandaleux. La vraie intégration, c'est quand des catholiques appelleront leur enfant Mohammed. »

Laurent Fabius avait anticipé cette nouvelle donne : « Quand la Marianne de nos mairies prendra le visage d'une jeune Française issue de l'immigration, ce jour-là, la France aura franchi un pas en faisant vivre pleinement les valeurs de la République[6]. » La France change de culture. Nos élites l'y invitent allègrement.

La manière française de prénommer a changé. Jadis, on piochait dans le calendrier. Les parents veillaient à la coïncidence heureuse entre le greffon et le pied mère. Les enfants nés en France étaient les héritiers naturels de l'histoire de France. Ils portaient le nom de nos héros, de nos saints, de notre passé. Aujourd'hui le prénom lui-même contribue à la sécession : les uns vont le chercher dans le bled, les autres dans les séries télé. Ainsi les prénoms s'éloignent les uns des autres.

Mais le mouvement ne s'arrête pas aux prénoms d'enfants. La politique de fusion des communes déclenchée le 1er janvier 2016 porte la même idée de rompre avec les vieilles désignations. C'est le retour à la *tabula rasa.* On débaptise les communes, comme après la parution du décret du 25 vendémiaire de l'an II ordonnant aux villages de modifier les noms qui pouvaient rappeler les souvenirs de « la féodalité et de la superstition ». Ce fut le temps où Pont-l'Abbé devint Pont-Marat et Saint-Tropez, Héraclée.

Aujourd'hui encore ce sont les saints qui sont sacrifiés : en Vendée, la commune de Charette, Saint-Sulpice-le-Verdon, a été rayée de la carte. La nouvelle commune s'appelle « Montraverd » ; c'est la contraction des noms de Mormaison (Mon), Saint-André-Treize-Voies (Tre) et Saint-Sulpice-le-Verdon (Verd). Un peu plus loin, dans le bocage, La Pommeraie-sur-Sèvre et Saint-Michel-Mont-Mercure sont devenues Sèvremont. L'archange protecteur qui veille au sommet du clocher terrasse dans le vide.

Cette débaptisation des communes françaises n'est pas anodine. Il s'agit de substituer des noms artificiels à nos racines et singularités locales, ainsi rayées d'un trait de plume. L'« homme nomade » de Jacques Attali est en route. Il chemine en bonne compagnie.

Pour les nouvelles régions, le même processus a été engagé. Ce n'est plus l'histoire millénaire ou les poésies de la géographie des fleuves, des massifs et des vallées, qui commande la nouvelle toponymie. C'est le marketing, aux ordres des cabinets de com' ». Ainsi sont sortis du chapeau, pour remplacer la Picardie, les « Hauts-de-France ».

On nous invente des noms d'avant la France comme la « Burgondie », la « Nouvelle Austrasie », qui rappelle la désintégration mérovingienne, ou l'« Aura » pour l'Auvergne-Rhône-Alpes », l'« Acalie » pour la Champagne qui désignait, à la manière d'une peinture abstraite, une entité éthérée, sans aucune référence à nos paysages intimes.

La nouvelle toponymie des communes et des régions nous éloigne de nos attachements vitaux.

Le déracinement prépare le grand dérangement. Quand on ne s'accroche plus à rien, on risque d'être soufflé à la première tempête. Nous y sommes.

Le nouvel impératif moral de « faire de l'en-commun » s'apparente à une parodie : on fait mine de mettre en commun tout ce qui nous différencie quand on n'a plus rien de commun.

XVI

# Le Couvre-feu moral

Les hommes politiques qui déplorent cette évolution seraient mal venus de s'en plaindre : quelques jours après les attentats du 13 novembre, il fut recommandé à tous ceux qui ont coutume de descendre en place publique pour y déposer une parole libre, c'est-à-dire critique, de bien vouloir respecter un « couvre-feu moral[1] ». Quand la censure ne suffit plus à contrarier la houle, dans une société policée comme la nôtre, on est invité à pratiquer l'autocensure. À l'intimidation pénale sur l'islamophobie, vient s'ajouter, par un geste de civisme oblatif, l'autocontrôle. Que chacun fasse preuve de « retenue » et apprenne à se taire après six heures du soir. Car « On est en guerre. »

On apprend à châtrer son propos public. D'ailleurs, depuis des années, le pilori médiatique suffit à calmer les insolences. Le forum se vide, toute parole qui franchit la ligne rouge – devenue verte – expose son auteur à l'accusation infamante de dérèglement psychique. Pire que la prison : « Halte au fou ! »

Les phobies dont on risque de contracter le virus en ouvrant les yeux dans la rue sont pires que les maladies nosocomiales qu'on attrape à l'hôpital. La psychiatrisation de la dissidence impose un traitement à ceux qui, sujets à des visions hallucinatoires, croient voir un réel hors convention et se fracassent sur le mur des interdits moraux et idéologiques.

Par une disposition préventive, on qualifie les problèmes avec les locutions agréées, répertoriées par l'arsenal rhétorique officiel : « L'immigration est une chance pour la France », « Du reste, il n'y a pas plus d'étrangers aujourd'hui que dans les années 1930 », « De toute façon, l'islam est une religion de paix », « et les terroristes n'ont rien à voir avec l'islam ». « D'ailleurs ce n'est pas l'islam qui se radicalise, mais la radicalité qui s'islamise. » Le prononcé de ces axiomes garantit de toute sortie de route. On est dans la norme.

En revanche, ceux qui évoquent l'« islamisation » de la France sont immédiatement accusés d'*islamophobie*, donc de racisme. Le soupçon révèle une névrose qui nous ramène aux « heures les plus sombres de notre histoire ». Les malades sont partout. La contagion se répand : il y a ceux qui parlent d'« identité » et développent ainsi les symptômes d'une « régression identitaire », comme dit la pythie Nathalie Kosciusko-Morizet.

Il y a ceux qui, le regard noir, craignent ce qu'ils appellent « le déclin », ce sont les « psychopathes du déclinisme », ils travaillent à la démoralisation de la nation.

Au sommet de la doxa s'affiche une vérité révélée qui surplombe toutes les autres et qui a pour vertu de balayer hantises et désarrois : « *La France a toujours été un pays d'immigration.* » Rien de nouveau sous le soleil par conséquent. Il n'y a pas lieu de s'inquiéter plus avant. Comme dans *Le Guépard* du prince de Lampedusa, tout change pour que rien ne change. Ceux qui parlent d'« immigration massive » sont réputés dérangés – xénophobes. Pire, on les regarde comme des incultes. Ils n'ont pas plus de connaissance du passé que d'intuition de l'avenir. Ce sont des Français « rancis » qui s'enferment dans leurs savoirs lacunaires. Ils ne connaissent pas l'histoire. Ils ont la vision d'une « France ratatinée », comme dirait Juppé.

Cette pétition de principe, sans cesse ressassée depuis des décennies, est sans doute la contre-vérité la plus accomplie de l'historiographie mensongère qui nous tient bien tranquilles dans l'hébétude et l'insouciance, face à la commotion la plus grave que la France ait jamais connue depuis sa naissance.

Lorsque le ministre de l'Intérieur s'en va serrer la main des clandestins dans la « Jungle » de Calais, il a d'abord prononcé, le 1er juillet 2001, les paroles consacrées : « L'identité de la France est intimement liée à l'histoire des flux migratoires ; il faut avoir la lucidité de le reconnaître. »

J'ai bien connu Jacques Dupâquier, le grand scientifique qui dirigea la fameuse publication de *L'Histoire de la population européenne.* Il ne supportait pas cette imposture : « Le vrai scandale, me confia-t-il, tient au fait que toute l'histoire du peuplement de la France est présentée par de pseudo-scientifiques d'une manière abominablement tendancieuse. »

Il dénonçait cette allégation selon laquelle notre territoire aurait été peuplé depuis deux millions d'années par des vagues successives qui en auraient entièrement brassé et métissé la population. Nous serions donc tous des étrangers ou des descendants d'étrangers. Ce « mythe des origines » ne tient pas devant les conclusions de la paléo-démographie : « Le total des guerriers qui, en cinq siècles, sont entrés en Gaule, n'a pas dû dépasser 200 000 ou 300 000 hommes. » C'est une petite minorité par rapport aux millions d'indigènes déjà présents. Plus tard, les colons romains eux-mêmes ne seront jamais qu'une petite minorité. En fait, la grande acculturation de notre pays par les Romains n'a pas de base réellement démographique, c'est toujours le vieux fonds ethnique issu du néolithique qui domine.

L'invasion des Francs, des Burgondes, des Goths, des Vandales, des Alains modifiera très peu la démographie de la Gaule. Car ces envahisseurs étaient peu nombreux.

Le « mythe du brassage » ne tient pas plus que le « mythe des origines » et des déferlantes migratoires successives : les

Français d'aujourd'hui seraient tous issus d'une multitude de peuples qui se seraient mêlés aussi souvent qu'entre-égorgés. Or, selon les conclusions de Jacques Dupâquier, les apports extérieurs, entre 650 et les années 1880, ont été faibles : l'apport des Arabes ? Néant ; l'apport des Normands ? Infime. Pendant très longtemps, la France fut un monde plein, et même plutôt en état de surpression démographique.

Notre pays est resté une terre d'*émigration* jusqu'à la crise de la dénatalité au début du XIXe siècle. Les seuls immigrés furent alors les épouses royales et leurs entourages – Marie de Médicis, Marie-Thérèse d'Espagne, etc. – ou encore les grands serviteurs de l'État – Mazarin, Necker, etc. Sans oublier les financiers et les marchands comme Martel, Mallet, les artistes et savants que les rois font venir comme Léonard de Vinci, Lully ou Cassini.

D'ailleurs ce mouvement s'inverse au XVIIIe siècle. C'est l'Europe qui se met alors à l'heure de la France. Et ce sont les Français qui fournissent à l'étranger des peintres, des intellectuels, des artistes.

Pendant tout ce temps, « le peuple français reste très sédentaire, attaché à sa terre, un peu comme le sont les Chinois, un peuple de petits propriétaires, animé d'une mobilité à court rayon : on se marie dans le voisinage »[2].

C'est au XIXe siècle que la dénatalité favorise un appel d'air : en 1851, on ne compte que 380 000 étrangers en France. Les démographes sérieux font litière du « mythe de la banalité migratoire ».

Ce n'est qu'à partir du début des années 1880, avec ce que Suzanne Berger a appelé la « première mondialisation », que les choses changent. En 1881, la barre d'un million d'étrangers est franchie. Et le mouvement migratoire est allé très vite. Entre la chute du Second Empire et 1886, la population étrangère a doublé de volume. Cet apport de population tient en partie à une faible natalité française qui conduit le patronat à attirer la main-d'œuvre belge, italienne, polonaise, arménienne, etc.

Mais cette immigration étrangère, jusqu'en 1950, n'a pas été une immigration d'établissement mais de travail : on s'installait alors en France pour se constituer un pécule et, le plus souvent, on retournait vivre dans son pays d'origine.

Au total, l'apport des étrangers à la population française est passé de deux millions en 1914 à quatre millions en 1950.

Il y a, entre cette immigration et celle d'aujourd'hui, une différence essentielle : au début du XX^e^ siècle, toute la population étrangère de France était d'origine européenne. Au recensement de 1891, on n'avait trouvé que 813 Africains sur le territoire.

Et pourtant, cela ne va pas déjà sans frictions. Pendant toute la III^e^ République, le débat fait rage sur la question de « l'assimilation ». La France elle-même s'interroge sur ses racines. Les paysans quittent les campagnes pour venir grossir les masses ouvrières qui s'entassent dans les faubourgs des villes. La « France éternelle », celle des clochers, se met à ressembler à l'Angleterre ou à l'Allemagne industrielle et cela suscite déjà une sourde inquiétude. En 1897, Maurice Barrès publie avec succès *Les Déracinés* dans lequel il conte les malheurs de jeunes gens coupés de leurs racines. L'abbé Lemire, un des fondateurs de la démocratie chrétienne, affirme qu'il « n'est pas bon qu'une nation soit tout entière composée de *déracinés* ».

Lors d'une séance mémorable sur la nouvelle loi d'acquisition de la nationalité, le 16 mars 1889, le député Maxime Lecomte monte à la tribune : « Le véritable danger national, nous le connaissons : il consiste à garder chez nous des hommes qui ne sont attachés à aucune patrie, qui n'aiment pas la France, que nous n'avons pas su conquérir... Il faut coûte que coûte éviter de laisser se constituer, si vous me permettez l'expression, différentes nations dans la nation française. »

Certains ouvriers tirent eux-mêmes la sonnette d'alarme : « Les étrangers nous prennent nos places, nos emplois, et même nos fiancées. » Les étrangers en question, ce sont des Italiens, des Espagnols, des Polonais. Bien qu'ils partagent la même culture, les mêmes mœurs, la même religion, beaucoup d'entre eux s'en retourneront chez eux, comme l'a rappelé l'historien Pierre Milza. Les deux tiers des Italiens remigrent. Ils ne parviennent pas à s'acculturer[3].

C'est récemment, avec le regroupement familial dans les années 1970, que l'idée du creuset français s'évanouit. Le flux tourne au flot. La vague est trop forte, les chiffres explosent. Les arrivants viennent de partout, du Maghreb, d'Afrique, d'Orient, d'Asie. Et on passe d'une migration de travail à une migration de peuplement. Cela veut dire que les migrants ont résolu de se transporter en tant que peuples.

On invite la France à devenir « une société inclusive ». Si les mots ont un sens, leur dérive aussi : on *assimile* des personnes. On *intègre* des groupes. On *insère* des communautés. On *inclut* des peuples. On les prend donc tels qu'ils sont. Ils emportent avec eux leur civilisation. Assimiler, c'est faire de l'Autre un autre Soi. Inclure, c'est au contraire tout accepter, tout transplanter, ne rien retrancher, ne rien exiger. On vous inclut tel que vous êtes. Et si vous êtes un peuple, on vous reçoit comme peuple. Avec vos souvenirs et votre vision du monde.

Il faut méditer le bilan désastreux de nos abdications : « Quand des Français de Saint-Denis massacrent des Français de Paris, quand des Belges de Molenbeek massacrent des Belges de Bruxelles, c'est d'abord la conséquence d'un échec tragique de nos politiques d'intégration. » Ainsi s'exprime, à travers ce constat honnête, le très européiste député Alain Lamassoure.

XVII

# « Ce sont les immigrés qui ont fait la France »

Deux peuples se sont établis, côte à côte : l'un préserve sa demeure intime, le peuple d'islam, l'autre, qui n'a plus de mœurs, se traîne dans la honte. Du temps des migrations anciennes, les nouveaux arrivants s'inscrivaient dans l'histoire commune. C'est fini.

Nous avons, face à face, sur notre sol, deux sociétés : l'une qui n'entend rien céder de sa civilisation, de sa mémoire, de ses coutumes, qui les a transportées chez nous. Et, en face d'elle, un peuple qui se désagrège. Un peuple *désintégré*. Le grand mensonge du métissage perpétuel a produit des fruits d'amertume : on a convaincu les Français que leur pays, en raison de son histoire, compose un puzzle, un assemblage de rencontres et de circonstances, fécondé par un perpétuel brassage. Résultat : il se disloque, se laisse gagner par le dégoût et le repentir.

On veut nous faire croire que le peuple français n'a cessé de se remplacer lui-même au fil de toutes les migrations, qui lui auraient fourni ainsi son « identité heureuse », une somme de bonheurs empruntés.

On veut nous faire croire que la France est une construction de l'esprit et que le récit national relève d'une histoire fantasmée. Il ne serait qu'un rêve revisité, déroulant la tapisserie en trompe-l'œil d'un passé largement travesti, toiletté pour être présentable, un film « colorisé ».

L'historiographie des mystificateurs se déploie comme une succession de mensonges-gigognes : « Ce sont les immigrés qui ont fait et refait la France. » L'humoriste Jamel Debbouze a chantourné la formule qui fait mouche : « Nos arrière-grands-parents ont libéré la France, nos grands-parents l'ont reconstruite, nos parents l'ont nettoyée, nous, on va la raconter. »

Présenté au Festival de Cannes, en 2006, le film *Indigènes* met ainsi en images l'épopée de quatre soldats d'un régiment de tirailleurs algériens engagés, de 1943 à 1945, dans les combats de la Libération. Cette œuvre entend réhabiliter la mémoire, longtemps occultée, des troupes coloniales. Mais elle résume l'engagement des soldats musulmans à « leur sort commun de chair à canon ».

Ce réquisitoire militant est une reconstitution historique tendancieuse. L'historien Daniel Lefeuvre, spécialiste de l'histoire de la colonisation, a réfuté le propos du film : « Le Nord-Africain n'était pas de la chair à canon. » Tout au moins il ne l'était pas plus que le simple paysan de la Creuse ou l'ouvrier du Nord. La mortalité dans l'Armée française de la Libération a été semblable pour les soldats maghrébins et pour les soldats de métropole, de l'ordre de 5 %. Et très inférieure à celle des pieds-noirs, proche de 9 %. La mobilisation en Afrique du Nord a porté sur 14 % des Français de souche et 2 % de la population musulmane.

Et puis l'histoire n'est pas monocolore, les catégories du Bien et du Mal sont plus nuancées : il y eut certes de l'héroïsme chez les Nord-Africains mais il y eut aussi des défaillances : après la bataille de Monte Cassino, de janvier à mai 1944, le Latium méridional fut la proie de la fureur des soldats coloniaux, français et nord-africains[1].

Cette vague de violence reçut en Italie le nom de « *marocchinate* » – littéralement « maroquinades », en référence à l'origine marocaine et nord-africaine de nombreux soldats du corps expéditionnaire français. Les témoignages sont terrifiants. Selon Tommaso Baris, « le chiffre de douze mille femmes violées semble crédible ». Le film *Indigènes*, fêté en son temps par nos élites chiraquiennes, n'en dit pas un mot, bien évidemment.

Il y eut également des Maghrébins du côté des collabos, dans la sinistre brigade nord-africaine créée avec le soutien de Mohamed el-Maadi. « Ils recrutèrent plus de 300 Kabyles et Arabes du quartier de la Goutte-d'Or et d'ailleurs[2] » pour combattre les maquis. Ils semèrent la terreur dans les villages du Limousin et du Périgord en 1944, où ils furent appelés les « SS Mohamed ». Voilà pour la libération de la France. La vérité est plus équilibrée que le réquisitoire du film *Indigènes*.

Quant à la reconstruction de la France, elle fut accomplie sans aucune volonté de faire appel à la main-d'œuvre nord-africaine. Il y eut un courant migratoire algérien, mais ce fut une migration spontanée, non planifiée, masculine et de courte durée.

« D'après le recensement de 1946, 20 000 musulmans d'Algérie résident alors sur le territoire métropolitain[3]. » Par comparaison, les Italiens sont 450 000, les Polonais 423 000 et les Espagnols 300 000.

Un spécialiste de l'Algérie coloniale, Charles-Robert Ageron, souligne avec force : « la conclusion de ma recherche est aussi nette qu'inattendue : attirer en France de la main-d'œuvre maghrébine n'entre presque jamais, après 1919 et jusqu'en 1959, dans les calculs du patronat ou dans les politiques gouvernementales[4] ». La vérité historique s'impose à nous : quand la grande vague migratoire se forme, la reconstruction est achevée ; c'est après la décolonisation.

Alors la question est simple : pourquoi donc cette fantasmagorie d'une « France migrante » ? Tout simplement pour désigner les Français comme des héritiers ingrats, des fils de colons sans humanité, alors que leurs ascendants ont fait suer le burnous et envoyé au feu les colonisés sans défense, afin de faciliter le parallèle avec la société américaine où les Noirs ont souvent été utilisés pour faire le sale boulot. L'esprit de revanche se nourrit de cette rancœur. On est en plein fantasme post-colonial, ce triste « festival académique », dénoncé par le politologue Jean-François Bayart, mais que nos édiles ministériels affectent de prendre au sérieux.

On instille dans les crédulités publiques l'idée que, si la France n'est historiquement qu'un jeu de coïncidences de populations en transhumance, si elle est historiquement « la plus vieille terre d'immigration du monde », alors le migrant s'y trouve chez lui dès le premier pas. Il n'y a plus de prééminence à l'ancienneté des titres de séjour. Le « J'étais là avant vous » se retourne ainsi comme le signe d'une légitimité renversée : on trouve toujours plus migrant que soi, plus ancien nomade.

La nouvelle histoire de France porte un sous-entendu éloquent : « Nous sommes tous de passage. » Notre seule tâche est de reconnaître dans cette errance désaffiliée le cousinage des immigrés d'hier et de ceux d'aujourd'hui. L'histoire ne compte plus, ni la culture, ni la langue. L'immigré de fraîche date peut proclamer : « Je suis aussi français que vous. »

Si l'histoire se résume à un va-et-vient migratoire multiséculaire, nous nous reconnaissons tous comme nomades-sédentaires et sédentaires-nomades. Dans ce mouvement brownien du temps long, aucune hiérarchie distinctive ne peut connoter les cultures, les langues, les civilisations.

Ainsi entre-t-on dans les excitations d'un présent tout neuf, le « présentisme », comme dit François Hartog dans son essai sur les *Régimes d'historicité*, débarrassé des pérennités et de la notion même d'antériorité et de stabilité. Cette nouvelle historiographie vise à brouiller les lignes entre l'accueilli et l'accueillant.

La nation n'est plus la cité commune des vivants et des morts mais des migrants d'hier et des migrants d'aujourd'hui.

Le melting pot à l'américaine devient notre horizon indépassable. Il s'agit d'éliminer, dans les psychologies les plus élémentaires, l'idée du « chez-soi ». On est tout à la fois chez l'Autre et chez soi. Je suis du monde, j'en viens et j'y retourne. L'instant est ma patrie. L'invasion peut commencer en toute sérénité. Les âmes ont démissionné. Mais cet « en-commun » est toujours à sens unique. Car il ne s'impose qu'au « souchien ». Pas à l'impétrant.

XVIII

# La Position du soumissionnaire

« Ils démolissaient leurs maisons de leurs propres mains autant que des mains des croyants[1]. » Quelques heures après les tueries du 13 novembre 2015, l'État islamique publia un communiqué « sur l'attaque bénie de Paris contre la France croisée ». Dans le corps du texte, l'extrait d'une sourate du Coran passa, semble-t-il, inaperçu alors même que, par une anticipation allégorique, il prédisait l'état de soumission de beaucoup de nos compatriotes.

Cette formulation du Coran recèle une puissance d'évocation terrifiante, c'est l'image d'un pays qui se retourne contre lui-même et démolit de ses propres mains, pierre après pierre, les demeures invisibles de ses héritages sacrés. En terre d'islam, cette posture de l'humiliation revendiquée s'habille d'un statut protecteur d'infériorité pour les chrétiens et les juifs qui remonte au calife Omar, au VII^e^ siècle. Il s'agit d'un système enraciné dans le Coran, la Sunna et les biographies du prophète Mahomet, c'est-à-dire dans le cœur même de l'islam. Ce qui est très étrange dans notre pays, c'est que de nombreuses personnalités, tombées en état d'hypnose, en sont venues à devancer l'appel. Elles immolent d'elles-mêmes, dans un geste oblatif, nos civilisations intimes.

En Orient, on les appelle des *dhimmis*. Là-bas, c'est un statut, chez nous, un état d'esprit. Ce que j'appellerai l'esprit de « dhimmitude ».

Les *dhimmis* sont de plus en plus nombreux en France et en Europe. Ils cèdent sur tout. Ils ont la charité facile et un esprit d'ouverture sans limite. Ils ont consenti à une immigration massive pour sacrifier au rite du partage. Ils ont été exaucés.

Par souci d'humanité, désormais ils sont prêts à accepter tous les envahissements, pourvu que soit garanti « l'État de droit ». En tout, ils mettent un esprit de conciliation. Leur exubérance les porte à vivre chaque jour le mot de Churchill : « Un conciliateur, c'est quelqu'un qui nourrit un crocodile en espérant qu'il sera le dernier à être mangé. »

Cet esprit de conciliation-capitulation vient d'en haut, du sommet de l'État, par exemple quand la puissance publique renonce à l'application de ses propres lois. Aujourd'hui la police nationale ne verbalise plus le voile intégral, pourtant interdit depuis le mois d'avril 2011. Tout simplement parce que les contrôles en ville déclenchent des émeutes, comme le 19 juillet 2013, à Trappes. L'attroupement risque de mettre en cause le policier téméraire, donc malavisé. Pas de vagues. Surtout pas de vagues.

On ferme donc les yeux sur le voile intégral au moment où les hôtesses d'Air-France reçoivent instruction de se voiler lors de chaque atterrissage à l'aéroport de Téhéran.

La mode elle-même se met à l'heure islamique. Les grandes enseignes, dans un esprit de lucre nimbé de tolérance et de bons sentiments, viennent d'inventer le « burkini » – contraction de burqa et de bikini.

Il faut être à la mode, dans l'esprit du temps et, si possible, avoir un temps d'avance. C'est le cas de Sciences Po où sont formées les futures têtes pensantes du pays : la journée du 20 avril 2016 prit le nom évocateur du « Hijab Day », en signe de protestation contre la voilophobie. Tous les étudiants furent invités à se couvrir les cheveux d'un voile afin de dénoncer « la stigmatisation vécue par de nombreuses femmes voilées en France ».

Cette voilophilie soudaine de nos futures élites, qui ne peut manquer de rappeler le zèle des élites françaises, en 1940, à se conformer aux vœux du vainqueur, est censée préparer la traque des grands couturiers, des grands parfumeurs et des textiloréactionnaires, Saint Laurent, si mal nommé, Dior, Chanel, qui répandent des effluves du diable. D'ailleurs, à Cologne, lors de la Saint-Sylvestre, on nous a expliqué : « Si les femmes blondes n'avaient pas été parfumées, elles n'auraient jamais été agressées. »

Il y a aussi les missionnaires du calendrier soumissionnaire. Jacques Attali, qui a toujours une idée d'avance dans l'erreur, a déclaré le 4 février 2013 qu'il convenait d'enlever de notre société laïque les derniers restes de ses désignations d'origine religieuse… Les jours fériés devraient se voir attribuer des noms laïcs – « fête des enfants » pour Noël et « fête de la liberté » pour Pâques. Pierre Bergé veut aller plus loin : « Je suis pour la suppression de toutes les fêtes chrétiennes[2]. »

En janvier 2015, la secrétaire d'État à l'Égalité réelle, Ericka Bareigts, a déposé, avec cinq de ses collègues, un amendement à la loi Macron pour autoriser les départements et Régions d'outre-mer à intégrer des fêtes religieuses musulmanes et hindouistes au calendrier des jours fériés : l'Aïd el-Kebir à la place de l'Ascension, le Jour de l'an tamoul à la place de la Pentecôte, etc. On s'offre, comme une brebis, au sacrifice.

Alors même que les crèches de Noël dans les lieux publics sont jugées suspectes au regard de la laïcité, la rupture du jeûne du ramadan – l'*iftar* – est devenue une coutume quasiment républicaine.

En 2013, Manuel Valls, qui est allé rompre le jeûne à la Grande Mosquée de Lyon, a déclaré : « Islam et République peuvent et doivent avancer ensemble. » Un an après, à Évry, il a prononcé une parole solennelle : « En partageant ce repas de rupture du jeûne, je veux dire avec force que les musulmans de France, *c'est la France.* »

Depuis 2001, la mairie de Paris organise la « nuit du Ramadan ». L'an dernier, elle s'est déroulée à l'Hôtel de Ville, en présence de Dalil Boubakeur et 450 invités. Le programme répondit à un intitulé alléchant, avec notamment « une rupture du jeûne autour d'un cocktail d'amandes et de lait ». Il fallait voir toutes ces élites parisiennes en extase, occupées à boire leur verre de lait et un sirop d'amande, retrouvant un esprit d'enfance ; ce fut un spectacle attendrissant. On ne sache pas que la mairie de Paris ait jamais organisé une « nuit de Carême » ou une « nuit de Kippour ».

Nos élus sont des *dhimmis.* Ils appliquent strictement la loi de 1905 pour les églises, au nom du principe sacro-saint : « La République ne subventionne ni ne salarie aucun culte. » En revanche, ils inventent toutes sortes d'arrangements pour contourner ladite loi, quand il s'agit de la construction de mosquées.

Grâce à quelques complicités dans la haute administration et au Conseil d'État, je me suis fait expliquer les « petits arrangements » entre les bâtisseurs et les pouvoirs publics. Aujourd'hui les financements étrangers atteignent 50 % du coût des projets : Arabie séoudite, Qatar, Maroc, etc. Nos dirigeants ferment les yeux, ils laissent faire. Pourtant, on connaît la règle : qui paie commande. Qui paie la mosquée commande le prêcheur.

Plusieurs évêques français apportent leur concours précieux à cette entreprise, comme par exemple le cardinal Barbarin qui a fait savoir, par un communiqué du 10 juillet 2016, son soutien enthousiaste au « projet d'un Institut de civilisation musulmane » dans la Métropole lyonnaise afin « de permettre, ajoute le primat des Gaules, de découvrir les *apports* de la culture musulmane ». Cet institut jouxtera la Grande Mosquée de Lyon où a prêché le salafiste Abdelkader Bouziane. Mais surtout il est entièrement financé par l'Algérie et l'Arabie séoudite.

Au-delà de la quote-part des puissances étrangères qui installent ainsi chez nous leur État dans l'État, nos politiciens usent d'expédients, soutenus par les juridictions administratives, pour contourner la règle de séparation des Églises et de l'État. Au regard de la loi, la qualification retenue devrait pourtant être « le détournement de fonds publics ». Mais l'omerta est totale. Les complicités sont à la fois politiques et juridictionnelles. C'est Nicolas Sarkozy, quand il fut ministre de l'Intérieur, qui a imaginé la formule des baux emphytéotiques administratifs sur les dépendances du domaine public ou privé des collectivités territoriales. Le Conseil d'État a validé cette pratique le 19 juillet 2011 : quiconque, désormais, se risque à contester l'affectation d'un terrain communal à une association cultuelle est débouté.

Il y a une autre ruse qui consiste à accorder une subvention à une association culturelle... liée à la future mosquée. En effet, salle de conférence, bibliothèque, école coranique sont adossées aux grandes mosquées en construction. Les collectivités locales ne financent pas la partie *cultuelle*, ce qui serait illégal, mais subventionnent généreusement la partie *culturelle*, ce qui est parfaitement légal.

Dans ce petit monde d'astuce et de complaisance où on s'arrange avec les lois, pour être agréable aux imams et aux « zones sensibles » comme on dit, le bouillonnement est permanent. On rivalise de créativité. Au tableau d'honneur de la dhimmitude, le prix d'excellence ne devrait pas échapper à Nathalie Kosciusko-Morizet. C'est chez le grand prêtre Laurent Ruquier qu'elle a choisi d'annoncer sa proposition révolutionnaire qui consiste à créer une « taxe halal » pour trouver des financements autonomes au bénéfice de l'islam de France[3]. Le marché du halal représente 6 milliards d'euros par an : « En prélevant 1 % sur ce marché, on pourrait récupérer 60 millions d'euros, chaque année, qui iraient dans les caisses de la Fondation des œuvres de l'islam. » Avec cette somme dépensée tous les ans, il y a effectivement de quoi construire plusieurs mosquées-cathédrales.

Le Sénat a lui-même proposé de passer par le halal pour financer les mosquées[4]. L'expansion du halal est une question interdite. On n'en parle pas. C'est un des grands tabous de l'islamiquement correct. Nos élus accompagnent le mouvement.

Le monde de la viande, encouragé en sous-main par les politiciens, s'est soumis peu à peu aux prescriptions coraniques. Le code rural qui impose l'*étourdissement* des bêtes avant l'abattage n'est plus qu'une survivance. La dérogation est devenue la règle. On ferme les yeux. Et on pratique l'assiette menteuse. On mange halal sans le savoir et sans le vouloir.

Les autorités sanitaires font mine de ne rien voir. Elles se savent couvertes par le pouvoir politique et immunisées par les plus hautes juridictions. La Cour européenne des droits de l'homme a en effet considéré, dans un arrêt capital du 27 juin 2000 – qui fut un tournant – que la *dérogation* à l'obligation d'étourdissement constituait un « engagement positif de l'État, visant à assurer le respect effectif de la liberté d'exercice des cultes ». Il suffit que les « sacrificateurs » soient agréés. Alors commence le règne de l'islam sur nos abattoirs. Ainsi assistons-nous à l'« halalisation galopante des abattoirs français[5] ».

On nous parle de traçabilité pour mieux dissimuler les méthodes d'abattage : la chambre d'agriculture d'Île-de-France a confirmé que 100 % de la viande abattue dans cette région l'était de façon rituelle. Or, comme l'ont remarqué les artisans bouchers[6], l'abattage rituel pose un sérieux problème sanitaire, outre qu'il est un véritable marqueur de territoire musulman : sans aucun étourdissement préalable, la tête tournée *vers La Mecque*, l'animal est égorgé vivant par un sacrificateur musulman invoquant le nom d'Allah ! Les amateurs de viande « doivent savoir qu'en tranchant l'œsophage, contrairement à ce qui se pratique dans l'abattage normal, les tueurs religieux prennent un risque sanitaire[7] ». Cet abattage n'est pas conforme à nos normes d'hygiène. Et personne ne le dit, car sur ce seul point, nos grandes déclarations sanitaro-écolos cèdent devant le triomphe du religieux !

Une femme courageuse a cependant brisé l'omerta. Elle est le chef de bureau des établissements d'abattage du ministère de l'Agriculture, Pascale Dunoyer. Son rapport a été mis sous le boisseau ; sa mise en garde est pourtant inquiétante : « Les pratiques liées à la mise en œuvre du rituel d'abattage peuvent avoir des conséquences en termes de salubrité et de sécurité des carcasses. Le tranchage de la trachée et de l'œsophage peut provoquer le déversement du contenu gastrique, voire pulmonaire, sur les viandes de tête, de gorge et de poitrine[8]. » Le bon sens permet de comprendre qu'un œsophage qui n'est pas ligaturé ouvre la porte à une invasion de bactéries qui, se promenant dans l'appareil digestif de l'animal, sont pathogènes pour l'homme. Le fait de sacrifier l'animal allongé sur le flanc et non pas pendu tête en bas peut aggraver l'inondation d'une partie de la carcasse par les sécrétions digestives ou pulmonaires.

Selon un rapport du Conseil général de l'alimentation[9], le volume d'abattage rituel, estimé à 40 % pour les bovins et à 60 % pour les ovins, ne cesse d'augmenter : « Les bovins sont abattus rituellement au prétexte qu'on l'on ne sait pas si la viande sera ensuite écoulée dans le circuit normal ou dans le circuit halal. » Bref, en un mot, dans l'incertitude, on privilégie le halal. Le religieux l'emporte sur le laïc.

Les plus hautes autorités gardent, sur ce sujet, un silence de plomb. Cette démission flagrante embarrasse tous les politiques. Bruno Le Maire, quand il était ministre de l'Agriculture du gouvernement Fillon, s'est même élevé contre ces indiscrétions qu'il jugea inopportunes, partageant ainsi avec

Nathalie Kosciusko-Morizet le choix confortable de la position du soumissionnaire.

Le ministre de l'Agriculture, Stéphane Le Foll, fut entendu le 18 mai 2016 par la « Commission d'enquête parlementaire sur les conditions d'abattage des animaux de boucherie en France ». Le ministre annonce la création d'un « délit de maltraitance envers les animaux ». Mais, comme par hasard, cette sanction ne vise aucunement les abattoirs halals. Lorsque les députés ont ensuite interrogé Stéphane Le Foll sur « la question sensible de l'abattage rituel », ce dernier a différé sa réponse. Mais il a fini par avouer que « la France est le pays de l'Union européenne qui produit le plus de bêtes saignées de cette façon, devant les Pays-Bas et la Hongrie. 218 établissements sont autorisés à le pratiquer en France[10] ».

L'islamologue Gilles Kepel, qui décrypte bien les stratégies de conquête discrète du monde islamique, considère que le halal vise à créer un espace *identitaire* : « Avec ses nouveaux entrepreneurs pieux, le halal a suscité l'émergence d'une bourgeoisie commerçante islamique française. Ces néocapitalistes du halal français disposent désormais de ressources, qu'ils pourraient réinvestir dans le champ politique[11]. »

L'islamisation de nos assiettes ne rencontre plus ni obstacle ni protestation. La halalisation est devenue un marché juteux : faire certifier la viande halal coûte 10 à 15 centimes d'euros le kilo. Compte tenu des volumes de viandes abattues, ce marché représente plusieurs dizaines de millions d'euros. Où va cet argent ? Selon les organismes qui prélèvent ces sommes coquettes, la « taxe halal » servirait à financer non pas les mosquées elles-mêmes, mais la rémunération et les charges des employés. Il faut savoir que le coût de la certification est réparti sur le prix à la consommation finale.

En résumé, lorsque j'achète de la viande, je ne sais si elle est ou non halal. Je prends un risque sanitaire considérable et je finance le culte musulman. C'est la carte forcée, et le tout dans un pays qui se prétend encore fièrement « laïc ».

Seul Franz-Olivier Giesbert a osé dévoiler tout ce mécanisme sophistiqué dans son ouvrage *L'animal est une personne.* Les politiques, les adeptes du principe de précaution, les intégristes de l'écologie, les libres penseurs et chasseurs de crèches préfèrent garder le silence. Ils sont les sacristains de l'islam : « Il ne faut pas désespérer les banlieues », disent-ils en sourdine. Personne ne veut contrarier la tendance.

Le marché halal est en pleine expansion, il représente en France « deux fois celui du bio avec une croissance annuelle à deux chiffres[12] ». Toutes les grandes surfaces se sont engouffrées : Casino, Carrefour, Leclerc, Auchan. Lotfi bel-Hadj, qui fut président de l'Observatoire économique des banlieues, encourage le mouvement : « Le halal est *une chance pour la France* qui a une carte à jouer en Europe. » Il a été entendu : la France « joue la carte », à l'image du numéro un de l'exportation de volailles en Europe, dont le patron breton, Charles Doux, s'est rendu à La Mecque pour étudier la façon de le produire pour l'exportation en Arabie séoudite.

Grâce à son zèle, la Bretagne vend ses volailles dans plusieurs pays du Golfe. Et chaque jour, 800 000 poulets sont abattus selon un mode rituel labellisé par l'Association finistérienne pour la culture arabo-islamique, l'Afcai [*sic*]. Oui, une association finistérienne pour la « culture arabo-islamique » de l'abattage de poulet halal !

Autres temps, autres mœurs. Nous sommes passés de la « *poule au pot* » du roi Henri, venue de Navarre, au « *coq halal* », servi par nos *dhimmis* du Finistère, la crête tournée vers La Mecque.

Il faut apprendre à manger *dhimmi.* Je suis *Charlie.* Mais je suis aussi *dhimmi.* Je suis français halal, je suis docile. L'auteur de *La Grève des électeurs* (1902), l'écrivain Octave Mirbeau, racontait, sous la forme d'une petite parabole, l'histoire des moutons qui vont à l'abattoir : « Ils ne se disent rien, eux, et ils n'espèrent rien. Mais au moins, ils ne votent pas pour le boucher qui les tue, et pour le bourgeois qui les mangera. Plus bête que les bêtes, plus moutonnier que le mouton, l'électeur nomme son boucher et choisit son bourgeois. Il a fait des révolutions pour acquérir ce droit. »

XIX

# Les Compagnons de route

Chaque jour de plus en plus nombreux, les *dhimmis* s'exercent à la soumission du lendemain. Ils se comportent, conscients ou inconscients, comme les alliés objectifs de l'entreprise d'islamisation de la France.

Mais la mouvance de l'islam politique compte aussi sur d'autres soutiens, plus engagés encore, les compagnons de route.

Ils ne sont pas toujours connus du grand public, ils agissent dans la discrétion, tapis dans la haute administration, la haute finance ou le monde des cléricatures.

Les compagnons les plus assidus, les plus disciplinés, les plus actifs et les plus influents appartiennent aux cercles de la gauche radicale. Michel Onfray a souligné avec force : « La gauche est fascinée par l'islam comme elle l'était par les dictateurs au XX^e siècle. En matière de religion, elle n'est hostile qu'au judéo-christianisme. » L'ultra-gauche est orpheline. Elle a aimé Staline, Mao, Castro, Pol Pot. Le rêve totalitaire s'est éteint. Elle cherche une autre vague de violence pour accoucher de l'histoire. Et comme elle a cocufié la classe ouvrière, il lui faut un prolétariat réinventé. Elle a découvert Mahomet.

Cette gauche-là a aimé Robespierre, elle trouve qu'on n'a pas assez guillotiné. Alors elle invente une nouvelle « loi des suspects », elle guette les pensées et les arrière-pensées islamophobes.

Madame Taubira a ouvert les voies de l'impunité générale. La judiciarisation est en route. À peine libéré, l'ancien chef d'Action directe, Jean-Marc Rouillan, s'est fendu, le 23 février 2016, d'un compliment pour les assassins du Bataclan : « Je trouve les terroristes du 13 novembre très courageux. Ils se sont battus courageusement. »

Cette nouvelle conjonction astrale du Grand Soir et du Croissant de Lune est une énigme : « Pourquoi et comment une poignée d'intellectuels d'extrême gauche, peu nombreux mais très influents dans les médias et dans la mouvance des droits de l'homme, ont-ils imposé une véritable sanctuarisation de l'islam dans l'espace politique français ? » s'interroge Jacques Julliard.

L'islamo-gauchisme tient dans sa main la gauche et même la droite. C'est cette mouvance qui tire les ficelles et favorise toutes les avancées de la charia dans la sphère sociale. L'islamo-gauchisme est partout présent, là où on soigne les gens, là où on les éduque, là où on les distrait, là où on les nourrit. Ses agents infiltrent les interstices et mettent sous pression les idiots utiles dans tous les lieux de vie qu'ils ont choisis comme cibles.

Ainsi en va-t-il de l'hôpital où les grignotages de l'espace public par les religieux progressent, avec des complicités au plus haut niveau de l'État qui accueille les réclamations portées par des organisations militantes comme le « Collectif contre l'islamophobie en France » – le Ccif. Il est désormais fréquent de voir ainsi des chambres transformées en mosquées cinq fois par jour, des patients refusant de se faire laver par les soignants, des femmes voilées refusant de se faire examiner par des médecins hommes.

Comme la fermeté ne risque pas de venir d'en haut, les personnels hospitaliers, soumis à une surenchère permanente, s'épuisent dans d'interminables palabres[1]. On dispute, on discute, la négociation permet ainsi d'avancer à petits pas. Un tapis par ci, un voile par là. Le tout au détriment de l'efficacité de l'acte médical... Et des autres patients qui attendent.

L'islam politique assigne à ses agents la mission d'infiltrer tous les espaces de vie et de convivialité. Souvent, les entrepreneurs, les cadres de préfectures, les travailleurs sociaux confient leur désarroi. Ils rencontrent des cas inédits. La société tout entière tâtonne et s'adapte au changement de mœurs. Comme la lexicologie officielle en fait l'aveu, elle « fait face à l'essor du fait religieux » : demandes de jours de congé pour les fêtes non chrétiennes, pauses pour prier dans l'entreprise, mais aussi refus de manipuler des boissons alcoolisées ou encore de travailler avec des femmes, de faire écouter de la musique aux enfants du centre social. Un nouveau métier qui eût enchanté Philippe Muray est en train de naître : « *manageur des diversités* ». Des cabinets spécialisés dans le « Fait religieux » se développent. Ce sont des dépanneurs-conciliateurs. Des formations sont créées, à l'image du très réputé certificat « Management des Diversités » à l'Institut catholique de Paris. Un des manageurs des diversités les plus connus recommande de « lutter contre le choc des émotions, des identités, des ignorances. Convaincre qu'il ne faut pas juger ».

Ainsi la société se désarme elle-même, elle s'adapte et s'auto-dissout. Au nom de la tolérance, chacun apprend à se soumettre et à collaborer.

Le but secret de la manœuvre de l'adversaire est de faire naître une *contre-société.* Aucun segment ne doit être négligé, depuis la finance jusqu'aux librairies, en passant par les salons de mode, de tourisme, les cosmétiques, les boissons, les sites de rencontres et, demain, les médicaments.

Le marché qui, par définition, est aveugle, devient ainsi un moyen de promouvoir l'islam dans sa dimension politique. L'alliance entre business, politique et communautarisme nous rapproche de la société américaine. C'est le fameux concept de l'« *islamérique* ».

Les grandes marques *islamisent* leurs productions en créant ce qu'elles appellent des « tenues pudiques », en réalité des « tenues islamiques ». Dolce Gabbana a lancé sa collection « Abaya ». Marks & Spencer vend deux modèles de « burkinis », une combinaison de bain composée de trois pièces – un legging, une tunique et un hijab. La co-créatrice de la marque Fringadine qui vend des vêtements longs, Hélène Agesilas, prétend répondre à une demande du marché au motif que « La France a un retard sur la mode islamique ».

Les grandes enseignes ont recruté des théologiens qui les aident à concevoir, au nom du profit, une stratégie marketing compatible avec la charia. Ainsi s'organisent, contre la dignité des femmes, les noces barbares du cynisme marchand et de la bigoterie islamique, justement dénoncées par le délégué interministériel Gilles Clavreul. Au plus haut niveau de l'État, rares sont les esprits lucides.

La ministre des Familles, Laurence Rossignol, s'est indignée devant ces ballets agressifs de mode islamique. On lui a rétorqué que beaucoup de femmes choisissaient elles-mêmes de se voiler : « Bien sûr qu'il y a des femmes qui choisissent, rétorqua-t-elle, énervée, il y avait aussi des nègres américains qui étaient pour l'esclavage. » Évidemment, ce genre de propos a été plus commenté par la « patrouille » que la réalité du problème : des défilés de mode, en France, de femmes voilées !

À qui profite réellement l'idéologie dite multiculturelle ? D'abord aux détenteurs de capitaux mondialisés : ils ont besoin de consommateurs dociles et de travailleurs bon marché qui suivent les mouvements de capitaux. Ce monde de l'injonction marchande associe l'enseigne capitaliste et l'islamisme pour avoir en face de lui une société atomisée, de « no borders ».

Il y a une interpénétration entre la haute finance, la haute administration et les grandes firmes. Parfaitement incarnée par Christine Lagarde. Ainsi a-t-on pu découvrir sa vocation inattendue d'« apôtre de la charia » dans un article du *Monde* : « La ministre des Finances continue d'adapter les règles fiscales et juridiques pour faciliter les investissements conformes à la charia, la loi islamique[2]. »

C'est sans doute le milieu politique qui recèle le plus grand vivier de ces nouveaux collabos, conscients ou inconscients. Pour être élu, il faut être agréé par les potentats locaux. Le statut de compagnon de route du communautarisme vous assure une élection, une mairie, une carrière. La servitude volontaire vous protège dans les villes et les quartiers « sensibles », où les islamistes tiennent le haut du pavé.

Le principe est simple : ramper pour gagner. Gagner la confiance des caïds prescripteurs. Comme disait La Boétie, de ses contempteurs : « Ils ne sont grands que parce que nous sommes à genoux. »

La classe politique a mis un genou à terre. À l'image de l'ancien bourgmestre de Molenbeek, Philippe Moureaux, qui a fait payer à sa ville sa politique de « laboratoire social » mise en place depuis 1992, avec le résultat que l'on connaît. Il n'a eu de cesse de prôner « la multiculturalité », en réalité la contre-société islamique. Il a laissé s'installer les prières de rues, le discours haineux. Il a acheté la paix sociale et les voix en distribuant des logements sociaux, en accordant des commerces et en tissant des liens de dépendance avec les mosquées. Comme les socialistes dans leur programme de la campagne présidentielle, il réclamait à tue-tête le droit de vote des étrangers aux élections locales. Peut-être le réclamerait-il encore aujourd'hui en prétendant que, si on leur avait accordé ce droit, on aurait évité les attentats ? Toujours les mêmes illusions. Ce maire était dans la main de l'islamisme. Il le savait. Comme beaucoup de politiciens qui pratiquent l'équation : « bonheurs privés pour soi = malheur public pour tous ».

Céline Pina, une conseillère régionale du Parti socialiste,

qui sauva l'honneur par sa parole libre et son courage, raconte son dialogue avec une femme voilée. Celle-ci lui parle des élus locaux : « Tu sais où on les croise le plus, les politiques ? C'est quand ils viennent faire leur marché à la mosquée et pour l'Aïd. Ils sont bras dessus bras dessous avec ceux-là mêmes qui nous mettent la pression pour que nous portions le voile. Entre dominants, ils se sont reconnus. Et nous, ils nous ont passés par pertes et profits. »

La conseillère régionale démonte le mécanisme broyeur de ces « pactes scélérats » entre « barbus » et « politiciens » compromis : « Quand l'abstention est à ce point élevée, l'élection se fait en instrumentalisant les communautés, les particularismes. Pour que les votes soient garantis et massifs, mieux vaut que les individus ne réfléchissent pas trop par eux-mêmes et soient sous *emprise*. Caricaturalement, négocier avec un "barbu", souvent sous couvert d'aide à une association culturelle ou sociale, peut vous permettre de *fixer* des quartiers entiers. » « Fixer » des quartiers comme on « fixe » une clientèle ou un journaliste dans une zone sensible…

Le barbu achète votre conscience et vous achetez ses voix. C'est le souk. Ou plutôt le *voto di scambio*, le vote d'échanges, comme on dit dans la mafia italienne qui pratique beaucoup ces marchandages du vote politico-mafieux. D'ailleurs, nos banlieues empruntent de plus en plus souvent certains traits des quartiers de Gomorra. Communautarisme et clientélisme sont les deux mamelles de l'islamisme. Les islamistes ont compris le système, ils font monter l'enchère et se vendent au plus offrant, au plus complaisant. On prépare ensemble les échéances. On fait les listes ensemble.

Certaines associations font défiler, sous leurs fourches caudines, les personnalités politiques. La puissante Union des Associations Musulmanes de Seine-Saint-Denis a ainsi reçu et circonvenu Valérie Pécresse. Sur son site internet, on peut retrouver l'intervention de l'élue, qui en appelle au lobbying islamique : « Chaudement applaudie tout au long de la soirée, Valérie Pécresse a invité les musulmans à se manifester pour faire émerger leurs élites : « Au gouvernement, nous avons du mal, car nous ne connaissons pas les *réseaux* pour promouvoir ces gens. Faites la même chose que les autres cultures, a-t-elle encouragé. Faites du lobbying et venez travailler avec nous[3]. »

Le communautarisme islamique n'est pas combattu par nos élus. Ils le recyclent, ils s'en servent comme d'une planche d'appel. L'islam politique est nourri par eux, à coups de subventions et par un échange indigne de services rendus. Ainsi prospèrent les émules du bourgmestre emblématique du Molenbeek.

Avec courage, le député Malek Boutih s'est élevé contre ces pratiques déshonorantes. Lorsqu'on lui demande qui fait le lit du communautarisme, il répond : « Je vais être clair. Au sein du PS, je serai désormais sans concession avec les élus *corrompus* qui passent des deals avec les voyous et les communautés par électoralisme. Il faut qu'on fasse le ménage dans nos rangs. » Dans *Le Point*, il confie : « Des élus locaux corrompus ont pactisé avec les gangsters et les islamo-nazis[4]. » Rien que cela.

L'ancien maire de Conflans-Saint-Honorine raconte la visite qu'il a reçue du procureur de la République qui lui a demandé, au nom du gouvernement, « de fermer les yeux sur le port de la burka ». Et il ajoute : « J'ai interpellé Najat Vallaud-Belkacem. Ma question ne lui a pas plu. Elle a botté en touche. »

En janvier 2015, Razzy Hammadi, député PS de Seine-Saint-Denis, a confié : « En octobre 2012, j'avais demandé la mise sous tutelle de la ville de Bagnolet... On y recrutait des brigands de grand chemin pour lesquels on a retrouvé des armes automatiques sur leurs lieux de travail, dans les véhicules de la municipalité, de grandes quantités de drogue... » Il accusait certains élus de pratiquer le troc suivant : « On négocie la mosquée contre les voix. »

C'est particulièrement frappant dans le 9-3. Le député-maire de Drancy, par ailleurs président de l'UDI, Jean-Christophe Lagarde, a avoué qu'il avait fait construire un lieu de culte déguisé en salle polyvalente. Il voulait éviter les tensions. Il se félicite, auprès de sa population, d'avoir dissimulé son projet : « Oui, je vous ai volontairement *caché* que ce serait une mosquée. Et aujourd'hui, tout prouve que j'avais raison de le faire. Contrairement à tous ces maires qui annoncent dans les médias qu'ils veulent une mosquée, moi, je l'ai. »

Nos élus savent ce qu'ils font. Et depuis longtemps. Je me souviens d'une déclaration de Jean-Louis Borloo, en 2006 ; stimulé par son franc-parler autour d'un apéritif, il appelait ses amis à un « compromis » avec les zones sensibles : « Il faut que nous, les Français, on ait une chose en tête, c'est que l'avenir du pays *se joue là-bas*, dans les banlieues. Pourquoi ? Parce que le taux de natalité de ces quartiers est deux fois plus élevé que sur le reste du territoire national[5]. »

Le manque de courage est frappant : lors du Salon de la femme musulmane qui a eu lieu les 12 et 13 septembre 2015, les prédicateurs ont justifié le voile au nom d'un ordre islamique : « Parmi les causes qui font répandre la fornication, il y a le fait que les femmes aient refusé le hijab. » L'imam de la mosquée de Brest a enjoint à une femme de « se voiler pour éviter le viol ici-bas et l'enfer au-delà ». Or, ce salon était abrité par le Parc des Expositions, appartenant à la ville. Le maire étiqueté aux Républicains, Philippe Houillon, qui a donc accueilli à bras ouverts la manifestation, a justifié sa décision sans aucun scrupule : « Il s'agit d'une opération privée dans laquelle la mairie n'a pas à se prononcer. » C'est aussi simple que cela. Ce n'est pas mon affaire. Je m'en lave les mains.

Les complicités et lâchetés sont partout. À la base et au sommet de l'État où l'infiltration est maximale.

L'an dernier, les nouveaux collaborateurs travaillant au ministère de l'Intérieur, appuyés par des membres du gouvernement, ont convaincu le président Hollande de confier la formation de nos imams au gouvernement du Maroc, alors même que nos prédicateurs musulmans sont, pour la plupart d'entre eux, déjà sous l'emprise de puissances étrangères.

À travers cette « coopération », l'Union des mosquées de France, de sensibilité marocaine, espère « préparer par la même occasion les futurs enseignants des structures de formation à créer sur le territoire français », a souligné son président, Mohammed Moussaoui, qui est aussi président d'honneur du Conseil français du culte musulman.

Récemment, je rencontrai Daniel Beretta, le maire de Villette-d'Anthon, une commune d'Isère de 10 000 habitants. Il m'a raconté ses démêlés avec le rectorat qui lui impose l'enseignement de la langue *arabe* dans les établissements scolaires de sa ville. « C'est la loi » lui dit-on. Il s'agit du « dispositif d'enseignement des langues et cultures d'origine ».

En 2011-2012, 57 000 élèves de l'école primaire suivaient des cours de langue arabe, pris en charge par trois pays du Maghreb, l'Algérie, le Maroc, la Tunisie, et 17 000 élèves étaient inscrits aux cours de langue turque.

Depuis 1975, cette politique des cultures d'origine, soutenue et prolongée lors de chaque alternance, se traduit par un réancrage loin de la culture française. Le ministère de l'Éducation nationale fabrique des individus délocalisables, sans patrie ni patrimoine.

La ministre Najat Vallaud-Belkacem a déraciné l'arbre de la connaissance. Elle a coupé les racines de l'école : les racines grecques, latines, françaises. La langue, l'histoire tendent à devenir optionnelles. Des écrivains, des académiciens se sont émus. Avec arrogance, elle les a traités de « pseudos-intellectuels » en mettant un « s » à pseudo pour marquer sa distance par rapport à l'orthographe.

Sur l'islam, Najat Vallaud-Belkacem fait preuve de souplesse. Elle a pris le contrepied du Premier ministre sur le voile à l'université : « On a affaire à des majeures, avec le libre arbitre qui est le leur[6]. »

« Najat », comme l'appelle la presse, a la frimousse médiatique, elle aime passer une tête derrière l'écran. Elle accepte toutes les invitations, par esprit d'ouverture, chez Canal+. Le 24 janvier 2016, elle s'est trouvée sur le plateau du « Supplément » de Canal+. À côté d'elle se trouvait un responsable célèbre de l'ONG Barakacity, Idriss Sihamedi. Face à la caméra, il se vante : « Comme certains rabbins, *je ne serre pas la main aux femmes.* » La ministre garde le silence. Il se présente comme « djihadiste de l'humanitaire » et refuse de condamner l'État islamique, « gêné par la question », concède-t-il au journaliste qui insiste. La ministre ne formule que quelques borborygmes.

Il est vrai que la position de la ministre de l'Éducation nationale n'est pas facile à tenir. Car elle a plusieurs casquettes qui lui commandent une certaine prudence de réaction. Elle n'a pas à en rougir mais elle fait partie des personnalités marocaines nommées par le roi du Maroc dans le Conseil de la communauté marocaine à l'étranger – le CCME – comme l'indiquait encore, à la date du 7 octobre 2015 le site internet de l'organisation[7].

Dans le décret de nomination, il est précisé que des personnalités marocaines connues ont été choisies « pour leur attachement aux constantes et valeurs sacrées de la nation marocaine, à son *identité homogène* et riche de ses multiples affluents ».

Ce n'est pas rien pour un ministre de la République française. La charge est lourde et symbolique puisque, selon les attributions de ce Conseil, il doit émettre des avis sur les principales orientations des politiques publiques « permettant d'assurer aux Marocains résidant à l'étranger le maintien de *liens étroits* avec leur identité marocaine et notamment celles relatives à *l'enseignement des langues*, l'éducation *religieuse* et l'action culturelle ».

Faut-il y voir une des raisons de l'enseignement de l'arabe

dans le Primaire que Najat Vallaud-Belkacem vient d'instaurer ? Dans le *dahir* consacré au statut des membres du Conseil marocain, il est spécifié qu'ils « doivent assumer les fonctions qui leur sont dévolues avec fidélité, impartialité et dévouement pour la défense des *intérêts suprêmes de la Nation marocaine* ».

La franco-marocaine Najat Vallaud-Belkacem a donc deux missions délicates : veiller sur les générations françaises de l'avenir, sur leur éducation, sur la transmission de la langue et de notre identité. Et puis veiller en même temps au maintien des liens avec l'identité marocaine, la *diffusion de la langue arabe et de l'islam*[8].

Dans le rapport Tuot remis au Premier ministre, il était suggéré d'introduire la langue arabe dès l'entrée au collège. La ministre-conseillère membre du Conseil du roi du Maroc fait mieux puisqu'elle a décidé de l'introduire dès l'école primaire. La langue arabe est la langue du Coran, la langue de l'islam, de l'islamisation. C'est la langue de la survie en tant que communauté en France pour ceux qui ne veulent pas rejoindre la France. D'ailleurs Gilles Kepel a souligné le fait que c'était par la transmission de la langue arabe que s'effectue le réenracinement religieux des jeunes issus de l'immigration[9].

XX

# La Société décoloniale

Peut-on encore évoquer ces questions qui dérangent ? Hélas, on n'en a plus le droit. Car celui qui s'y hasarde sera immanquablement taxé, comme ce sera probablement mon cas, « d'islamophobie ». De quoi la dénonciation de l'islamophobie est-elle le nom ? D'une nouvelle inquisition. On a réintroduit le blasphème. Juste pour une religion. On peut piétiner une croix ou une kippa sans risque. Mais l'islam est hors du champ de l'examen et du jugement personnels. On ne peut parler de l'islam qu'en présence de son avocat.

Même Élisabeth Badinter, qui a reconnu dans *Le Monde* que son nom était une protection, n'a pas été épargnée. Elle s'en est plainte : « La plupart des Français sont tétanisés par l'accusation d'*islamophobie*. Être traité d'islamophobe est un opprobre, une arme que les islamo-gauchistes ont offerte aux extrémistes. Taxer d'islamophobie ceux qui ont le courage de dire : “Nous voulons que les lois de la République s'appliquent à tous et à toutes”, est une infamie[1]. »

Toute critique de l'islam est assimilée à un acte de racisme contre les musulmans. La christianophobie est une opinion, l'islamophobie un délit. Ce mot-piège a été sorti de l'oubli par l'ayatollah Khomeiny, dans les années 1970, à l'encontre des Occidentaux qui osaient s'en prendre à la révolution iranienne. Depuis ce temps-là, le mot a fait son chemin. Il a été repris par les tribunes onusiennes, au nom des pays islamiques qui voulaient imposer leurs « droits de l'homme islamiques ». La première Déclaration islamique universelle des droits de l'homme a été publiée en septembre 1981 par l'Islamic Council of Europe. Dans son article 12, il est bien spécifié : « Personne ne doit mépriser ni ridiculiser les convictions religieuses d'autrui, ni encourager l'hostilité publique à leur encontre. » Bref, cette charte islamique va faire du délit de diffamation à l'encontre des religions un de ses principaux chevaux de bataille en Occident. D'où les procès contre *Charlie.* Mais ce respect des religions est à sens unique. Cette ligue islamique a une vision monochrome du monde tracée par l'islam sans aucun souci de pluralité.

Quand le mot est arrivé en Europe, il fut accueilli et célébré par la mouvance antiraciste. Très vite, il s'est imposé comme une arme d'intimidation massive, au nom d'une équivalence qui vitrifie les déviants : le musulman, devenu le réprouvé d'aujourd'hui, est le juif d'hier.

Antisémitisme et islamophobie se valent et relèvent du même verdict, l'excommunication civique, la flétrissure. La gauche multiculturaliste travaille sur le sujet depuis des années, afin de traquer toute forme de dissidence idéologique : on ne doit plus dire ce qu'on sait, ce qu'on pense. L'affaire de Cologne fut une étape nouvelle, peut-être décisive, pour décourager jusqu'à la tentation de dire ce qu'on voit.

Or ce qu'on a vu, dans la nuit du 31 décembre, fut tellement effrayant que le déni n'a pas tenu plus d'une journée de censure officielle : entre la gare et la cathédrale, se déroulent des scènes de harcèlement sexuel collectif dont le code répond, dans les pays arabes, au nom de « *taharrush gamea* ». Des centaines de femmes, piégées dans une mêlée épouvantable, subissent violences, viols et attouchements. Au matin du 1er janvier, c'est le silence. L'agression de masse est tue par les officiels, la presse, la police. Cependant, les réseaux sociaux vibrionnent. Et puis les plaintes se multiplient dans les commissariats. La consigne est maintenue : on n'en parle pas. Il ne faut surtout pas donner du grain à moudre au « populisme ».

Le maire de Cologne, Henriette Reker, bientôt pris à partie, désigne les Allemandes imprudentes ; elles n'ont qu'à se tenir « à une distance plus longue que le bras tendu » des hommes qui les abordent. Le déni, encore le déni. On croit trouver dans le passé une analogie : « En 1945, deux millions d'Allemandes violées par des soldats. La faute à l'islam ? » twitte l'élue communiste Clémentine Autain. On brandit une excuse absolutoire : « Les jeunes migrants ne connaissent que chômage et misère culturelle », explique Thierry Pech, le patron de Terra Nova. Le crime est moins abominable quand il prend sa source dans l'injustice sociale ? En ce cas, la révolte devient légitime et même salvatrice, purificatrice. Le droit pénal sera désormais à géométrie variable.

À tout prix il faut afficher une explication islamiquement correcte. La réalité visible doit disparaître, pour contenir la contamination du discours raciste. Finalement, on en arriverait à penser que la violence faite aux femmes est un acte moins grave que l'imputation de racisme qui s'adresse aux dénonciateurs.

C'est du néo-colonialisme à l'envers. On « préfère le surréel au réel[2] » ; au nom de l'antiracisme.

L'espace d'un matin, on se serait cru revenu au temps de l'Union soviétique. Le témoignage de Soljenitsyne fut ainsi récusé par ceux qui avaient tenté de nous faire croire que c'est la CIA qui avait écrit *L'Archipel du Goulag*. L'intelligentsia progressiste occidentale ne pouvait alors supporter les récits des dissidents, accusés « d'aider les réactionnaires », soupçonnés même d'être les *agents secrets* de l'impérialisme mortifère. Tous les progressistes dénonçaient les dissidents de là-bas afin de préserver les puretés et candeurs du progressisme de chez nous.

C'est dans ce bel esprit d'ouverture que, quinze jours après les attentats de *Charlie Hebdo*, François Hollande a justifié une *protection spéciale* pour la communauté musulmane : « Ce sont les musulmans qui sont les premières victimes du fanatisme, du fondamentalisme et de l'intolérance... Les Français de confession musulmane ont les mêmes droits, les mêmes devoirs que tous les citoyens. Ils doivent être *protégés*[3]... »

Toute esquisse d'analyse relève de ce qu'on appelle la *stigmatisation*, qui caractérise le péché contre l'esprit, le « péché de bouche », le blasphème contre le politiquement correct. Nous sommes à l'orée d'une nouvelle société. Il y aura un grand soir. La rédemption va venir de l'extérieur. C'est le « Malien de la plonge » qui va nous sauver.

Le philosophe Alain Badiou ne s'en cache pas ; il en appelle au sang neuf, il entonne un hymne à la jeunesse du monde : « Que les étrangers nous apprennent au moins à devenir étrangers à nous-mêmes, à nous projeter hors de nous-mêmes, assez pour ne plus être captifs de cette longue histoire occidentale et blanche qui s'achève, et dont nous n'avons plus rien à attendre que la stérilité et la guerre. Contre cette attente catastrophique, sécuritaire et nihiliste, saluons l'étrangeté du matin[4]. »

Le renversement est total : Jules Ferry prétendait apporter la civilisation à l'Afrique. Jules Ferry est condamné par Badiou. Et voici que c'est le « Malien de la plonge » qui devient notre rédempteur. Il vient chez nous apporter sa civilisation à des peuplades fatiguées, éreintées, ventrues, repues. Il faudra encore un peu de temps pour faire accepter la rétro-colonisation, mais elle est en route.

Quelques « campagnes contre la discrimination » servent de sas propédeutique. Il suffit d'enchaîner des images fortes pour instiller l'idée que le racisme est à sens unique. C'est l'objet de la campagne du printemps 2016 « Tous unis contre la Haine » : six clips, mais aucun contre le racisme anti-blanc ou anti-chrétien.

Le gouvernement de Manuel Valls a donc décidé de dépenser cent millions d'euros pour lutter contre le mono-racisme.

Ainsi, sur une image divisée en deux, on voit, à gauche une jeune femme blanche à qui l'on susurre : « À demain » ; et à droite, une jeune femme basanée à qui l'on déclare « Désolé, on ne cherche personne ». On prétend réveiller les anticorps de la société civile mais en excitant la vengeance mémorielle. Et on traite par le mépris le petit peuple des beaufs et cette *infra*-humanité des pue-la-sueur, ces « petits blancs » qui n'ont personne pour les secourir et qui se défendent comme ils peuvent, lorsqu'ils sont montrés du doigt.

La *traque* envahit tous les espaces publics. En septembre 2015, la nouvelle patronne de France Télévisions, Delphine Ernotte, a donné l'ordre de chasser le Gaulois de l'écran en couleurs : « On a une télévision d'hommes blancs de plus de cinquante ans, et ça, il va falloir que ça change. » Le gouvernement a souhaité renforcer la capacité de sanction du Conseil supérieur de l'audiovisuel (CSA) pour punir les médias qui n'accordent pas assez de place à la Diversité et aux personnes « perçues comme non blanches » selon le jargon du CSA. Oui, bientôt il y aura les Blancs et ceux qui sont « perçus comme non blancs ». Le délire progresse.

En fait, le racisme a changé de sens. Pendant la campagne des élections régionales, le socialiste Claude Bartolone a tenté d'accréditer un conflit de communautés en accusant sa concurrente, Valérie Pécresse, de promouvoir « Versailles, Neuilly et la race blanche ». Ce n'est plus le « Grand Capital » ou le « Mur de l'Argent » et les deux cents familles qu'il faut craindre : c'est l'effroyable danger que représentent les *serre-tête*. L'habile imprécateur, pour conquérir les banlieues, a donc désigné la « race blanche ». Le président de l'Assemblée nationale a joué le conflit ethnique : « Les Noirs et les Arabes avec moi ! Si vous voulez battre les Blancs. » Et il a appelé ce combat « la République ». On est passé ainsi d'un antiracisme de confort au racisme à rebours. Tous contre les Blancs !

C'est la branchitude des années 1980 qui avait donné la chiquenaude : « Bien sûr, nous sommes résolument cosmopolites. Bien sûr, tout ce qui est terroir, béret, bourrées, binious, bref, “franchouillard” ou cocardier, nous est étranger, voire odieux[5] », chantaient en chœur BHL, Bergé et consorts. On ne dira jamais assez quel mal cette petite clique de privilégiés a fait subir à la France dans les années 1980. Aucun autre pays au monde n'a nourri dans son sein une élite qui le haïssait autant.

Puis, dans les années 1990, les rappeurs ont pris le relais :

*Oui, quelle chance, quelle chance*
*D'habiter la France*
*Dommage, mon petit*
*Que ta mère ne t'ait rien dit*
*Sur ce putain de pays*
*Ou vingt-quatre heures par jour*
*Et sept jours par semaine, j'ai envie de dégainer*
*Sur des* FACES DE CRAIE[6],

chantait avec bonhomie le groupe Ministère Amer. À la même époque, les intellectuels, autour de Philippe Sollers, désignent la France comme une nation douteuse qui a la tripe provinciale et crache des vomissures barbares : « La France moisie, rappelez-vous, c'est la force tranquille des villages, la torpeur des provinces, la terre qui, elle, ne ment pas, le mariage conflictuel mais nécessaire, du clocher et de l'école républicaine. C'est le national social et le social national[7]. »

Bientôt le social national va devenir le social colonial, avec l'« Appel des Indigènes de la République », en 2005 : « La France reste un État colonial. Le traitement des populations issues de la colonisation prolonge, sans s'y réduire, la politique coloniale », lit-on dans ce Manifeste délirant, porté par certains journaux de gauche[8]. Ainsi appelées à la mobilisation, les consciences morales préparent le grand renversement, le hold-up mémoriel : elles reprennent l'aphorisme de la Chambre Bleu Horizon au sujet des poilus revenus de l'enfer : « Ils ont des droits sur nous. » On substitue à la relation de reconnaissance une relation de réparation. Il faut réparer les fautes inexpiables de la colonisation. Les identités traumatiques se retournent contre la France qui les a enfantées. « De la colonisation extérieure, il faut passer à la *décolonisation intérieure*[9]. »

À l'occasion des dix ans des Indigènes de la République, le 8 mai 2015, Houria Bouteldja, la porte-parole de cette association progressiste, franchit l'étape ultime : « Effectivement, il y a en France une lutte de races sociales. Le mot fait peur et pourtant il n'y a rien de plus banal que la lutte des races sociales. Elle est tellement banale qu'on ne la voit pas. Pourtant elle structure notre quotidien[10]. »

Toutes ces audaces aboutissent à l'*apartheid à rebours.* À l'université Paris VIII-Saint-Denis, un concept est né : « La non-mixité racisée ». Pendant une semaine, un groupe de réflexion d'avant-garde a conçu une manifestation intitulée : « Paroles non blanches : rencontres autour des questions de race, travail et mobilisations. » Au mois de mai 2016, une nouvelle question a été mise à l'étude : « La persistance des logiques coloniales au sein de la société française », inspirée des délires du « postcolonial » popularisés dans les années 1990 par certains chercheurs comme Pascal Blanchard, promu par une certaine presse de gauche.

L'urgence est maintenant de *décoloniser la France chez elle.* Beaucoup d'organisateurs de ces réunions sont des défenseurs pointilleux de la liberté du voile à l'école. Il faut insister : *Les Blancs ont été exclus,* ils n'ont pas eu le droit de prendre la parole et ont été interdits de participation à l'atelier ayant pour thème « la non-mixité ». Certains professeurs du département des sciences politiques de Paris VIII ont apporté, semble-t-il, leur soutien à la manifestation. En vain puisque, à lire une enquête de *Libération* sur « le mal-être postcolonial[11] » plusieurs enseignants, notamment le sociologue Éric Fassin, sont à leur tour dénoncés comme « les traducteurs blancs de la pensée et de la condition indigène » [*sic*]. Bref, ils ne seraient que des « profiteurs blancs ». Car c'est le risque de ces délires essentialistes. Chacun est renvoyé à sa « condition » et l'antiracisme redevient un racisme. C'est une boucle sans fin.

À la fin du mois d'août 2016, un « camp d'été décolonial » a été créé par une université d'été d'un nouveau genre, réservé uniquement « aux personnes subissant à titre personnel le racisme d'État en contexte français », c'est-à-dire les *non-Blancs*. Une journaliste de *Mediapart*, Faïza Zérouala s'est amusée sur twitter : « Ça va être drôle quand les rédactions vont réaliser avoir besoin de journalistes racisés pour couvrir le camp d'été décolonial. » Le site *Mediapart* a publié un appel « pour le droit à la non-mixité[12] », signé par des universitaires, afin de dénoncer « une République qui nie les formes contemporaines de racisme et d'oppression post-coloniale ». Il s'est trouvé, au Parti socialiste, certains responsables qui n'hésitèrent pas, sur Twitter, à apporter un soutien plus ou moins explicite à ce communautarisme anti-blanc ; ainsi le premier secrétaire du PS a twitté : « Ras-le-bol ! Ressembler toujours, stigmatiser jamais ! L'Égalité, partout : dans les universités des "beaux quartiers" ou de banlieue ».

De puissants groupuscules font la police de la pensée sur le net. Ils ont injurié le brillant Franco-Congolais Alain Mabanckou, premier écrivain à occuper la chaire de Création artistique du Collège de France. Il fut qualifié de traître pour avoir pris place à la table d'une institution « académique blanco-masculine ».

Le président de la Licra a heureusement décidé de rompre le front des mouvements antiracistes et de dénoncer les faussaires : « Désigner "le Blanc" comme symbole dominateur d'un prétendu racisme d'État qui sévirait en France, c'est être raciste. Quitter une réunion féministe en raison du trop grand nombre "de meufs blanches et assimilationnistes", c'est aussi être raciste. »

Le collectif agissant à l'université de Paris VIII se projette à l'avant, à partir d'un nouveau paradigme : « la non-mixité ». Ainsi est-on passé, en deux décennies, de la *mixité obligatoire* – des Blancs et des non-Blancs dans les quartiers – à la *non-mixité racisée* où les Blancs sont interdits de séjour.

Le communautarisme s'installe partout, y compris au Stade de France. Juste avant l'Euro de football, Jamel Debbouze a reproché à l'entraîneur tricolore de n'avoir pas sélectionné Ben Arfa et Benzema. Il s'est plaint ainsi : « Nous n'avons aucun de *nos* représentants en équipe de France. » Il a ensuite reconnu son erreur. Cantona est venu à son secours en reprochant à Deschamps d'avoir un nom « *très* français » et d'appartenir à une famille qui ne se mélange pas. Ainsi promeut-il le métis en homme supérieur, tout en stigmatisant les « petits blancs ». On compte les joueurs de couleur. Il n'y en a jamais assez.

De l'immigration obligatoire à la migration des indigènes, chassés de chez eux, il n'y a qu'un pas. Né gaulois, de souche française, le pauvre bougre deviendra demain demandeur d'asile en France. Dépossédé de son titre de séjour sur la terre de ses ancêtres ?

XXI

# Le Cheval de Troie

La Patrouille a un code particulièrement efficace pour faire taire les récalcitrants à l'islamisation rampante. Ce code a de beaux atours. Il s'appelle la Déclaration des droits de l'homme. Je suis bien placé pour savoir que, dans notre histoire, cette Déclaration n'a pas toujours été un long fleuve tranquille. Ce fut au nom des droits de l'homme qu'en 1793-1794 Jean-Baptiste Carrier a noyé, avec des bateaux à sabords cloués, des milliers de Vendéens à Nantes. « C'est *par principe d'humanité* que j'ai purgé la terre de la liberté de ces monstres », déclara-t-il, lors de son procès après la fin de la Terreur. C'est au nom des droits de l'homme que la Vendée a été exterminée… Par principe d'humanité.

Le temps a passé, on a oublié. L'idéologie des droits de l'homme a repris du service à la fin du communisme, dans les années 1980. Elle a connu sa consécration avec le nouvel individualisme consumériste et le déplacement du centre de gravité des questions sociales vers les questions « sociétales ». Ce fut une rupture avec la tradition marxiste, qui considérait les droits de l'homme comme ceux de « l'homme égoïste, membre de la société bourgeoise, c'est-à-dire un individu séparé de sa communauté, replié sur lui-même, uniquement préoccupé de son intérêt personnel[1] ».

La tradition républicaine elle-même fut ainsi renversée, car la Déclaration de 1789 n'était pour elle qu'une morale, en aucune façon un code. La République n'avait jamais voulu ériger ces droits de l'homme en norme juridique. Depuis 1971, le barrage a cédé, ils font désormais partie du « bloc de constitutionnalité », selon la formule du Conseil constitutionnel.

Avec cette consécration des droits de l'homme comme règle de droit, un principe allait s'imposer, béni par les juridictions les plus hautes, du Conseil constitutionnel à la Cour européenne des droits de l'homme : le principe de « *non-discrimination* ». Principe *supra*-constitutionnel, suffisamment vague pour transformer ainsi les juges chargés de l'appliquer en une nouvelle prêtrise judiciaire.

Peu à peu, ce qui devait constituer une *protection* contre les assauts de l'islamisme en devint le marchepied. La « nouvelle religion civile qu'on érigeait en rempart s'est muée en une sorte de "cheval de Troie" de l'islamisation de la France[2] », précise le professeur d'histoire du droit Jean-Louis Harouel.

En effet, l'islam utilise l'arme des droits de l'homme, à partir du dogme de la liberté religieuse et du principe de *non-discrimination*, pour imposer de manière subreptice sa civilisation sur le sol européen. Avec le Collectif contre l'islamophobie, ce Code est utilisé pour éradiquer tout discours critique ou préjudiciable à l'égard de l'islam. Celui-ci fait ainsi bon usage des droits de l'homme pour annihiler toute forme de résistance dans un conflit de civilisation sur le sol européen, en se cachant derrière le *droit des minorités*. Le piège se referme sur ceux qui veulent se défendre[3].

Brandie comme un étendard, la contre-culture identitaire arabo-musulmane est le terreau où se nourrissent le refus de l'assimilation et le djihadisme. Or cette conquête silencieuse de l'islam se fait au nom de la *non-discrimination*, et il est interdit de s'en offusquer. Le nouveau censeur y veille.

« Aujourd'hui transformés en une religion séculière de

nature millénariste, les droits de l'homme permettent à un groupe identitaire installé au sein d'une nation, étranger à elle par les origines et les sentiments, de la combattre de l'intérieur et de chercher à s'emparer de son territoire, de son être, à se substituer à elle. »

C'est par exemple grâce aux droits de l'homme que l'islam peut défendre juridiquement le port systématique du voile qui est pourtant un signe net du refus d'intégration dans la société française. Qu'importe, grâce aux droits de l'homme, personne ne pourra contester ce refus. Tout individu pourra ainsi refuser de se fondre « dans la société sécularisée produite par près de deux millénaires de chrétienté occidentale, et dont les membres, quand bien même ils ne seraient plus religieusement des chrétiens, n'en portent pas moins profondément l'empreinte du christianisme, ce qui fait des modernes que nous sommes – athées et anticléricaux compris – qu'on le veuille ou non des chrétiens ».

Cette religion des droits de l'homme sert de planche d'appel à la conquête de notre pays par la civilisation arabo-musulmane.

Ce sont les islamistes eux-mêmes qui nous le disent. « Avec vos lois démocratiques nous vous *coloniserons.* Avec nos lois coraniques nous vous *dominerons.* » Ainsi parle en 2002 à Rome le cheikh Yousouf al-Quaradawi, l'un des principaux dirigeants des Frères musulmans au niveau européen. Il est le président du Conseil européen de la *fatwa.* Il réclame que les musulmans installés en Europe puissent vivre « dans une civilisation musulmane complète, orientée par la foi musulmane, soumise à la loi de l'islam ».

Cela veut dire en clair que les Frères musulmans entendent donner à l'islam en Europe une dimension étatique. Le modèle de l'État musulman du Kosovo issu d'un démembrement de la Serbie vient à l'esprit de ceux qui veulent faire de la France ce qu'ils appellent « un Grand Kosovo ».

« Certes, explique finement le professeur Harouel, tous

les musulmans – et tant s'en faut – ne se perçoivent pas comme des conquérants. Il n'empêche. Jadis, les Wisigoths ou les Burgondes autorisés à s'installer dans l'Empire romain d'Occident n'eurent pas le sentiment d'être des conquérants. Mais deux générations plus tard, les barbares avaient pris le pouvoir et s'étaient taillé des royaumes sur le territoire de l'empire anéanti. »

La conquête passe par le nombre, car le nombre, c'est la majorité, la majorité renversée. Elle passe aussi par le droit revisité, devenu une protection juridique inversée. Selon l'ancien droit des gens, l'État protège ses ressortissants, ses nationaux. Il *discrimine*, c'est-à-dire qu'il accorde plus de droits au citoyen qu'à l'étranger : la pérennité du séjour, le droit de vote, les prestations sociales, etc.

Aujourd'hui, l'arme des droits de l'homme s'est retournée contre nous.

L'État s'interdit la discrimination et fait condamner ceux qui la pratiquent. Donc il n'y a plus de rempart. Le cheval de Troie avance sur nous, à l'abri des droits de l'homme. Même dans les pays musulmans réputés les plus proches du modèle de la démocratie à l'occidentale, tout ce qui touche à la liberté de pensée reste un sujet brûlant. Et même chez les musulmans les plus libéraux, la liberté de penser et d'exprimer sa pensée pose problème. D'ailleurs, la *Déclaration islamique universelle des droits de l'homme* interdit d'exprimer toute opinion « en contradiction avec les principes de la charia ». Les droits de l'homme selon l'islam excluent la plus fondamentale des libertés publiques, la liberté de communiquer sa pensée.

Fondamentalement, l'incompatibilité entre l'islam et les sociétés européennes se situe au niveau de la liberté de l'esprit. Or, les islamistes utilisent les droits de l'homme, qu'ils ne peuvent admettre, pour nous interdire de poursuivre leurs desseins en France. Ultime ruse que nos juges sont incapables de saisir. Et pourtant, certains signes commencent, même en Occident, à se manifester.

Maintenant qu'il est très implanté en Europe, l'islam prétend imposer aux Occidentaux cette interdiction de la liberté de pensée et d'expression. L'islam travaille ainsi à empêcher toute critique venant des non-musulmans. Car la *charia* leur enjoint de parler de l'islam avec respect et leur interdit tout propos offensant pour les musulmans. Lourde de menaces, cette injonction s'adressait jadis aux chrétiens et aux juifs tolérés dans le monde islamique sur le mode de l'infériorité juridique et de l'humiliation. Aujourd'hui, l'islam prétend intimider les pouvoirs publics, les médias et les intellectuels occidentaux. Par la peur qu'il inspire, il les contraint souvent à une forte auto-censure afin de ne pas offusquer les musulmans. Et il ne manque pas d'utiliser l'arsenal des droits de l'homme pour contraindre les pays européens à adopter un profil bas face à leur population musulmane.

C'est ainsi que la municipalité d'Oxford a renoncé à l'emploi du mot « Noël » dans les documents officiels pour ne pas irriter les musulmans en nommant une fête chrétienne.

Sur la question de la liberté d'expression, la position musulmane est sans équivoque. Tariq Ramadan a expliqué que la liberté de religion qui a cours en Europe n'était « pas un bien en soi ». Elle n'est un bien que de manière temporaire, et cela parce qu'elle « permet la pratique et la consolidation de l'Islam ». Bref, elle facilite grandement l'installation de l'islam et son entreprise de conquête. Mais une fois maître du pouvoir, l'islam affirmerait son exclusivité, soit de manière radicale comme dans certains pays musulmans où la simple existence d'églises chrétiennes est interdite, soit en tolérant la présence d'autres religions à condition que les non-musulmans soient en position de dhimmitude, soumis à une foule de tracasseries ou même de persécutions.

C'est là un terrible paradoxe dont nous aurons à rendre compte aux générations futures : dans les nations européennes, la *religion d'État des droits de l'homme*, avec son obsession de la non-discrimination dont profitent abondamment les musulmans, prépare paradoxalement la domination d'un système juridico-divin fondé sur la discrimination, puisque l'islam est par définition *ultra-discriminatoire*. Le principe de non-discrimination ne subsistera en Europe que tant que celle-ci restera dans la mouvance des valeurs d'origine chrétienne, fussent-elles grandement falsifiées par la religion humanitaire.

Le jour où l'islam nous dominera, les choses changeront radicalement, et très rapidement, car l'islam repose sur une triple discrimination inscrite de manière irrévocable dans le droit fondé sur la *charia :* discrimination à l'encontre des non-musulmans, discrimination à l'encontre des femmes, discrimination produite par l'existence de l'esclavage.

L'islam conquérant d'aujourd'hui ne reconnaît pas de droits civiques aux non-musulmans. L'islam ne reconnaît traditionnellement la plénitude humaine qu'aux musulmans. Sur ce point, Claude Lévi-Strauss a été on ne peut plus clair. Dans son fameux livre *Tristes Tropiques*, il explique que l'islam est une « Grande religion qui se fonde moins sur l'existence d'une révélation que sur l'impuissance à nouer des liens au-dehors. En face de la bienveillance universelle du bouddhisme, du désir chrétien de dialogue, l'intolérance musulmane adopte une forme inconsciente chez ceux qui s'en rendent coupables, car s'ils ne cherchent pas toujours de façon brutale à amener autrui à partager leur vérité, ils sont pourtant incapables de supporter l'existence d'autrui comme autrui. » Il faut insister sur ce passage du grand anthropologue. Il ne parle pas de « l'islamisme », comme on désigne aujourd'hui les versions de l'islam qui nous font peur.

Dans ce passage, Lévi-Strauss évoque « l'intolérance musulmane » qui est incapable de « nouer des liens au-dehors » d'elle-même. Et il se montre encore plus ferme sur tous les fidèles, et pas seulement les plus radicaux. « Le seul moyen pour eux de se mettre à l'abri du doute et de l'humiliation consiste dans une "*néantisation*" d'autrui, considéré comme témoin d'une autre foi et d'une autre conduite. La fraternité islamique est la converse d'une exclusive contre les infidèles qui ne peut pas s'avouer, puisque, en se reconnaissant comme telle, elle équivaudrait à les reconnaître eux-mêmes comme existants. » Une « néantisation d'autrui ». Elle est à l'œuvre sous nos yeux. Mais nous détournons le regard.

L'infériorité juridique de la femme résulte elle aussi de la *charia* qui fait d'elle une éternelle mineure passant de la tutelle de sa famille à celle de son mari, lequel peut en outre à tout instant la répudier de manière unilatérale en vertu d'une décision discrétionnaire.

Enfin l'islam a longtemps cautionné l'esclavage. Officiellement, il est aboli dans la plupart des nations mais il subsiste à l'état latent dans certains pays, comme la Mauritanie par exemple. Si bien que c'est en toute conformité à la loi divine que l'on peut aujourd'hui, pour l'équivalent de quelques dizaines d'euros, acheter une esclave chrétienne ou yézidie sur les marchés d'esclaves du califat autoproclamé d'Irak et de Syrie.

Les discriminations inhérentes à l'islam sont sans commune mesure avec celles qui sont aujourd'hui si méticuleusement traquées au nom des droits de l'homme, et qui paraissent, par comparaison, infimes. Car non seulement l'islam refuse l'égalité civile et même pénale aux non-musulmans et aux femmes, mais encore il ignore cette forme minimale d'égalité constituée par le caractère général de la condition d'homme libre au sein de la société.

Bien sûr, il faut se garder de confondre le principe et les hommes. Tous les musulmans, et loin de là, ne sont pas des islamistes. Et les islamistes ne sont pas tous des terroristes en puissance, beaucoup d'entre eux ne souhaitent pas le recours à la violence. Il n'en reste pas moins que, par définition, la lecture littérale des textes saints est favorable à toutes ces discriminations. C'est pourquoi la frontière que l'on prétend tracer entre islam, islamisme modéré et islamisme violent est très largement théorique. Il y a des musulmans modérés. Il n'y a pas d'islam modéré. Les musulmans ne sont pas tous des islamistes mais tous les islamistes sont des musulmans. La différence entre un islamiste et un musulman, c'est que l'islamiste est un musulman *pressé.* Impatient de soumettre le monde à Allah. Impatient d'appliquer le coran.

Même si l'islam n'est pas nécessairement terroriste et si beaucoup de musulmans peuvent désapprouver le terrorisme, le terrorisme des jeunes djihadistes nés et élevés en Europe n'en est pas moins un produit de l'islam. Il est un produit de cette évolution silencieuse qui submerge des pans entiers du territoire européen. Il est un produit de la prise de contrôle par l'islam de zones où il se sent et se déclare chez lui – en *terre musulmane* où ont vocation à s'appliquer les règles juridiques de la *charia.* Il est un produit de l'appropriation par la civilisation arabo-musulmane de nombreuses villes et banlieues, desquelles la civilisation européenne disparaît.

C'est l'*expulsion de la France* de son propre territoire qui y a rendu possible le développement d'un sentiment musulman anti-occidental dont la forme extrême est le djihadisme.

Or cette expulsion s'est faite très largement grâce aux droits de l'homme dont l'islam a profité à plein. C'est sur eux que se fondent les revendications vestimentaires, alimentaires et autres des musulmans, lesquelles relèvent toutes en réalité d'une prise de pouvoir de nature politique, d'un combat pour l'appropriation de territoires, pour la domination de secteurs de la société. C'est à cette domination que visent les mosquées ostentatoires, le foulard islamique, le voile dissimulant le visage, l'exigence de menus *halal* dans les cantines et d'horaires réservés aux femmes dans les piscines, etc. Ce sont là des armes au service d'une islamisation des pays européens.

L'islam combinant en lui le politique, le juridique et le religieux, toute concession faite à l'islam comme religion est aussi une concession faite à l'islam politique et juridique, ce qui contribue à transformer le pays concerné en une terre musulmane.

C'est une duperie que d'invoquer la liberté religieuse pour justifier le port du voile intégral. Les femmes qui l'affichent sur le mode de la provocation sont avant tout des militantes politiques de l'islamisation de la France, des combattantes au service de la civilisation musulmane. Et, à un niveau moins exalté, le port du simple foulard islamique qui inonde l'espace public et apporte à l'islam une visibilité traduit un conflit civilisationnel avec les pays européens.

C'est dans ces morceaux de France chaque jour de moins en moins français où règne la civilisation musulmane que se recrutent les terroristes du *djihad* et leurs complices.

Nous avons inventé un formidable boomerang : comme l'écrit Éric Zemmour, « cette rencontre des droits de l'homme et de l'islam évoque celle du nitrate et de la glycérine. Elle est en train de faire exploser notre pays. »

Le seul survivant connu parmi les terroristes de la tragédie du 13 novembre 2015, Salah Abdeslam, placé à l'isolement avec un système de vidéo-surveillance, dénonça ainsi, *au nom des droits de l'homme*, un « viol de son intimité », y compris dans la salle de gym qui a été aménagée spécialement pour lui. L'Observatoire international des prisons s'indigna. Au nom des droits de l'homme encore.

Selon la Cour européenne des droits de l'homme, « le droit de disposer d'un espace privé est un droit de l'homme fondamental pour chacun d'entre nous ». Une « zone d'intimité » fut mise à l'étude. Au nom des droits de l'homme.

Au mois de mai 2016, une exposition fut présentée au Danemark, intitulée le « Musée des martyrs ». Elle exhibait, sans jugement moral, des personnages célèbres qui se sont sacrifiés pour leurs convictions, tels Jeanne d'Arc, Rosa Luxembourg et... les kamikazes de Bruxelles et Paris. Les organisateurs se sont ainsi justifiés : « L'empathie n'est pas la sympathie. » Les familles des victimes protestèrent en vain. Lors du procès de la filière djihadiste de Strasbourg, les prévenus ont déclaré avoir séjourné en Syrie et appris à manier la kalachnikov « dans un but *humanitaire* ». Voilà, nous y sommes. La boucle est bouclée.

Les kalachnikovs, ils sont allés les chercher ailleurs. Mais cette arme-là, c'est nous qui la leur avons mise entre les mains. Nous sommes les fournisseurs et les cibles. L'islamisme agit « *par principe d'humanité* », au nom des droits de l'homme.

## XXII

# Une classe politique achetée

On sent bien que nos dirigeants ont un problème pour se débarrasser des assassins, voire même des simples possesseurs de kalachnikovs qui vont et viennent et vivent parmi nous.

Les médias tiennent pour acquis que les autorités veulent en finir avec le terrorisme. On les annonce déterminés à tout nettoyer, à « mettre les moyens ». Ils « sont en guerre là-bas et ici », qu'ils disent. « C'est le même engagement et en Syrie et sur notre territoire ». Là-bas on pilonne, ici on traque. Là-bas on arrose, ici on déniche. Bernard Cazeneuve, dans les magazines, prend la pose de Clemenceau.

Or, derrière le discours officiel au lutrin solennel de nos assemblées élues, la réalité est plus complexe. Car il y a des amitiés qui pèsent lourd, des accointances, un entremêlement d'intérêts et de tolérances, un échange d'avantages relevant de la « diplomatie contractuelle » qui passent à travers le tamis de cette guerre réputée « totale ». Ce jeu subtil échappe au commun.

Le peuple ne cherche pas trop à comprendre. Il fait confiance, malgré tout, même si, de temps en temps, il subodore qu'il y a comme de la haute trahison dans l'air des hautes sphères.

Le fait de choisir une posture avec deux ennemis – l'islamisme et l'islamophobie – complique la tâche de nos chefs :

car il est bien difficile de maintenir une équidistance morale entre ces deux fronts : un front classique et le front de l'ennemi intérieur, islamophobe, nourri par la cinquième colonne « ressurgie du crypto-fascisme de la dernière guerre ».

On est loin de la célèbre apostrophe de Georges Clemenceau, le 8 mars 1918 : « Ma politique étrangère et ma politique intérieure, c'est tout un. Politique intérieure, je fais la guerre ! Politique étrangère, je fais la guerre ! Je fais toujours la guerre ! »

Nous nous trouvons dans une situation inextricable.

Nous sommes les alliés des semenciers du djihad, l'Arabie séoudite et le Qatar. Depuis des années, leur amitié nous encombre de leurs sommations. Ils ont installé et financent chez nous les Frères musulmans et le salafisme. Et ils nous serrent au collet dans leurs voisinages orientaux parce qu'ils tiennent la classe politique dans leur main, chez eux, chez nous.

Ainsi se sont développées, dans un élan simultané, les deux *dhimmitudes* : la *grande dhimmitude* zélée à l'extérieur, la *petite dhimmitude* cachée à l'intérieur.

La première entraîne la seconde. La France est un pays infiltré. Nous sommes devenus les obligés des princes du Golfe. Ils achètent chez nous, ils paient cher. Et ils nous achètent, et nous le payons cher. Ils nous conduisent et nous contraignent à l'extérieur. Ils nous infiltrent à l'intérieur ; ils nous font faire ce qu'ils veulent et nous empêchent de faire ce que nous voulons. Ils ont des exigences terribles et n'entendent pas être contredits. Ils nous commandent au battement de cils.

Alors, nous baissons les yeux, nous nous taisons. Surtout quand ils nous obligent à effectuer de basses besognes. À travailler pour leur compte. À devenir leurs sicaires et leurs janissaires.

Ainsi faisons-nous parfois des choses « pas très catholiques », au regard de nos solidarités avec les Chrétiens d'Orient, désolés de voir la France dans cet état de sujétion.

Il y a, en Orient comme chez nous, un parfum d'« accommodements raisonnables ». C'est un secret d'État. Personne ne le sait ou tout le monde se tait : quel est donc l'État qui prend le risque de transporter au Moyen-Orient le signal des chaînes de télévision islamistes, celles qui propagent des appels au djihad ? Sous la responsabilité de quel pays est ainsi relayée la diffusion des messages de haine et d'apologie du terrorisme à cinquante millions d'antennes, c'est-à-dire à 250 millions de téléspectateurs, jour et nuit, dont 6 millions de Syriens et 9 millions d'Irakiens ? Ce pays, c'est la France. Avec son réseau de satellites Eutelsat qui diffuse plus de mille chaînes, grâce à une couverture qui s'étend, d'ouest en est, du Maroc jusqu'au golfe Persique. C'est l'opérateur de satellites le plus puissant de la zone « Afrique du Nord – Moyen-Orient ».

Le 13 mars 2016, Eutelsat a arrêté net la diffusion de la chaîne Al-Aqsa TV, affiliée au Hamas, en réponse à la demande que le Premier ministre israélien Benyamin Netanyahu avait adressée à François Hollande. Mais Al-Aqsa TV n'est pas la seule chaîne qui porte des messages de haine. Il y a aussi un certain nombre de chaînes salafistes, comme Al-Resalah TV, Al-Rahma TV et Al-Burhan TV.

Les Services secrets de la Russie se gaussent. Que fait la France ? Elle ne protège plus les chrétiens. Où en est la célèbre promesse de Saint Louis qui avait juré pour toujours que la France n'abandonnerait jamais les chrétiens jusqu'au Jourdain ? L'amitié avec les Chrétiens d'Orient faisait partie de l'identité de la France.

Les plus hautes autorités des Chrétiens d'Orient, parallèlement à une démarche du président égyptien, ont écrit une lettre pressante et solennelle au président-directeur général d'Eutelsat, Michel de Rosen : « Parmi les nombreuses chaînes qui font l'apologie du terrorisme, nous en avons identifié huit comme étant les plus terribles, qui diffusent souvent en langue arabe et dont les propos font beaucoup de mal au sein de nos pays. Au nom de nos communautés en souffrance à travers l'Orient et pour le bien de l'humanité, nous vous demandons de bien vouloir interdire à ces chaînes l'accès à votre satellite[1]. »

Les autorités chrétiennes n'ont reçu, à ce jour, aucune réponse. J'ai moi-même relayé leur supplication sans succès. On m'a fait comprendre que des raisons *géo-stratégiques* interdisaient de donner à ces demandes instantes des Chrétiens d'Orient « une suite favorable », comme on dit dans l'administration. Je me suis laissé dire que nos « amis », les grands suzerains du Golfe, s'opposaient à toute forme « de censure ».

Eutelsat, m'a-t-on répondu, est un fleuron français ; avec 1,5 milliard de chiffre d'affaires, il représente « un vecteur de rayonnement de la France » en Orient.

Le combat contre le terrorisme est donc à géométrie variable. Comme sur une échelle graduée, l'intensité de notre effort de guerre varie en fonction de nos intérêts, de nos contrats, de nos combinaisons, mais surtout de la double allégeance à notre protecteur américain et à nos « chers amis », les seigneurs du Golfe. La diplomatie française est à la remorque. De l'Otan pour la stratégie et du Golfe pour la tactique : les deux s'emboîtent dans une harmonie profitable : chacun est à sa place. Il y a l'Otan qui commande. Et les princes qui passent les commandes. La France a une ligne et des clients : elle a la ligne de ses clients.

Nous avons aliéné toutes nos politiques. Notre diplomatie nous lie à nos curieux amis orientaux et nous asservit à l'Oncle Sam qui nous entraîne dans toutes ses aventures.

Nous avons enchaîné les fiascos. L'Amérique nous a ordonné d'aller porter le désordre en Libye. Comme dit un ami libyen : « Avant l'intervention militaire de l'Occident, nous avions un Kadhafi. Maintenant, nous en avons cinquante. » Nous avons provoqué la chute d'un dictateur sans autre résultat que de plonger le pays dans le chaos. Très vite, sous la pression de nos amis du Golfe et de notre mentor américain, les « printemps arabes », que nous avons favorisés, sont devenus des « automnes islamistes ».

Nous avons parié contre l'Iran. Et nous avons perdu. Nous avons parié contre Assad. Et nous avons perdu. Nous avons parié sur une coalition américaine évanescente, et c'est la Russie de Poutine qui est arrivée au secours des derniers chrétiens. Nous avons parié sur la mouvance d'al-Qaida, le célèbre front al-Nosra qui accueille les djihadistes de nos cités. Et nous avons perdu, malgré nos livraisons d'armes et nos compromissions. L'armée syrienne a repris Palmyre. Nous avons joué la carte de la Turquie et la Turquie nous a pris dans sa main, qu'elle referme lentement, cruellement sur nos illusions europhiles. Nous avons tout perdu.

Nous avons tenté de nous glisser entre le déshonneur et la guerre. Nous avons cru que nos amitiés wahhabites nous protégeraient du terrorisme. Et le wahhabisme ne nous a nullement protégés. Selon la célèbre formule de Churchill, nous avons eu et le déshonneur et la guerre. Le déshonneur là-bas, la guerre chez nous...

Entre les présidents successifs, les dilections changent. Sarkozy est philoqatarien, il est comme chez lui à Doha ; Hollande est plutôt philoséoudien. En cinq ans, il s'est rendu trois fois en Arabie séoudite. En mai 2015, il fut l'invité d'honneur au sommet du Conseil de sécurité du Golfe, autour de l'Arabie séoudite, Bahreïn, le Qatar, le Koweït, les Émirats arabes unis et Oman. Une première pour un chef d'État occidental. Manuel Valls répète à l'encan : « Nous avons une relation stratégique avec l'Arabie séoudite. Il faut l'assumer[2]. »

Fort bien. Assumons-la. Le régime séoudien est notre premier partenaire commercial dans le Golfe. Mais sachons à qui nous avons affaire...

En raison d'une stricte application de la charia, 153 personnes ont été exécutées en 2015. On regarde ailleurs et on compte les sous. Mais surtout, le wahhabisme rigoriste est la matrice culturelle de tous les courants salafistes. Il s'agit d'une filiation idéologique.

Dans une tribune du *New York Times* qui lui valut l'ostracisme médiatique que l'on sait, Kamel Daoud a trouvé les mots : « L'Arabie séoudite, un Daech qui a réussi.[3] » Et il tire la sonnette d'alarme : « Le déni de l'Occident face à ce pays est frappant : on salue cette théocratie comme un allié et on fait mine de ne pas voir qu'elle est le principal mécène idéologique de la culture islamiste. Les nouvelles générations extrémistes du monde dit "arabe" ne sont pas nées djihadistes. Elles ont été biberonnées par la Fatwa Valley, espèce de Vatican islamiste avec une vaste industrie produisant théologiens, lois religieuses, livres et politiques éditoriales agressives. » Kamel Daoud se fait généalogiste : « Daech a une mère : l'invasion de l'Irak. Mais il a aussi un père : l'Arabie séoudite et son industrie idéologique. Si l'intervention occidentale a donné des raisons aux désespérés dans le monde arabe, le royaume séoudien leur a donné croyances et convictions. Si on ne comprend pas cela, on perd la guerre, même si on gagne des batailles. On tuera des djihadistes mais ils renaîtront dans de prochaines générations, et nourris des mêmes livres. »

Notre président, qui croit au « dialoguisme » et aux motions de synthèse, voit les choses autrement. Sûr de sa Riyadpolitik, il a su créer avec nos alliés séoudiens une relation féconde, où les présents annoncent les marchés. Chaque cadeau est emblématique du contrat à venir.

En décembre 2013, en visite officielle à Riyad, François Hollande, qui avait des chars à vendre, se vit offrir une soirée entière de danses mirifiques et envoûtantes sous les lumières torsadées de l'Orient, chargées d'encens. À la fin de la soirée, on lui offrit un sabre magnifique – le sabre a, en Arabie séoudite, une signification particulièrement concrète. Brandissant l'arme et dans un sourire un brin gêné, notre président récipiendaire aux joues en feu tenta un bon mot : « J'en aurai besoin. » Les Séoudiens, qui croient plus volontiers au sens propre que figuré des mots de la guerre, regardèrent l'entourage avec effroi. Le président s'arrêta et il promit en retour des médailles à Paris.

Il fallut tenir la promesse. Les courriers du Quai d'Orsay transmirent le 2 mars 2016 une correspondance classifiée « TTU » – très très urgent. Elle provenait de notre ambassadeur en Arabie : c'est le futur roi lui-même qui demandait à être décoré. Dans le mail, le diplomate appuie la requête du prince héritier : « Certes, le royaume n'a pas bonne presse, mais je crains que l'amélioration de son image prenne du temps. »

Le directeur du « Moyen-Orient » au Quai d'Orsay, Jérôme Bonnafont, émet un avis favorable dans un courriel : il n'y a « aucune raison de ne pas le faire ». Sa prudence subtile le conduit à ajouter cependant : « à condition que ce soit *discret* vis-à-vis des médias : si on nous interroge, on répondra "lutte contre Daech et partenariat économique et stratégique". »

Le chef de l'État remettra au prince héritier, Mohamed ben-Nayef, les insignes de chevalier de la Légion d'honneur, le 4 mars 2016. Il y aura quelques mascarets dans la presse et, très vite, tout rentrera dans l'ordre.

Entre François Hollande et Nicolas Sarkozy, la ligne de continuité passe par le Qatar. L'émir Tamim a été reçu à Paris, pour son premier voyage officiel, en juin 2014. En 2015, Laurent Fabius a accepté de vendre à l'émir l'un de nos joyaux à l'étranger, le palais Clam-Gallas, où était installé l'« Institut culturel français » de Vienne. Cette cession a été opérée dans la discrétion sans appel d'offres. Les Qataris voulaient en faire leur ambassade en Europe centrale. On ne peut rien leur refuser : le Qatar venait de racheter le Printemps à notre demande.

La fibre de nos super VRP est donc plutôt séoudienne pour les socialistes, plutôt qatarienne pour les « Républicains ». À chacun sa capitale, son émir ou son prince, sa fenêtre, sa musique, sa mandoline, ses contrats, ses habitudes.

Nicolas Sarkozy appelle le prince du Qatar « mon frère ». Et en 2009, l'émir Hamad al-Thani fut le premier chef d'État arabe reçu en visite officielle à Paris : « Vous êtes un exemple ! » lui déclara le président français.

Son ministre des Affaires étrangères de l'époque, Alain Juppé, n'a jamais tari d'éloges sur le Qatar, comme en témoigne un entretien accordé à la fameuse chaîne Al Jazeera :

Les relations entre la France et le Qatar ne cessent de croître aussi bien économiquement que culturellement.

« Y a-t-il une raison à cela ? interroge le journaliste.

– C'est parce que nous nous entendons bien et que nous partageons les mêmes vues sur beaucoup de questions. Les relations personnelles, aussi, entre les responsables politiques sont bonnes, et puis les intérêts sont tout à fait convergents aussi sur le plan économique, sur le plan culturel, en matière de défense[4]. »

Le mot est lâché : nous avons les mêmes *vues*. Les mêmes *intérêts*. Les mêmes *valeurs*. La même conception du monde. Il y a, entre le Qatar et l'Arabie séoudite, un point commun et une différence. Le point commun, c'est que le royaume séoudien et l'émirat qatari pratiquent le même islam, un islam radical, le wahhabisme, et tentent de l'imposer au monde entier. La différence, c'est que l'Arabie séoudite est le bailleur de fonds du *salafisme* alors que le Qatar supporte les *Frères musulmans*.

Dans une sorte d'élan œcuménique, nos hommes politiques, eux, rassemblent tout ce petit monde, sans faire de différence, en leur souhaitant la bienvenue : « La France, terre d'accueil ». On accueille tous les Frères et les Cousins du Golfe. Nous abritons l'islam radical, les frères, les salafs, l'argent, les investisseurs, les mosquées, les imams, les émirs et les princes en villégiature sur la Côte d'Azur. Le Golfe nous aime. Doha aime Paris. La tour Eiffel est dans le logo du Paris Saint-Germain.

Pour marquer sa reconnaissance, la France a fait entrer le Qatar, en 2012, comme membre de l'Organisation internationale de la francophonie, l'OIF. C'est la première fois qu'une organisation de défense de la langue française fait une place à la langue arabe. Une francophonie biculturelle, bilinguiste en quelque sorte. La *Francarabophonie* est un hybride prometteur, un néologisme plein d'avenir.

Vue de Paris, cette francarabophonie a un autre parfum. Sur la messagerie de l'assassin du couple de policiers de Magnanville était écrit en toutes lettres son envoi en mission : « Faut commencer le taf : nettoyage de kouffars. » Les kouffars, c'est nous. Les « mécréants ». Le taf, c'est le travail d'élimination.

Nous sommes prévenus à chaque fois. Par les assassins eux-mêmes. Ils annoncent la couleur.

Sur toutes les images de propagande, on voit, en toile de fond, un Paris crépusculaire, une tour Eiffel chancelante, avec l'apostrophe récurrente : « Que Dieu maudisse la France ! »

Dans une vidéo tournée avant les attentats du 13 novembre, le chef du réseau Abdelhamid Abaaoud lance à tous les Français : « Nous avons été dans vos pays, nous allons vous massacrer *dans vos maisons*... Même dans votre sommeil profond, attendez-vous à ce qu'un moudjahidine surgisse pour vous tuer... Vous ne serez jamais en paix à Paris. »

Depuis les égorgements de Magnanville et le carnage de la *Baie des Anges*, nous savons que ce n'est pas du bluff...

Notre classe politique pratique l'intelligence avec l'ennemi. Elle espère encore passer entre les gouttes. Les gouttes de sang français.

XXIII

# Ils ont du sang sur les mains

Nos autorités ne nous ont pas protégés. Les conséquences de leur légèreté sont incommensurables. La peine sera lourde. L'histoire sévère. Le jugement impitoyable.

Trois générations d'hommes politiques ont livré le pays à l'islam. Comment osent-ils encore se montrer au public pour déplorer ou nier les effets des maux dont ils ont, pendant quarante ans, chéri les causes ? Ils savaient. Oscillant entre l'irréflexion et l'aveuglement, avec cette petite pointe d'exotisme qui poussait les cyniques post-modernes à aller s'encanailler en terre d'islam.

Les Français ont assisté, incrédules, impuissants, à l'incroyable séquence historique[1]. Ce fut un enchaînement fatal. Nous avons glissé le long d'une spirale qui ouvrait sur un gouffre : il y eut trois étapes dans la transplantation d'un nouveau peuple : la première fut celle des « darons », des immigrés maghrébins, celle de l'islam *en* France, contrôlé par l'Algérie et la Grande Mosquée de Paris.

La deuxième étape commença avec l'affaire du voile de Creil, que Gilles Kepel appelle l'âge des « Frères et des blédards ». Les Frères, ce sont les Frères musulmans. À partir de 1989, ils nous testent pour acclimater la charia. Ils vont connaître leur véritable apogée lorsque Nicolas Sarkozy ira les adouber au Bourget en assistant à leur congrès au printemps 2003.

Toujours plus malin que les plus malins, il me dit un jour en privé : « L'islam, j'en fais mon affaire. » Il entend construire un islam *de* France, une sorte d'islam désislamisé, c'est-à-dire une religion musulmane sans l'Oumma, la seule nationalité en islam, sans la charia, sans le djihad, sans le Coran. Un islam passé au micro-ondes de Neuilly. « Nous recevons un ami, que nous avons découvert et qui nous a découverts » s'exclame Thami Breze, le président de l'Uoif, en accueillant le ministre de l'Intérieur ovationné, ravi de l'aubaine. Il sait que, dans quatre ans, il sera candidat à la succession de Jacques Chirac, il se dit par-devers lui : « J'engrange. » Il ne connaît pas encore Patrick Buisson et ignore donc qu'il effectuera dans quelques mois un virage sur l'aile sécuritaire et identitaire, qui lui aliénera le soutien des cités pour ratisser plus large. On passera du « Je vous ai compris » du Bourget au « Je vais vous passer au kärcher » d'Argenteuil.

Jusqu'en 1989, l'islam français se vivait comme la réplique, le miroir des communautés nationales. On se retrouvait entre soi : les Algériens avec les Algériens, les Marocains avec les Marocains...

À partir des années 2000, « une nouvelle ligne de fracture apparaît : l'opposition entre les courants *salafistes*, prônant un islam séoudite, et les courants *fréristes*, se plaçant du côté du réformisme et encouragés par le Qatar ».

La troisième étape, à partir de 2004, est celle du halal, de l'espace identitaire. « Sa principale expression se traduisit par la structuration d'un marché islamique pour la viande égorgée rituellement[2]. » Les entrepreneurs du halal français ont de l'argent. Une classe aisée, islamique, française va naître. L'Arabie séoudite prend le relais du Qatar, le salafisme s'installe et va connaître une croissance exponentielle.

Personne n'a rien vu venir. La classe politique a vendu la France par morceaux. Aujourd'hui, l'impuissance publique est totale. Nous sommes devenus des fabricants de terreau terroriste qui cherchent le bon désherbant.

L'amitié avec nos généreux amis orientaux a un prix. Ils sont prosélytes. C'est leur nature, leur tradition, leur honneur. Chez eux, il y a le pétrole, l'opulence mais, par-dessus tout cela, la charia, l'Oumma, la conversion du monde à l'islam.

Par curiosité, je suis allé sur le site internet officiel qatarien *Islamweb*. Un livre y est diffusé, au titre alléchant, sur le « dialogue entre un musulman et un chrétien ». Les aveux pleuvent ou plutôt les professions de foi : « L'atout majeur que les immigrants musulmans ont apporté à l'Occident n'est par leur main-d'œuvre, mais bien l'islam qui, actuellement, est en train de *prendre racine* ici. Beaucoup de mosquées sont fondées et beaucoup de gens se reconvertissent à l'islam. Je préfère utiliser le mot "reconvertir" au lieu de "convertir", car tout être humain est né en soumission à Dieu. »

Sur le même site, *Islamweb*, on peut lire ce conseil avisé à propos des relations entre un musulman et un chrétien : « Il faut veiller à ne pas le prendre comme ami ou allié, car c'est formellement interdit par la charia ! Il faut l'appeler à l'islam et le lui faire désirer. »

La conclusion est limpide : « Gagner le cœur de quelqu'un vise à le faire passer de la mécréance à l'islam, des ténèbres à la lumière et du mensonge à la vérité. Au contraire, le prosélytisme chrétien consiste à faire passer les gens de la lumière aux ténèbres, de l'islam à la mécréance et du vrai au faux. »

En novembre 2011, l'émir du Qatar en personne a reçu en grande pompe à Doha les membres de l'Association des élus locaux pour la Diversité, l'Anald. Le lendemain, le fils de l'émir les convia à la chasse au faucon en plein désert. Ce fut un beau voyage. Cette association d'élus sous bannière communautaire, présidée par un « sarkozyste décomplexé[3] », Kamel Hamza, a convaincu le Qatar « de payer pour les banlieues ». L'émirat annonça son intention de casser sa tirelire pour les cités. C'était un jeu de rôles : les élus faisaient mine d'arracher au Qatar son argent pour triompher devant l'électeur. Et le Qatar faisait mine de le retenir pour lui donner plus de prix.

Cette stratégie des princes fut parfaitement décryptée dans les câbles américains révélés par Wikileaks : « L'ambassade à Paris et les sept missions consulaires du Qatar ont commencé à nouer, dès 2009, des relations systématiques avec les populations arabes et musulmanes françaises en *ciblant* les quartiers et institutions connus pour abriter d'importantes populations étrangères[4]. » Tout est dans le mot « cible ».

Dans chaque euro investi en France, il y a du poison néo-wahhabite : « Parce que vous êtes nos frères en religion, nous sommes là pour vous aider, vous, les indigènes de la République, les laissés pour compte, les martyrs de l'islamophobie[5]. » Voilà le message victimaire sous-jacent au mécénat qatari. Le « fonds pour les banlieues » était trop voyant. Il a été transformé, déguisé en « fonds pour les PME »... dans les banlieues, et doté de 100 millions d'euros.

Derrière cette attention touchante pour les populations immigrées, se dissimule une tactique graduelle pour asseoir l'influence néo-wahhabite sur l'islam français. Mezri Haddad, l'ancien ambassadeur de Tunisie, révèle les dessous des cartes : « Cette stratégie devient intelligible si on la soumet à la casuistique islamique du *dahîr* – le visible – et du *bâtin* – l'occulte. Le *visible*, c'est le pragmatisme économique, c'est l'amitié franco-qatarie, c'est l'incarnation d'un islam tolérant et l'appel au dialogue des religions. L'*occulte*, c'est le prosélytisme islamiste, pour porter la voix d'Allah en terre impie, c'est distiller la haine contre les chrétiens et les juifs, c'est sacrifier sa vie, sa progéniture et son argent pour le triomphe de l'islam, selon un hadith dont seuls les intégristes reconnaissent l'authenticité. »

Le visible, c'est l'achat du PSG. L'invisible, c'est le soutien discret à Tariq Ramadan et surtout, le financement des mosquées, comme celles de Nantes, de Mulhouse, *via* le Qatar Charity qui a également financé l'achat et la rénovation du lycée musulman Averroès à Lille. Le responsable du chantier de la mosquée Assalam de Nantes, Boubaker Labidi, s'est laissé aller à un aveu révélateur : « Le Qatar ? Aujourd'hui, ils sont incontournables. Bien plus que les autres États, car ils ont un rapport *affectif* avec la France. Pour nous, c'est le partenaire qui monte, qui monte[6]. »

L'invisible, c'est aussi le financement du Comité contre l'islamophobie[7] ou le centre culturel Tawhid à Saint-Denis.

Cette stratégie d'influence – le soft power – vise tous les secteurs : « les investissements du fonds souverain "Qatar Investment Authority" en France sont évalués à 30 milliards de dollars »[8].

Nicolas Sarkozy a supplié « son frère » de sauver le Paris Saint-Germain. Et le frère a cédé à la pression affectueuse. Il est devenu propriétaire du Paris Saint-Germain, en 2011. Comme Nicolas Sarkozy est ponctuel en amitié, il a renvoyé l'ascenseur en effectuant les démarches nécessaires pour convaincre Michel Platini de soutenir la candidature de l'émirat au Mondial de 2022.

Les Qataris aiment le football : arrivée en France en janvier 2012, la chaîne beIN Sports acquiert les droits de la Ligue 1 de football. Les téléspectateurs, pour suivre les matches de championnat, passeront par le Qatar. Il n'y a pas d'autre voie, beIN est une émanation de la fameuse chaîne Al Jazeera : « Rien à voir avec l'islam. » « Pas d'amalgame entre le foot et la religion ! » Si on paraphrasait Olivier Roy, il faudrait dire que ce n'est pas l'islam qui se met au foot, c'est le foot qui se met à l'islam.

Le Qatar acquiert tout ce qui se présente. Jusqu'au prestigieux Grand Prix de l'Arc de Triomphe. L'immobilier, l'industrie, le sport, tout y passe.

Avec, en filigrane, une stratégie à peine maquillée en passion sportive : il suffit de voir ce qu'est devenu le football en France. En mai 2013, le journaliste Daniel Riolo a publié un livre intitulé *Racaille football club*[9] où il raconte l'évolution de nos clubs, depuis « l'arrivée d'investisseurs du golfe Persique » : le foot est devenu un espace de conversion et de propagande, vitrine du multiculturalisme ; les tapis de prière dans les sacs, les clans qui se forment, les prières sur la pelouse, les changements de mœurs dans les vestiaires, l'introduction de la viande halal au village de l'équipe de France, et Fabien Barthez, le célèbre gardien de but des Bleus qui éclate de rire : « Maintenant, quand on entre dans le vestiaire, on se croirait dans une mosquée ! »

Les Qataris sont nos équipiers, nos équipementiers, nos managers, nos sponsors. Nous sommes sur les mêmes terrains de jeu chez nous et les mêmes théâtres d'opérations chez eux : le Qatar soutient Paris et Paris soutient le Front al-Nosra, la mouvance d'al-Qaida en Syrie, aux côtés de l'Arabie séoudite, contre Bachar. Nous sommes entre amis. Contre les alaouites, les chiites. Paris est sunnite. Je suis *Charlie*, je suis Paris, je suis qatari, je suis sunnite. Ils nous aident à gagner nos matches et nous les aidons à gagner leurs querelles de clans.

La Ligue française de football a condamné le club de Bastia à une amende parce que des supporteurs avaient osé déployer, lors d'un match contre le PSG, une banderole « le Qatar finance le PSG… et le terrorisme ».

Nicolas Sarkozy, qui a tant choyé l'Uoif, a donc un frère de dilection, le prince du parc au nom prédestiné. Il faudrait désormais dénommer le Parc des princes le « parc des *princes qataris* ». Mais un frère peut en cacher un autre. Ou plutôt beaucoup d'autres. En l'espèce, les Frères musulmans.

Alain Juppé n'est pas jaloux. Car lui aussi, il a son « frère », l'imam de Bordeaux, Tareq Oubrou. Ces deux-là s'entendent d'une amitié fraternelle. L'imam est frère parmi les Frères. Il conseille le maire de Bordeaux, il est le recteur de la mosquée de la ville. Alain Juppé s'est vanté, devant Michel Onfray, de n'avoir jamais lu le Coran. Il « fait confiance ». C'est beau comme l'antique.

En tant que ministre des Affaires étrangères, Alain Juppé plaidait déjà la cause des Frères musulmans : « Le dialogue que j'ai eu avec l'ensemble de la délégation, et en particulier avec les membres des Frères musulmans, a été intéressant et m'a permis de bien mesurer que la présentation qui est faite parfois de ce mouvement mérite d'être éclaircie et approfondie[10]. »

Aujourd'hui, l'ombre des Frères musulmans plane sur les principales écoles musulmanes sous contrat avec l'État. L'Union des organisations islamiques de France, dominée par les Frères, travaille à l'émergence d'une communauté qui négocie son insertion dans la République. Najat Vallaud-Belkacem étrangle les écoles hors contrat, qui sont plutôt catholiques et invite les écoles musulmanes à passer sous contrat pour les financer. Accord parfait. Gilles Kepel pose la vraie question : « Dans quelle mesure ce mouvement favorise-t-il une logique de rupture avec la communauté nationale ?[11] »

À cette interrogation, l'ancien militant des Frères, Mohamed Louizi, répond sans ambages, en décryptant ainsi la stratégie d'entrisme à long terme : « L'objectif, c'est bien de créer une rupture entre la République méchante et la jeunesse musulmane, afin que celle-ci ne croie plus au projet républicain. » Et Mohamed Louizi de rappeler cette déclaration, en 2008, du président de la Fédération des organisations islamiques en Europe : « On a un projet sur vingt ans. » Toutes les écoles sont déjà largement financées par l'Arabie séoudite et le Qatar. Le budget français va leur apporter la légitimité.

Mais les Frères musulmans, omniprésents dans nos zones sensibles, ont trouvé plus fort qu'eux pour wahhabiser l'islam : les salafistes. Ce sont eux qui tiennent les « Molenbeek français » où la police et les pompiers ne pénètrent plus. Le ministre de la Ville, Patrick Kanner, a précisé ce qu'il entendait par les Molenbeek français : « C'est une concentration énorme de pauvreté, c'est un système ultracommunautariste, c'est un système *mafieux* avec une économie souterraine, c'est un système où les services publics ont quasiment disparu, c'est un système où les élus ont baissé les bras. »

Un système mafieux ? La présence ostensible de cette mouvance radicale, « favorisée par l'accoutrement spécifique des adeptes, relève d'un réseau nouveau et fulgurant, qui exprime une rupture en valeurs avec la société française, une volonté de la subvertir moralement et juridiquement qu'il serait illusoire de dissimuler et qui pose des questions essentielles »[12].

Selon le président du Centre d'analyse du terrorisme, Jean-Charles Brisard, « quatre-vingts départements français sont aujourd'hui concernés par ce phénomène de radicalisation, c'est-à-dire l'intégralité du territoire[13] ». La salafisation de la France touche les villes mais aussi les campagnes. On découvre que, pour pratiquer un islam qualifié de « sain », des familles salafistes vont s'installer dans de petites communes rurales. Jean-Charles Brisard les décrit ainsi : « Ces familles décident de vivre en autarcie pour pratiquer cet islam rigoriste, à la fois sur le plan social, vestimentaire, alimentaire, etc.[14] » Certains imams salafistes incitent les musulmans qui les approchent à « créer des *villages* musulmans ». La conquête est en marche. Demain, personne n'échappera à l'onde de choc du salafisme.

Dans toute l'Europe, la tension monte. Les prêches se font plus explicites. Le 23 novembre 2015, l'imam de Montpellier, Mohammad Khabatti, suppliait Allah de soutenir ses moudjahidines et prédisait : « Le musulman est un *géant endormi* ; et s'il se réveille, malheur à celui qui se trouve à côté, parce qu'il restaurera la gloire de l'humanité. »

Les rapports de nos services, qui s'accumulent sur le bureau du président de la République, réévaluent chaque trimestre les chiffres des mosquées contaminées par le salafisme. J'ai pu me procurer ces chiffres. Ils sont terrifiants. Le mardi 22 décembre 2015, le Renseignement français décrivait comment, « depuis plusieurs années, la mouvance salafiste, qui cherche à accroître son influence, s'est lancée à la conquête des lieux de culte musulmans. Ne disposant pas de fonds suffisants pour créer leurs propres structures, ces fidèles radicaux usent de méthodes offensives pour déstabiliser les mosquées existantes et en prendre le contrôle. Actuellement, sur les 2 363 lieux de culte recensés sur le territoire national, quelque 124 relèvent de cette obédience contre 90 comptabilisées en avril 2014. » Si l'on y ajoute les mosquées qui se trouvent dans les zones couvertes par la Préfecture de police, il faut doubler ce chiffre : deux cents mosquées salafistes en France aujourd'hui.

Partout s'installe un ordre salafiste, frayant avec les caïds. Il s'exprime par une pression religieuse qui relève très clairement des logiques de « contrôle de territoire[15] » que connaissent très bien les spécialistes de la mafia.

On entend dans nos banlieues le même avertissement que celui de Sharia4Belgium : « Préparez-vous à déménager. Les musulmans sont venus pour rester. »

Le foyer qui alimente l'expansion salafiste se trouve chez nos amis de l'Arabie séoudite. Son prosélytisme s'appuie sur la Ligue islamique mondiale et l'Université islamique de Médine.

En France, le bureau de la Ligue est basé au sein de la mosquée de Mantes-la-Jolie ; et le centre islamique est à Évry. La Ligue a pour objectif de « délivrer l'homme du joug du polythéisme ». Or, pour l'islam, le christianisme est un polythéisme.

En vertu de son statut d'ONG, la Ligue est membre de l'Unesco et de l'Unicef. L'Arabie séoudite peut ainsi mener « une para-diplomatie identitaire et confessionnelle[16] ».

En outre, la Ligue tient les rênes du Conseil supérieur mondial des mosquées, chargé de la construction des lieux de culte.

En France, le Conseil a financé ainsi la mosquée de Lyon,

Hérouville, Lille, Mantes-la-Jolie, etc. Chaque année, le Conseil reçoit dix à vingt demandes d'aide financière provenant de toute la France et en accepte quatre ou cinq[17].

Les Séoudiens prennent leur temps pour une conquête lente et sereine : la Ligue pose ses jalons. Son calendrier n'est pas le même que le nôtre, selon le directeur de la revue *Islam de France*, Michel Renard : elle est persuadée qu'elle pourra convertir une grande partie de la population française dans les années à venir. Elle procède par petits coups de boutoir. Comme à Strasbourg, où le ministre des Affaires islamiques d'Arabie séoudite, Saleh bin Abdul-Aziz Al ash-Sheikh, est venu proclamer : « La charia doit être pour la nation islamique la source de toute législation… Elle s'applique à tous les aspects de la vie, en tout lieu et en tout temps. »

La nouvelle arme du salafisme séoudien, c'est la télévision. Grâce au bouquet TV musulman de Globecast, les chaînes séoudiennes Iqraa et Al Majd servent de relais à la diffusion de toutes les tendances de salafisme. Une vingtaine de chaînes satellitaires arabes diffusent des émissions religieuses 24 heures sur 24. À celles-ci, il faut ajouter 34 000 sites internet salafistes. Cheikh Bentounès, le chef de la confrérie soufie Alawiyya, souligne ainsi : « Le pire, c'est internet. Ces sites tiennent un discours piétiste et littéraliste, un prêt-à-penser islamique qui annihile toute réflexion. »

L'ancien directeur de la DST, Yves Bonnet, s'est un jour indigné : « On n'ose pas parler de l'Arabie séoudite et du Qatar. Mais il faudrait peut-être aussi que ces *braves gens* cessent d'alimenter de leurs fonds un certain nombre d'actions préoccupantes. » Ah les braves gens ! Ce sont nos amis. Ils nous entretiennent. Ils nous commandent chez eux. Ils nous commandent chez nous. Et ils commandent les attentats où ils veulent, quand ils veulent. Ils nous méprisent. L'islam n'aime pas les lâches. Après l'assassinat des policiers à Magnanville, le site *Dar el-islam* a titré : « La France à genoux ».

J'accuse nos dirigeants d'être les responsables indirects des attentats passés et à venir. Je les accuse de complicité objective et parfois subjective. Ils savent que leurs amitiés sont peu recommandables. Ils savent qu'ils sont devenus les esclaves de nos clients. Ils savent que notre pays est en voie d'être conquis. Ils savent qu'ils répondent à l'ancien chef d'inculpation de feue la Haute Cour : « Intelligence avec des puissances étrangères ».

Pourquoi font-ils cela ? Pourquoi trahissent-ils la France ? Parce qu'ils ne l'aiment plus. Ou ils en aiment une autre. En d'autres temps, leur forfaiture leur eût valu le blâme de la nation et la dégradation civique.

L'histoire les jugera. Ils ont du sang sur les mains. Avec ce livre, j'ai voulu mettre en perspective ce qu'ils ont fait, ce qu'ils ont défait. Et, pire encore, ce qu'ils se préparent à faire. Car nous ne sommes qu'au début.

XXIV

# Le ventre mou

La France a été désignée comme la cible des cibles de l'Europe, le maillon faible, le fameux *ventre mou.*

En mars 2015, le porte-parole de l'État islamique, Mohammed al-Adnani, dévoile le plan de domination mondiale ; il commence par la France : « Nous voulons, avec l'aide d'Allah, Paris avant Rome et avant al-Andalus. Après, nous noircirons votre vie et ferons sauter votre Maison-Blanche, Big Ben et la tour Eiffel, avec l'aide d'Allah... Nous voulons Kaboul, Karachi, le Caucase, Qom, Riyad et Téhéran. Nous voulons Bagdad, Damas, Jérusalem... Les musulmans doivent reprendre le pouvoir partout. »

Pourquoi la France est-elle en première ligne ? Parce qu'elle est, selon les islamistes, le pays des « deux religions » hostiles à l'Oumma : la religion des Croisades et celle de la Laïcité[1]. La très officielle revue *Dar el-islam* donne le ton : « Pendant la période que les historiens nomment l'Ancien Régime, la France a combattu l'islam à travers les croisades. Elle n'en fut pas une simple partisane mais bien l'instigatrice. La première croisade a été provoquée par la propagande d'un pape français, Urbain II, qui est rentré en France pour appeler le clergé et la noblesse à combattre l'islam... Après la Révolution de 1789, fomentée par les loges maçonniques, la France s'est trouvé une autre religion, tout aussi mensongère et idolâtre que le catholicisme romain. »

Dans son communiqué du 13 novembre revendiquant les attentats de Paris, l'État islamique se félicite « qu'un groupe de soldats du califat ait pris pour cible la capitale des abominations et de la perversion, celle qui porte la *bannière de la Croix* en Europe, Paris... » La France est *chrétienne*, c'est la « Fille aînée de l'Église », c'est le pays des Francs, le pays des Croisés.

Et, pour les djihadistes, la France d'aujourd'hui, la France laïque est un peu la « grande prostituée de l'Apocalypse ». Deux raisons de la combattre. Frapper Paris, c'est d'abord se souvenir. « C'est, comme le dit Pierre Vermeren, rappeler la faute des Pères, et frapper l'insolence de la capitale des femmes, de la légèreté et d'un indéfinissable mélange de *catholicité* et d'*impiété*. L'État islamique nous frappe moins pour ce que nous faisons que pour ce que nous sommes[2]. »

Bien sûr, il y a aussi le refoulé colonial : « La France a occupé le Maghreb, l'Égypte, et lors de la campagne de Napoléon, une partie du Cham. » Le Cham, c'est le Levant, la terre sacrée pour l'islam.

Donc, la France est punie pour tout cela. C'est justice. Le temps de la revanche a sonné. Pauvre pays penaud qui se laisse accuser, noircir l'âme. Un pays éreinté qui entretient lui-même le feu du mépris. Comme dit l'historien Guy Pervillé : « Tant qu'on apprendra dans nos écoles que les Français ont tué un million d'Algériens pendant la guerre, ce qui est faux, on ne fera que perpétuer la haine de notre pays[3]. » Un pays las de lui-même qui en est venu à vomir ses héritages.

Combien de temps encore allons-nous nous décroiser et battre notre coulpe sur la poitrine de nos ancêtres ? Le fond du grand reproche des islamistes tient à ce que nous sommes le pays des Francs. Français, Franc, même racine, même crime de lèse-islam. « Les Francs sont des envahisseurs, disent-ils.

Des infidèles, des mécréants. La tache est indélébile. La France doit être châtiée. » Aujourd'hui pour hier. Les fils pour les pères. Car il n'y a ni passé ni futur. Tout n'est que présent continu. Comme le Coran. Dans l'anthropologie de la religion musulmane, la parole incréée abolit le temps. Et la personne humaine n'existe pas hors de la communauté. Contrairement aux Évangiles, l'Oumma prévaut sur l'être humain. On peut aujourd'hui même demander des comptes sur hier, un hier qui a mille ans.

Il y a, de la part de l'islam, une certaine noblesse à assumer les trois temps à la fois. Et il y a, chez nous, au contraire, de la veulerie à rejeter le passé qui nous gêne. Il faut assumer, l'islam ne respecte que les peuples fiers qui assument. Pas les lâches, les renégats qui apostasient.

Dans chaque communiqué de l'État islamique, la « croisade » revient comme un leitmotiv. Comme un doigt tendu sur notre être profond.

Beaucoup de Français croient à la proclamation absolutoire, affichée par nos élites : « Nous n'avons rien à voir avec vos accusations, vos soupçons, vos reproches. Rien à voir avec la chrétienté. Et surtout rien à voir avec les croisés, avec la croisade. Rien à voir avec le pays des Francs. Et finalement, rien à voir avec notre histoire, avec nos lignées. Rien à voir avec la France de toujours. »

Le reniement ne sert à rien. Aux yeux de l'islam accusateur, il renseigne sur la couardise qui s'ajoute à la « mécréance ». Plus nous reculons, plus ils avancent. Les terroristes ont gagné : nous sommes tous terrorisés.

D'une main tremblante, de tout mon être, oserai-je dire que j'aspire à une France qui assume, qui sorte d'elle-même par le haut, qui ne se consume plus en une vile contrition jusqu'à rendre l'âme ?

J'appartiens à cette génération, anéantie dans son être, la première qui n'a jamais couché dehors, qui n'a jamais approché le souffle des tempêtes, une génération abrutie, qui a peur de tout, qui a honte de tout. Qui ne sait plus tramer ses rêves ni broder l'étoffe de ses songes dans un imaginaire chevaleresque, qui n'a pas appris à vivre de pensées gratuites et de gloires désuètes. Et ne cherche ses jeux que dans le présent futile, une génération d'incuriosité qui en est venue à ignorer que les hautes pensées sont à chercher sur les hauteurs, sur les escarpements de la grande histoire, celle de nos Pères.

Oserai-je l'avouer ? Il m'arrive, certains soirs, de vagabonder vers les temps interdits par l'historiquement correct, vers les époques bannies par la censure officielle et de repartir aux croisades. J'aime cette France-là, de lumière vive et de tendresse rugueuse, qui ne doute pas et qui, pendant des siècles, a nourri les grandeurs intimes du poème français. La couronne d'épines, la Sainte-Chapelle nous inondent encore aujourd'hui de leurs clartés. La France du Levant, la France du Couchant, la lumière de l'Orient. Je ne regrette pas cette période. Je n'en rougis pas. Je ne rougis pas de mes ancêtres.

Oui, les Francs sont partis là-bas, en terre de promission. Non pour la conquérir mais pour la libérer. Ils se sont croisés. Ils avaient de l'humeur, de la grandeur. Tout au long du chemin, la gourde à la main, ils psalmodiaient :

*Si je t'oublie jamais,*
*Ô Jérusalem,*
*Que je sois moi-même*
*Oublié des hommes.*

C'était un serment. Ils prenaient tous les risques. Ils croyaient. Ils avaient du feu aux entrailles. Ils ont vécu. Ils ont péri. On a perdu leur trace. Ils ont foulé cette terre avant nous, qui était leur terre d'affection et qui fut leur terre de partance. C'étaient nos aïeux. Ils abritaient dans leurs cœurs les affres du salut, entre la Jérusalem céleste et la Jérusalem terrestre. Toute leur vie était « orientée », tournée vers le Golgotha, vers l'Orient. Ils ont quitté leurs tranquillités pour aller délivrer le Saint-Sépulcre, la Ville sainte des Francs moissonnée par l'épée. Jérusalem appelait au secours. La Syrie franque allait mourir.

L'islam débordait de tous côtés : des rivages de l'Asie, des côtes de l'Afrique, de l'Orient au Couchant, il s'était élancé vers l'Occident ; il s'était imposé en Sicile, en Calabre. Il régnait partout. Il fallait se rendre là-bas, prévenir les profanations, arracher, une nouvelle fois, le Tombeau du Christ des mains des Infidèles, rétablir la route des pèlerins. L'affrontement fut sans merci.

Ce n'était pas une guerre de colonisation. C'était une résistance à l'expansion de l'islam qui menaçait les Lieux saints. La frontière de la Chrétienté était alors baignée par les eaux du Jourdain. C'était une guerre de reconquête, pour protéger les chrétiens d'Orient. Déjà. C'était une promesse française, celle de Saint Louis.

Alors la fleur de seigneurie du monde est partie là-bas, avec une simple laine sur le corps. Les paysans, eux aussi, ont laissé leurs prés et leurs vergers pour l'autre jardin, celui des Oliviers.

Bientôt, les distinctions vont s'effacer. Les voilà qui marchent tous ensemble, pieds écorchés, couverts de poils de chèvre ou de peaux de lièvre, ils portent leurs pas au-devant de la souffrance, dans l'absolu dénuement.

Tous ces chevaliers, tous ces paysans, renoncent à leurs affections. Ils partent avec un cœur de pauvre, ils quittent les semailles, les moissons à venir. Ils savent d'instinct qu'ils ne verront jamais la récolte. Ils n'ont pas osé se retourner de peur que leur humeur ne s'abîme sur tout ce qu'ils laissent, leurs tendresses, leurs amours… Ils ont disposé leur cœur pour ce passage outre-mer, comme pour un voyage sans retour, en lisière de leur propre vie : « On se reverra un jour… au Ciel. »

Il ne faut pas salir ces figures d'humanité vraie, parfois cruelle et dévoyée, qui étaient aussi des âmes compassionnelles et qui sont mortes au nom d'un monde qui était le leur, mais aussi le nôtre, celui qui a bercé nos enfances et nos civilisations intimes, la chrétienté. Saint Bernard, Saladin. L'élégance, de chaque côté, était au rendez-vous de l'honneur. Chaque partie défendait son Dieu et mettait justement l'honneur au-dessus même de la vie.

La croisade en Orient est finie depuis longtemps, mais le djihad, lui, commence à peine. L'État islamique prépare de longue date sa cinquième colonne. En septembre 2014, le porte-parole de Daech a exhorté les musulmans de France : « La foi islamique est fondée sur le principe d'*al-wala wal-bara* – la loyauté envers les musulmans et l'hostilité envers les infidèles. Que ceux-ci soient des combattants ou des civils est sans importance. La sentence est la même : ce sont tous deux des infidèles, tous deux des ennemis. Le sang des deux est permis », ou encore : « Nous promettons aux bastions chrétiens qu'ils continueront de vivre dans un état d'alerte, de terreur, de peur et d'insécurité. Vous n'avez encore rien vu. »

En février 2015, un djihadiste français renouvelle les appels au meurtre dans une nouvelle vidéo de Daech[4] : « J'engage tous mes frères en France et en Europe à défendre notre religion. Alors, si vous ne pouvez pas aller en Syrie, agissez sur place ; tuez-les au couteau, crachez-leur au visage avant, mais débarrassez-vous d'eux. Les musulmans, en France, vous êtes des milliers, et vous pouvez faire des carnages. » L'assassin des policiers de Magnanville s'était entraîné avec son groupe dans une forêt de la région parisienne. Il s'est initié à l'égorgement sur des lapins[5]. Il est maintenant recommandé d'utiliser toutes les armes quotidiennes : le couteau, la hache, le camion, comme à Nice.

Selon un rapport remis aux plus hautes autorités par Patrick Calvar, le patron de la direction générale de la Sécurité intérieure, la DGSI, « La France est aujourd'hui, clairement, le pays le plus menacé ». « Nous savons, explique-t-il, que Daech planifie de nouvelles attaques, en utilisant des combattants sur zone. » Mais surtout il ajoute : « Nous risquons d'être confrontés à une nouvelle forme d'attaque : une campagne terroriste caractérisée par le dépôt d'engins explosifs dans des lieux où est rassemblée une foule importante, ce type d'action étant multiplié, pour créer un climat de panique. » Et il annonce que, bientôt, les actes de guerre vont déclencher « des affrontements inter-communautaires ».

Le terrorisme vient de l'extérieur. La radicalisation vient de l'intérieur ; le patron du Renseignement glisse dans ses notes cette formule sibylline : « Je crains cent fois plus la radicalisation que le terrorisme. Si on ne raisonne qu'en termes de sécurité, on va dans le mur. La sécurité est en effet une sorte de Samu. Or, un Samu a pour mission de vous conduire vivant à l'hôpital mais pas de vous soigner. »

Selon un commissaire de la même direction de la Sécurité intérieure, nous en sommes au troisième échelon tactique : le premier, ce fut l'arrivée d'un million de nouveaux migrants en Europe. Le second, ce fut l'infiltration de plusieurs combattants parmi les réfugiés pour frapper Paris puis Bruxelles. Le troisième vise à installer en France l'insécurité permanente, par l'intervention sur place de terroristes français, comme à Nice, qui ne seront jamais allés en Syrie et dont le profil sera choisi pour qu'ils soient au-dessus de tout soupçon. Un casse-tête pour les services de renseignement. Ce sont des jeunes gens radicalisés sur place, formés à domicile. Ils restent à la maison. Dans un de ces milliers d'îlots allogènes et hostiles qui sont devenus les « territoires perdus ». Parmi les proches. Noyés dans la foule. Des poissons dans l'eau. Indétectables. Abballa, le tueur de policiers, qui s'est rendu à leur domicile, est le premier de la série. Le tueur de Nice ne fut que le second. Dans cette nouvelle forme de terrorisme, il n'y a plus d'ordre à recevoir, plus de consigne à attendre. On est directement connecté avec les réseaux.

Toutes les instructions sont sur la toile, à la disposition du djihadiste. C'est l'*ubérisation du terrorisme.*

Ces enfants du nouveau djihad ont été abreuvés par une contre-culture violente importée des États-Unis, c'est l'esprit « racaille » ; souffrant de leur manque d'identité, en sécession psychologique, ils s'appellent eux-mêmes d'un mot que les Français avaient oublié, des « bâtards ». Ils s'approprient progressivement un territoire, ils en tiennent les murs et se sentent chez eux. Ils font du business avec la drogue. Cette jeunesse désaffiliée qui rappe anti-France, constitue du gibier précieux pour le salafisme, qui vient les chercher quand ils sont à point, aspirent au rachat, alors disposés à devenir les fiancés de la mort, tout près du paradis d'Allah.

Après Bruxelles, c'est la France qui apparaît désormais comme la zone de basse pression juridique, policière et politique. On y trouve la combinaison explosive de trois ingrédients : l'autoségrégation, la complaisance des autorités, comme en Belgique où le maire de Molenbeek a regretté de n'avoir pas assez pratiqué la fameuse « mixité sociale », enfin et surtout le renoncement au creuset de l'assimilation.

La classe politique ne réagit pas. Elle a choisi l'esbroufe. Elle sait tout mais elle ne veut rien faire. Ce ne sont pas les avertissements qui manquent. L'ancien directeur central des Renseignements généraux, Yves Bertrand, qui était une figure, un patriote inquiet et aussi un ami, m'avait remis une note d'anticipation dans laquelle il résumait la *stratégie salafiste* pour la France : Le premier objectif est de créer les conditions d'un séparatisme culturel, par l'instrumentalisation des thématiques : « *Eux contre Nous* ». Fabriquer partout du repli identitaire et venir y loger de belles amertumes.

Le second objectif est de pallier les carences de la puissance publique pour opérer un quadrillage. Le secrétaire général du syndicat Synergie Officiers, Patrice Ribeiro, a récemment pointé du doigt cette implosion des structures publiques : « Petit à petit, les salafistes ont envahi tous les domaines de la vie publique. Ils se sont substitués à l'État pour ce qui est du soutien scolaire ou du sport. Ils ressassent les mêmes techniques avec lesquelles ils sont arrivés à se répandre dans des pays du Moyen-Orient. C'est très inquiétant. »

Le troisième objectif touche au compagnonnage avec les élus : il s'agit « d'utiliser la sensibilité, la *fragilité* des élus locaux et le poids du vote musulman, puis d'installer partout des *interfaces* pour devenir une force instituée, donc un interlocuteur ».

Enfin le quatrième objectif vise à pénétrer le champ économique et social, par la finance islamique et le commerce halal, afin de faire émerger une nouvelle génération de notables qui composeront une contre-société bourgeoise, policée, d'endormeurs de sentinelles, désarmant méfiance et vigilance.

Le but ultime de cette stratégie, c'est de faire plier la France. Pour que le peuple demande à ses dirigeants de trouver un « compromis pacifique ».

XXV

# Le nouvel Édit de Nantes

Au milieu du XXe siècle déjà, la doctrine était fixée, écrite par le grand théoricien des Frères musulmans, Sayyed Qotb. Il entendait ériger le djihad offensif en sixième pilier de l'islam. Afin d'instaurer un monde complètement soumis à l'islam, où régnerait la charia. *Un monde gouverné par un califat universel.* La ligne de fuite des islamistes, aujourd'hui, est bien celle-là. Daech se situe « dans la perspective d'une guerre d'enclaves, susceptible d'amener à l'établissement du califat sur les ruines fumantes de la civilisation occidentale[1] ».

Les djihadistes inscrivent leurs actions dans la longue histoire de l'islam : le *califat* est considéré comme la mère des institutions de l'islam. Il convient donc de créer un modèle de califat et, ensuite, d'imiter le modèle en le déclinant aux quatre coins du monde.

Le califat, c'est le retour à l'âge d'or fantasmé de l'islam conquérant, avec l'idée de revenir au modèle social et politique du VIIe siècle, au message authentique de l'islam délivré par le Prophète.

J'ai découvert la vidéo d'une conférence du recteur de la mosquée de Bordeaux, Tareq Oubrou, le grand ami d'Alain Juppé – le *dhimmi.* Voilà ce qu'il dit : « Le califat est une *obligation* et la réunion des musulmans, l'union autour de ce calife est une obligation. Et tant que les musulmans ne sont pas réunis autour du califat, ils sont des pécheurs, sauf ceux qui œuvrent pour *instaurer ce califat.* »

Il déclare par ailleurs : « L'État, ce n'est pas un but des Frères musulmans, l'État, c'est un moyen de plaire à Allah... Il ne faut pas se tromper d'objectif, c'est Allah qu'on cherche. C'est parce qu'Allah nous a demandé de construire des individus musulmans, des familles musulmanes, des sociétés musulmanes, des États islamiques, un califat islamique qui réunit tous les États islamiques, c'est parce qu'Allah nous a demandé de faire ça qu'on le fait. »[2]

Le plan qui est en préparation dans les milieux salafistes dessine une stratégie très claire qui parie sur le défaitisme de nos dirigeants désemparés et l'acquiescement de nos élites et cléricatures. Il s'agit de réunir, le jour venu, des petits morceaux d'islam du *Dar el-Harb*, la « Demeure de la Guerre », pour y obtenir ensuite la permission d'y pratiquer la charia. C'est-à-dire d'obtenir, par soustraction à la loi française, un *statut légal* pour les petites terres d'islam autour des mosquées de quelques zones géographiques, afin de réclamer qu'on accorde le droit au fait.

Selon le Renseignement, les salafistes imaginent un « *nouvel édit de Nantes* » : une sorte de *décalque* de celui qui fut accordé aux protestants en 1598, avec 160 villes, villages, châteaux, devenus des places de sûreté : La Rochelle, Montpellier, Saumur, etc. « Il s'agissait de la constitution politico-religieuse d'une minorité érigée en indépendance à l'instar d'une principauté[3]. » En quelque sorte, un *État dans l'État* : mais les deux religions avaient un pied mère commun, le christianisme. C'était la même civilisation.

L'idée est habile, parce qu'on va ainsi chercher dans notre histoire un précédent connu et ressenti comme positif pour légitimer, dans un tout autre contexte, une novation qui prend des allures de prudente et sage redite.

Le nouvel édit de Nantes accordera des places fortes – autant dire des cités – à l'islam intégral ; il s'agira d'une partition du territoire. La France abandonnera, plus ou moins sans le dire, le principe constitutionnel de l'intégrité territoriale.

L'impéritie, l'incurie, l'inconscience de notre classe politique nous conduisent tout droit à cette *partition.* « À force d'utiliser *ad nauseam* le mot-écran de radicalisation, à force de brandir le tabou de "l'islamophobie", on s'est interdit de penser la nature du défi djihadiste[4]. »

Surtout, on s'est interdit toute compréhension du phénomène, toute anticipation. On a succombé au désarmement moral. On a menti aux Français. On a inventé une sémantique du mensonge.

Que feront nos dirigeants du moment, quand ils se trouveront face à la revendication ultime de cette sécession pacifique ? On sait ce que leurs aînés ont fait. Ils se sont inclinés. À chaque demande, ils ont cédé. Alors les dirigeants du moment feront de même. Ils signeront. Ils signeront la grande *concession* : ils lâcheront un bouquet de belle composition dans lequel ils auront pris soin de mettre de la variété « ville-campagne ».

Chez les islamistes, la liste est déjà prête. Elle n'est qu'indicative, non exhaustive. Nos élus céderont des villes sous influence comme Trappes, la cité des cinquante jeunes partis en Syrie, où les femmes se cachent sous des robes sombres et amples assorties à leur hijab, où les hommes portent longue barbe et kamis, la tenue salafiste. Trappes ainsi mise à l'honneur, la ville qui avait été le théâtre des premières émeutes religieuses de France en juillet 2013, à la suite d'un contrôle d'identité d'une femme portant le voile intégral qui avait mal tourné.

Bien sûr, il y aura Roubaix, avec ses six mosquées, et sa brillante réputation de laboratoire de commerce halal... selon le *New York Times,* le « modèle de la France multiculturelle de demain ». La ville du premier Quick halal. La ville du niqab qui ne laisse voir que les yeux.

Il y aura aussi, pour faire bonne mesure, dans cet échantillon de France concédée, des bourgades rurales, comme Châteauneuf-sur-Cher, où s'est installée une communauté islamique modèle, un village musulman type.

Peut-être y aura-t-il, parmi les places de sûreté, le village d'Artigat, en Ariège, où réside l'« émir blanc » qui a des titres à faire valoir. Lui qui impressionnait Mohamed Merah, il est le mentor du salafisme toulousain.

Sans doute inclura-t-on sur la liste de l'édit des bourgades archétypales comme La Garde-Freinet, dans le Var, en souvenir de son passé glorieux puisqu'elle fut la tête de pont établie par les Sarrasins, d'où ils menèrent leurs razzias aux IXe et Xe siècles. Elle deviendrait « ville emblématique » de la reconquête musulmane, de la Gaule arabo-berbère. Qui plus est, au cœur du massif des Maures.

Il y aura aussi des enclaves, comme la « rue Jean-Pierre Timbaud » à Paris, qui est déjà un « territoire islamique », où une journaliste du « Petit Journal » qui était venue en curieuse, à la suite du livre de Géraldine Smith[5], fut apostrophée par un passant : « J'espère que l'an prochain, je te vois avec un voile. Tu dis "Allah, pardonne-moi". »

Décines, dans le Rhône, pourra faire valoir que son groupe scolaire « Al Kindi » est le seul établissement en France où résonne l'appel à la prière et où est mis en œuvre un immense projet de centre culturel islamique avec de nombreuses salles de cours pour « l'enseignement religieux, les cours de langue arabe, de civilisation arabo-musulmane ».

Et puis il y aura Marseille. La ville de Notre-Dame de La Garde est prête pour le grand passage. Les mosquées salafistes ont le vent en poupe. Dans la cité Air Bel, surnommée « la petite Kaboul », des fidèles ont mis à disposition « des locaux non religieux tels que des clubs de sport, des gymnases privés ou des salles de restaurant pour la tenue de discours d'endoctrinement[6]. » À la mosquée du Consolat, l'imam « tient des discours communautaristes et appelle ses fidèles à se détourner des voies occidentales. À l'automne dernier, au cours de ses prêches, il a insisté sur la nécessité d'opérer un repli communautaire et de ne pas côtoyer des mécréants, conseillé aux jeunes filles de s'abstenir de toute pratique sportive car, a-t-il ajouté, certains efforts sont susceptibles de rompre leur virginité[7] ».

Dans toutes ces places fortes qui vivent déjà dans l'esprit du califat, la charia deviendra une situation non plus de fait mais de droit, sur le modèle anglais : au Royaume-Uni, au moins une trentaine de tribunaux islamiques – les charia's courts – officient en accord avec le Home office. Il faudra accepter l'instauration de tribunaux islamiques, l'interdiction de sonner les cloches, l'inscription de la religion à l'état civil, la destruction des calvaires, l'interdiction de processions autres que musulmanes, la transformation en mosquées de toutes les églises où le culte chrétien n'est plus pratiqué, l'autorisation de la polygamie donnant accès à toutes les prestations sociales, le port du voile obligatoire, la lapidation de l'adultère.

Il suffira, plus tard, de réunir « les grains du chapelet » : les places de sûreté concédées se relieront entre elles par un trait d'union progressif. Et peu à peu c'est toute la France qui connaîtra la « soumission ». Voilà ce qui est devant nous.

On a cru à la paix perpétuelle. C'est fini. On n'y croit plus. Il y a des soldats dans la rue. Donc ce n'est plus la paix. On est attaqué à la kalachnikov, c'est une arme de guerre.

Certes, la confrontation est asymétrique, comme disent les spécialistes. Mais elle est bien là. Donc nous sommes en guerre. On voudrait croire qu'on est en 1914. D'ailleurs, la manifestation du 11 janvier 2015 s'est faite sous le signe de l'« Union sacrée ». Ce fut un sursaut populaire qui mit dans la rue tout le bleu horizon de l'active et de la réserve, s'écriant à l'unisson : « Ils ne passeront pas ! » Sauf qu'au lieu de jurer : « Ils n'auront pas l'Alsace et la Lorraine », toutes ces belles poitrines exposées au péril des caméras criaient : « Ils n'auront pas ma haine ».

Ce pacifisme tonitruant – bouche en cœur et menton haut – relève d'une forme post-moderne de témérité médiatique qui habille la veulerie des soldats de Koh-Lanta. Juste avant la poudre d'escampette et la débâcle. En 1914, c'est tout le monde dans la *tranchée*. Aujourd'hui, c'est tout le monde au *supermarché*.

En réalité, on n'est pas en 1914. Il n'y a pas d'« Union sacrée ». On est en 1940. Comme à l'époque, le pays est anémié, même si on sort les drapeaux et qu'on en distribue aux petits enfants. Notre pays connaît un affaissement mental de ses élites qui l'entraînent à de désastreux compromis. Personne ne veut se battre. Comme Marcel Déat, personne ne veut « mourir pour Dantzig ». Personne ne veut mourir pour Raqqa ou Magnanville. Et on entend l'islamo-gauchisme qui donne le ton : « plutôt verts que morts ».

Alors on désignera le jour venu un Daladier de service pour aller négocier la paix. La paix à tout prix. Comme à Munich en 1938. Même s'il faut lâcher un bout du territoire, on le lâchera. Justement pour avoir la paix. Il y aura toujours de bonnes consciences pour recommander « l'apaisement », cet *appeasement* britannique qui força Daladier à se ranger à la vision pacifique des Anglais face à Hitler en 1938. Chacun y verra son petit avantage. Comme en 1940, s'organise la fatale rencontre de tous les fléchissements et de l'esprit de défaite.

D'abord, il y a ceux qui considèrent, comme déjà à l'époque un Drieu La Rochelle, que « le temps des patries est fini ». Que le multiculturalisme est la forme aboutie de la cosmopolis – la cité planétaire – et que nous entrons ainsi dans l'ère de la « mondialisation heureuse » des ludions post-identitaires.

Ces gens-là n'attendent, depuis des années, que de pouvoir saluer le grand brassage, l'abolition de toutes les barrières, limites et médiations, la fin de l'homme déterminé, normé, borné. Ils guettent les temps à venir de l'homme-nomade et d'une humanité mobile, désinstituée, déliée, sortie de l'humus. L'hédonisme absolu : l'homme littéralement sans gravité.

S'il faut passer par la parousie de « la radicalité » pour muter ainsi vers une nouvelle humanité et accoucher du nouveau monde communautaire qui balaie l'ancienne société pour l'Oumma universelle, et si c'est par la voix du muezzin que doit être annoncée la bonne nouvelle des funérailles de l'Occident, alors va pour le muezzin.

« On ne regrettera pas les cloches », ajouteront de leur côté les laïcards qui voient dans l'islamisme une force d'appoint pour se débarrasser des dernières chrétientés. Sans comprendre qu'ils scient la branche sur laquelle ils sont assis. Peu importe, se disent-ils, qu'on aille chercher les démons pourvu qu'on en finisse avec l'eau bénite. On se sert du muezzin pour virer le sacristain. Comme, *mutatis mutandis*, on préférait Hitler à Staline. On connaît la formule « Je souhaite la victoire de l'Allemagne parce que, sans elle, le bolchevisme déferlerait sur l'Europe ». Entre deux maux, on prétend choisir le moindre. On préfère l'imam au curé, la djellaba plutôt que la crèche.

Bien sûr, il y a aussi les Briand du moment qui, comme celui qu'on appelait le « violoncelle », déclarent « la guerre hors-la-loi ». Avec le succès que l'on sait.

Et puis il y a tous ceux qui ne pensent rien. Parce que, pour eux, la France n'est plus rien. On a cessé de leur en parler depuis tant d'années ! On leur a inculqué les « valeurs de la République », fixées sur le néant, l'abstraction, le hors-sol de Bruxelles, l'évangile des droits de l'homme qui donne la préférence au lointain sur le voisin et qui incrimine la frontière comme une séparation, une exclusion, un égotisme monstrueux. Ceux-là adhèrent à la vindicte lancée contre tous les esprits lucides qu'on traite d'islamophobes. En 1940, on traitait déjà les premiers résistants de « terroristes ».

Toutes les consciences morales excommunient depuis des

années « les tenants de l'enfermement », en réalité les défenseurs des attachements vitaux. Les plus hautes autorités spirituelles de l'Occident elles-mêmes, soucieuses d'ouverture au monde, appellent, depuis Lesbos, à l'Accueil de l'Autre, surtout s'il est musulman, et suspectent la référence à une « hyper mémoire aliénante ».

Enfin, il y a tous les *dhimmis* de sacristie, entrés en soumission, qui mettent leurs ardeurs au service de l'esprit de compromis et qui, par-devers eux, pensent que l'islamisation a du bon. Ils se disent que, déjà, dans la rue, à la « Manif pour tous », tous les croyants se sont donné la main. Mieux vaut un autre Dieu que le nôtre, pensent-ils, plutôt que l'absence de Dieu dans l'État.

Il y aura beaucoup de monde, le jour venu, derrière les signataires de l'armistice. Les laïcards, les apôtres de la parousie migratoire, les universalistes qui préfèrent l'Oumma aux « petites patries », etc. Le chœur de tous les abandons, la symphonie du vide et de la moraline.

Heureusement, il y a aussi le peuple. Il se tait. Il se terre.

Alors, que faire ? Renoncer ? Bien sûr que non. Tout n'est pas perdu. Il existe une riposte, une seule, à cet effondrement, c'est de retrouver l'âme de la France. Cette réponse qui n'est pas juridique consiste à franciser à nouveau la trame de nos songes : exposer en place publique, près de la Fontaine de vie, le petit miroir des trésors oubliés et des strophes du long poème qui nous aspire vers le mystère de nos sources. Pour ceux qui acceptent de laisser venir à eux notre patrie et de la laisser descendre dans un petit coin de leur cœur.

## XXVI

# L'Islam est leur patrie

C'était un beau militaire. Il portait l'uniforme avec élégance. Depuis Saumur où il était en garnison, il venait souvent, près du Puy du Fou, au Boistissandeau, pour des soirées de bal qui résonnent encore dans le souvenir du voisinage. C'était un danseur endiablé. Il donnait le ton aux violons. Il valsait et claquait du talon. Il faisait chavirer les lustres et les filles tournaient de l'œil. Il éclaboussait de son charme les salons de convoitise du beau sexe. En ce temps-là, la hantise des belles toilettes était de faire tapisserie. Elles attendaient la prochaine danse et guettaient le petit doigt pointé sur elles.

En multipliant les aventures, le cavalier, sans doute trop cavalier, gonfla la cohorte des déçues. Il faisait grimper les cœurs au rideau. Autour de lui, chaque fleur butinée virait au bouquet d'amertume. Il gâta sa réputation.

Beaucoup de mères inquiètes retenaient leurs filles impatientes : « Ce Charles de Foucauld est un freluquet. C'est un fêtard. » Mais les filles perdaient la tête. C'était la Belle Époque. Le siècle allait finir en chanson. Et le freluquet en oraison. Il entra en religion, devint un ascète, partit en mission pour convertir le monde. Il donna beaucoup d'amour, s'attacha aux populations qu'il édifiait. Il publia sous un pseudonyme le premier dictionnaire touareg-français.

Il devait connaître une fin tragique : il fut assassiné le

1er décembre 1916, puis déclaré bienheureux[1]. Il laisse derrière lui quelques conseils tirés de son expérience érémitique. Et surtout une lettre prophétique adressée à un de ses amis de l'Académie française, René Bazin. Il lui écrit depuis le Nord-Ouest africain où il cherche à répandre l'évangile.

Cette lettre, écrite en 1916, paraît aujourd'hui d'une brûlante actualité. Charles de Foucauld se confie à son ami dans un avertissement prémonitoire : « Si nous n'avons pas su faire de ces peuples des Français, alors ils nous chasseront. Le seul moyen qu'ils deviennent Français est qu'ils deviennent chrétiens. »

Le missionnaire préconise ensuite non pas une conversion de force, mais une nouvelle approche apostolique, fondée sur l'exemple, la tendresse, l'affection. Il se pose à lui-même la question : « Des musulmans peuvent-ils être vraiment français ? » Il répond sans hésiter : « Exceptionnellement, oui ! » Mais il ajoute en conscience : « D'une manière générale, non ! Plusieurs dogmes fondamentaux musulmans s'y opposent : avec certains, il y a des accommodements ; avec celui du *medhi*, il n'y en a pas ; tout musulman croit qu'à l'approche du jugement dernier, le *medhi* surviendra, déclarera la guerre sainte et établira l'islam par toute la terre, après avoir exterminé ou subjugué tous les non-musulmans. Dans cette foi, le musulman regarde l'islam comme sa vraie patrie et les peuples non musulmans comme destinés à être tôt ou tard subjugués par lui ou ses descendants ; s'il est soumis à une nation non musulmane, c'est une épreuve passagère ; sa foi l'assure qu'il en sortira et triomphera à son tour de ceux auxquels il est maintenant assujetti ; la sagesse l'engage à subir avec calme son épreuve ; "L'oiseau pris au piège qui se débat perd ses plumes et se casse les ailes ; s'il se tient tranquille, il se trouve intact le jour de la libération", disent-ils ; ils peuvent préférer telle nation à une autre, aimer mieux être soumis aux Français qu'aux Allemands, parce qu'ils savent les premiers plus doux ; ils peuvent être attachés à tel ou tel Français, comme on est attaché à un ami étranger ; ils peuvent se battre avec un grand courage pour la France, par sentiment d'honneur, caractère guerrier, esprit de corps, fidélité à la parole, comme les militaires de fortune des XVI^e^ et XVII^e^ siècles, mais, d'une façon générale, sauf exception, *tant qu'ils seront musulmans, ils ne seront pas Français*, ils attendront plus ou moins patiemment le *jour du medhi*, en lequel ils soumettront la France. »

Cette vision souligne un antagonisme fondamental entre deux civilisations difficilement miscibles, l'arabo-musulmane et la christiano-occidentale. C'est une grande erreur de croire que nous allons pouvoir adapter l'islam, le modifier, le réformer. L'islam n'est pas adaptable. Parce qu'il est irréductible à nos catégories mentales. Il n'est pas divisible. « C'est une organisation complète qui englobe tous les aspects de la vie, c'est tout à la fois un État et une nation ou encore un gouvernement et une communauté ; c'est également une morale et une force ou encore le pardon et la justice. C'est également une culture et une juridiction ou encore une science et une magistrature[2]. »

Ainsi la charia prévoit-elle des peines infamantes et humiliantes, qui nous paraissent contraires à la dignité de l'homme, telles que l'amputation de la main et du pied du voleur, exigée par le Coran : « Tranchez les mains du voleur et de la voleuse : ce sera la rétribution pour ce qu'ils ont commis et un châtiment de Dieu. Dieu est puissant et juste[3]. »

Partout où l'islam détient le pouvoir politique, la charia est censée s'imposer. Celle-ci concerne le droit public, le droit civil, le droit pénal ou commercial, etc. Elle complète le Coran. Ainsi la sanction pénale qui frappe l'apostat : « Celui qui quitte la religion, tuez-le » est dans la Sunna.

Mais ce qu'il faut bien comprendre dans l'islam, c'est que les normes contenues dans le Coran et la Sunna sont définitives, parfaites, *immuables*, intangibles et universelles. Provenant de Dieu et de son « Prophète », elles ne peuvent subir aucune critique ni aucune modification.

Le pouvoir d'instaurer la loi ne revient ni à un individu ni à une classe sociale ni à une nation à travers ses représentants, mais à Dieu seul. Il a parlé au Prophète une fois pour toutes. C'est une infamie qu'un législateur terrestre puisse prétendre à cette fonction législative à la place de la divinité. Il y a un Dieu, une loi, une humanité.

Pour connaître le message d'Allah, il faut se tourner vers Mahomet. C'est lui le Prophète, qui a eu le privilège de recueillir la parole de Dieu.

Le Prophète a dit aux chrétiens : Jésus n'était pas le fils de Dieu et il n'est pas ressuscité, la notion de Trinité est une hérésie. On n'y reviendra plus. Comme le suggère Rémi Brague : « Avec les musulmans, il vaut mieux parler de pétrole que d'Abraham. » Les lois sur lesquelles la nation musulmane se règle ont été dictées par Dieu en personne et *littéralement*.

Le Coran accorde à la femme la valeur de la moitié d'un homme. Est-ce compatible avec l'égalité occidentale ? Non, bien sûr. Est-ce amendable, négociable, adaptable ? C'est pure vanité de le croire. Allah a parlé pour toujours. Sur cette question comme sur celle du voile, où il a fixé la norme en deux versets : « Dis aux croyantes de rabattre leurs voiles sur leurs poitrines[4]. » « Dis à tes épouses, à tes filles et aux femmes des croyants de se couvrir de leurs voiles[5]. »

La loi de Dieu s'impose à la loi des hommes. Nous sommes là devant une incompatibilité fondamentale : la République donne à la représentation nationale le pouvoir de faire la loi. Alors que l'islam ne lui donne que celle de l'appliquer. La loi est faite depuis longtemps. Elle a été transmise par le Prophète. Y a-t-il au monde une seule République qui pût jamais s'imaginer *faire le poids* contre Allah et légiférer à sa place ?

Pourquoi dissimuler cette difficulté majeure ? *L'islam n'est pas compatible* avec la civilisation française. Or, il n'est pas modifiable, il ne peut qu'être appliqué tel quel.

Le verbe « réformer » en islam, souvent utilisé par les Frères musulmans, ne signifie pas « faire évoluer le Coran » mais au contraire y revenir. Le réformisme n'est pas une adaptation mais un ressourcement. L'islam n'est pas soluble dans la République. Et l'idée de forcer les musulmans à renier le Coran, d'une prétention grossière, relève de l'offense et de l'orgueil. Les musulmans appartiennent à l'Oumma. C'est leur nationalité.

Ils sont chez nous et *l'islam est leur patrie.* Souvent leurs parents leur ont transmis leur rancœur. Et nous, nous ne leur avons pas donné la France à aimer. Comment sortir de cette contradiction et du conflit latent entre les deux civilisations dont nous avons si imprudemment organisé le face-à-face sur notre propre sol ? Je ne vois qu'une réponse. Par un travail de fermeté sur nous-mêmes, la défense de ce que nous sommes, le refus de toute concession, l'abandon de la parité entre les religions en rétablissant le droit d'antériorité de la chrétienté chez elle, chez nous. Voilà pour le premier travail. Il demandera beaucoup d'efforts et sans doute le renversement de notre édifice juridique. Mais il ne s'agit pas de fomenter la guerre civile. Il y a donc un deuxième travail à entreprendre, c'est d'attirer les musulmans vers nous, de leur donner envie de nous ressembler, non pas dans l'hédonisme et le nihilisme, mais dans l'exaltation commune de notre patrimoine vital.

Il ne peut pas y avoir un islam de France. Mais il peut y avoir des musulmans français. À condition qu'ils s'éloignent du Coran. Entre le Coran et la France, il faut choisir.

L'effort à faire est difficile : il s'agit d'un renoncement. Les musulmans qui veulent devenir français de désir doivent alors changer leur rapport au Coran et à la Sunna, les deux sources de la charia. Ils doivent se dégager de la tutelle et de l'influence de leurs pays d'origine, c'est-à-dire se rendre autonomes sur les plans matériel, politique et culturel pour se soustraire aux dépendances aliénantes. Les musulmans doivent accepter de s'assimiler et rompre avec l'idée que l'Europe et la France ont une dette envers l'islam. Comment les autorités allemandes ont-elles pu laisser Recep Tayyip

Erdoğan déclarer devant le Bundestag : « L'assimilation est un crime contre l'humanité[6] ? »

Pour faire une petite place dans leur cœur à la France, une partie des musulmans devra sortir de l'esprit de revanche où se complaît la diaspora musulmane qui cultive ses liens avec l'Oumma, constituée par-dessus les frontières, et dont une sourate du Coran souligne qu'elle est « la meilleure des communautés qui ait jamais été créée ».

Ceux qui acceptent de faire l'effort d'une greffe identitaire difficile par amour de leur terre d'accueil ont vocation à rester chez nous. Les autres partiront.

Si nos dirigeants continuent à tergiverser et à céder, j'ai bien peur que l'alternative soit terrible : la remigration ou la reconquista.

La remigration est une expérience douloureuse. L'administration française, qui a l'art des contournements sémantiques, parle de « politique de réadmission dans les pays d'origine ».

Ceux qui crachent sur la France doivent partir vers les pays d'où ils viennent. La remigration, c'est la migration du retour. Il y eut, pour la France, une illustration traumatisante d'une telle remigration. C'est en 1962 : l'Algérie jette à la mer un million de Français installés depuis un siècle en terre algérienne. On peut souhaiter que la migration inverse soit moins traumatisante et moins brutale.

L'histoire recèle de nombreux exemples de « ces échanges de population massifs volontaires puis obligatoires[7]. »

La remigration vaut pour ceux qui, chez nous, mettent le désordre ou cultivent une mélancolie mâtinée de mépris. Les choses se feront naturellement. À la condition que nous assumions notre identité, que nous levions toute ambiguïté sur nos fiertés et notre assurance sur l'avenir. Alors le malaise changera de côté. Et ceux qui ne s'y retrouvent plus partiront, comme la moitié des Italiens ou des Polonais, avant-guerre, ont quitté la France, malgré nos racines communes.

L'intégration des Italiens se heurta à des réactions de rejet, parfois violentes, à la fin du XIX<sup>e</sup> siècle et au début du XX<sup>e</sup> siècle. L'historienne Lucia Grilli raconte : « L'assimilation ne fut pas, pour eux et leur descendance, le fruit d'une conversion miraculeuse à la francité, mais le produit d'une longue histoire. Elle passa par les expériences douloureuses d'au moins deux générations de migrants[8]. »

Je renvoie les belles âmes à Rotterdam où le maire, d'origine marocaine, a martelé, avec une solennité exemplaire, les termes du choix : « Si vous n'aimez pas vivre ici, en Occident, je vous dis d'aller vous faire foutre[9]. »

Compte tenu du différentiel de fécondité et des vagues à venir, il n'y aura pas d'autre choix que la *remigration* ou la *reconquista.*

La remigration sera difficile mais devra demeurer pacifique. La reconquista a laissé un souvenir douloureux. Elle a duré très longtemps. Entre la reconquête de Tolède en 1085 et celle de l'Andalousie, au XVI<sup>e</sup> siècle, il a fallu des siècles. Entre la prise de Constantinople en 1453 et le traité d'Andrinople en 1920, qui libéra l'Europe de l'Empire ottoman, il a fallu cinq siècles.

Mais il se peut aussi qu'il n'y ait ni remigration ni reconquête mais un trou noir. On peut imaginer que l'Europe cède au tropisme de la fable dans laquelle La Fontaine décrit le destin des poulets d'Inde ; ils étaient à ce point fascinés par le renard qu'ils cédèrent à l'hypnose ; la morale de la fable s'applique à Hollande et à Merkel face au renard Erdoğan :

*Le trop d'attention qu'on a pour le danger*
*Fait le plus souvent qu'on y tombe.*

Nos élites prétendent qu'il est possible d'échapper à la tenaille en proposant « les valeurs de la République ». C'est une illusion : ce sont des valeurs froides, formelles. Elles relèvent d'un code de bonne conduite et non pas d'un embrasement de l'imaginaire. On respecte les valeurs de la République comme on respecte le code de la route. Mais je n'ai jamais vu personne tomber amoureux d'une ligne continue ou d'un stop.

Il faut aller bien au-delà du code, parler de nos affections, de nos songes, raconter l'épopée française, le sacré français, nos légendes, nos contes et la prosopopée de nos héros. Pour que chacun ait envie d'ajouter son harmonique au poème national. Pour aimer, il faut un aimant.

XXVII

# Le Roman noir

En ce temps-là, la République, vagissante, semblait en grand danger. Le pronostic vital était engagé. Elle balbutiait, fragile, tremblotante. À la suite d'une naissance douloureuse. À une voix près, elle n'eût jamais vu le jour. Accouchée par amendement. Une césarienne pour César du pauvre, en haut-de-forme. Pas Jules mais César Birotteau. Son assise était de guingois. Les murs porteurs de la vieille maison capétienne n'étaient plus que des éboulis. On avait voulu faire « table rase ». Il n'y avait plus d'Ancien Régime. Mais pas encore de nouveau.

On commençait à comprendre que l'évangile des droits de l'homme ne suffirait peut-être pas à étancher la soif des mémoires en manque et des âmes appelantes, palpitantes.

La sainte ampoule avait été piétinée, les huiles dispersées, il n'y avait plus le ciment onctueux du saint chrême, la grande famille des provinces de France était orpheline d'autorité et du mystère des transmissions. Il semblait urgent de trouver un nouveau rite, de nouvelles huiles, laïques ; on cherchait une figure métaphorique inédite d'une France à aimer et à célébrer qui fût un *fédérateur.*

C'est alors que parut l'« Instituteur national », Ernest Lavisse. Il macérait les amertumes de son enfance : toute sa vie scolaire n'avait été que misère morale et grisaille intellectuelle. L'enseignement de l'histoire ne lui convenait pas : « Les plans y sont confondus, aucune perspective n'y conduit mon regard. Ma jeunesse n'a été qu'une grande brume flottante. »

Quand il sortit de la brume, il afficha sa vocation de prédicateur laïque d'une régénérescence républicaine. « Puisque l'ancienne unité est morte, il faut à tout prix en trouver une autre », répétait-il à ses amis. Il ne chercha pas longtemps.

Il avait le cœur amputé, il pleurait sur ses jeunes années qu'il avait passées à regarder la ligne bleue de la revanche.

Ainsi fut entrepris le chantier de la « mise en récit », une sorte de tapisserie de Bayeux d'une histoire symbolique, d'une mythologie nationale pour pays *fracturé*.

C'était un bréviaire. Les éminences du Grand Orient entendaient créer, selon Ferdinand Buisson, une « religion laïque pour libérer les consciences » du christianisme, ce « phylloxera des esprits » selon Paul Bert. Qu'importe ! Le Magistère du pape Léon XIII qui déjà cherchait les périphéries, entendait « réconcilier le diable avec l'eau bénite ». Il avait commandé le ralliement à la République.

On alla rechercher « nos ancêtres les Gaulois ». Il fallait battre le rappel de nos gloires, on sonna le cor de Roland ; on convoqua le connétable Du Guesclin, mais surtout on alla à Domrémy enrôler la petite bergère, cette image archétypale de la France des humbles et des quenouilles qui mangent du pain noir.

On vivait dans la quête vitale, haletante des exaltations manquantes. Il fallut faire remonter derrière le tableau noir le soleil d'Austerlitz, faire à nouveau chanter le bronze de Bouvines, enluminer l'esprit du temps, pour donner crédit au progrès en le lestant d'un passé glorieux. On inventa une mise en image allégorique pour déposer dans le sillage de chaque petit Français un peu de nos tendresses enfouies. Avec pudeur et par la génuflexion oblique du dévot pressé, on enjamba la Révolution, trop clivante dans cette entreprise d'unité nationale, pour renouer avec les anciens serments, tramés dans l'étoffe des songes et retrouver les miroirs ternis de nos souvenirs.

L'instant ne suffisait plus. On cherchait de la perspective, de la profondeur, du temps long, de la pérennité et surtout une continuité sereine : « la République, notre royaume de France ». Anciennes institutions – nouveaux instituteurs, qui tiennent le fil de la tunique sans coutures, celle qui faisait dire à Catherine de Médicis : « Bien taillé, mon fils, maintenant il faut recoudre. »

Ainsi naquit le *Roman national*. Il préparait l'« Union sacrée ». Les « hussards noirs de la République » reçurent pour mission de raconter aux blouses grises une chronique, un conte, une belle histoire, une geste, où la succession des prospérités et des revers viendrait offrir à chaque citoyen en herbe une deuxième mémoire affective, chatoyante, héroïque, trempée dans les épreuves de la France éternelle. Sur la place du village, on sonnait du clairon dès le petit matin. Dans les écoles primaires, la bannière « Montjoie-Saint-Denis » reprit du service. Désormais on vantait les guerres de magnificence, car on voulait fabriquer des têtes épiques. Qui viendraient plus tard coiffer les bérets de conscrits de la Tranchée. Sur les drapeaux de la « classe 1890 », déjà on écrivait en lettres d'or : « Quand la France voudra ».

On appelait la réserve, la réserve de souvenirs, sans distinction de régime. Il y avait quelques grincements dans les rangs. Des intellectuels fidèles aux sans-culottes qui criaient au parjure en chantant « La Carmagnole ».

Car c'était une volte-face : on refaisait le chemin à l'envers, on retournait à Reims, il était question de gravir la montagne Sainte-Geneviève. On prétendait soudain mettre un terme à l'élection de haine des Temps anciens.

Depuis le début du siècle, on avait gavé les jeunes cervelles de poncifs enivrants sur « l'Ère nouvelle », le « Recommencement absolu de l'Humanité ». Dans les cercles officiels, on célébrait le point Alpha et le point Omega : la République et la Patrie. Selon l'histoire officielle, avant cette aube inaugurale de la République, c'était le vide, l'amnésie, le trou noir. Pour les générations nouvelles, être patriote, c'était être l'ennemi de l'ancienne France.

Et voilà qu'on se résolvait à un spectaculaire demi-tour. Qui provoquait récriminations et réticences chez les esprits forts. Il fallait retrouver un semblant d'unité.

Alors, on se dépêcha de remonter la pente, de remonter le temps. À chaque distribution des prix, le ministre de l'Instruction publique reprenait l'exhortation : « Mes enfants, restez français par le sentiment national. Ne vous laissez pas envahir par je ne sais quel esprit de cosmopolitisme, toujours détestable. »

Le roman national résista longtemps. Bousculé, remanié, il traversa malgré tout les guerres et les républiques. Soudain il fut atteint au cœur par un cocktail Molotov, qui venait de la Sorbonne occupée.

J'ai vu, de mes yeux vu, les hordes amnésiques dévaler et rugir dans le quadrilatère de l'intelligence. Les cancres entendaient refaire l'histoire, ils écoutaient les nouveaux penseurs qui voulaient tout déconstruire. J'appartiens – par pure coïncidence biologique – à cette génération-charnière de Mai 68 qui, brandissant le faire-part de décès de tous les magistères, dépavait le vieux Paris des hautes sapiences : « Sous les pavés, la plage ». Et les sables chauds de l'oubli. La grande vacance, le vide.

Le roman national fut inhumé en grande pompe sous Giscard, avec le croque-mort Haby. Fosse commune, collège unique, l'enfant orphelin de son histoire. La fin des dates et des repères. Tout cela est bien connu. Le propos était de décrisper, d'apprendre à apprendre, d'éviter le magistère, le magistral, la grande fresque. Le professeur devient un « enseignant » qui s'enseigne en enseignant, dans l'horizontalité conviviale. La gauche suivait le corbillard mais c'est la droite qui entonna la nouvelle antienne des « disciplines d'éveil ». Avec ces disciplines-là, on ne réveillerait plus personne. Ce fut la fin de l'histoire du roman national à l'école. La fin de l'histoire tout court.

Devenue thématique et ludique, l'histoire quitta ses voisinages de prestige avec la littérature ; elle fut livrée aux sciences sociales jargonnantes et mortifères. Les historiens devenaient des *médecins légistes.*

On tua l'épopée. On ne voulait plus de la grandeur. On passa aux grandeurs statistiques. Mais la dérive ne s'arrêtera pas là.

Bientôt viendra le temps où l'histoire devra s'adapter à l'*origine* des élèves. Il va falloir changer les programmes scolaires. Le multiculturalisme va faire son entrée à l'école : l'histoire ne sera plus un récit mais deviendra un « coach qui aidera chacun à mieux *vivre ensemble* ». On va sélectionner les commémorations, trier, « halaliser » le livre d'heures. Nouvelle vision doloriste et repentante. L'objectif n'est plus de faire des citoyens, des Français. Il est de former des individus prémunis contre le retour du mal. Et bientôt « du mâle blanc hétérosexuel, esclavagiste, colon, collabo, raciste ». On fera la chasse aux dates, trop blanches pour être honnêtes.

Cet héroïsme inversé ouvre les voies à la mémoire pénitentielle. La nation française a-t-elle jamais vraiment existé ? Non, c'est un jeu de coïncidences, une mosaïque, une mythologie artificielle. Il faut la déconstruire ; et la convertir à un passé historiquement correct.

Reçu et analysé comme un tissu de noirceurs, le roman national est désormais présenté comme un *roman noir.* Il faut expier.

Le temps est venu d'une nouvelle mise en récit. Elle sera festive, bariolée, déjantée. On rejoue la bataille de Verdun avec des ballons de plage. C'est le retour de Goude ou plutôt Michelet devenu présentateur de Canal+. On glisse dans la commémoration dérisoire, à coup de joggings et de tee-shirts.

On zigzague, on profane, on piétine, on court entre les milliers de croix de bois. Où donc a-t-on la tête ? On ne pense plus aux poilus, on pleure Black M. qui avait dit : « On va bien s'amuser ! » La tranchée des Baïonnettes, enterrée vivante, entend le cri joyeux de l'oubli : « J'irai sprinter sur vos tombes ».

En voyant ce spectacle d'infamie, j'ai repensé à mes deux grands-pères en pantalon garance, tombés au champ d'honneur. J'ai pleuré. Sur eux. Sur leurs compagnons d'épreuve. Sur le Soldat inconnu – ou plutôt le Soldat méconnu. Méconnu de ces jeunes gens sans racines ni horizon.

Sur l'écran, l'avenir s'affichait, coloré, jubilatoire : l'ensauvagement de l'histoire est en route. En haute définition.

Avec une prescience troublante, l'ancien soldat de Douaumont, Roland Dorgelès, avait prévu ce qui vient de nous arriver : « Les souvenirs atroces qui nous tourmentent encore s'apaiseront, on oubliera. Oh ! Je sais bien, c'est odieux, c'est cruel, mais pourquoi s'indigner : c'est humain. Tout pareil aux étangs transparents dont l'eau limpide dort sur un lit de bourbe, le cœur de l'homme filtre les souvenirs et ne garde que ceux des beaux jours. La douleur, les haines, les regrets éternels, tout cela est trop lourd, tout cela tombe au fond. Mes morts, mes pauvres morts, c'est maintenant que vous allez souffrir, sans croix pour vous garder, sans cœurs où vous blottir. Je crois vous voir rôder, avec des gestes qui tâtonnent, et chercher dans la nuit éternelle tous ces vivants ingrats qui, déjà, vous oublient. »

J'ai vécu, en ce printemps 2016, une autre expérience, personnelle, de cette culture de la dérision qui infuse peu à peu le poison de l'insignifiance. C'est l'affaire de l'Anneau de Jeanne d'Arc. Il fut mis aux enchères le 25 février 2016. Le Puy du Fou se porta acquéreur. Quelle ne fut pas notre surprise d'entendre quelques voix isolées s'affublant elles-mêmes du titre de « communauté scientifique » ? Elles protestaient contre le retour d'un bout de France qui aurait dû pourtant réjouir les spécialistes. L'histoire faisait irruption dans le présent qui, ainsi, lui rendait une forme d'hommage. L'« Université » ne voulait pas de ce retour. En cela, elle se montrait fidèle à la tradition bourguignonne. Puisqu'elle avait condamné Jeanne pour sorcellerie, elle condamnait l'Anneau pour fantaisie.

Les historiens assermentés qui avaient raté le coche, à Orléans et à Rouen, en conseillant à leurs institutions de ne pas renchérir, se drapèrent dans leur dignité de scientifiques offensés. Ils jetèrent le doute : « Cet anneau pourrait bien être un faux du XIXe siècle. Et la matière semble argentée, alors que l'anneau des minutes du procès était en or ou plaqué or. »

Les expertises scientifiques du laboratoire d'analyse aux rayons X d'Oxford[1] tombèrent comme un couperet : les allégations étaient foudroyées, la datation du métal ne laissait aucune place au doute : l'anneau était bien du XVe siècle et il était en plaqué or. Et puis on découvrit que le British Museum avait authentifié l'Anneau en 1955.

Nous invitâmes les historiens sceptiques à venir voir la relique et les nouvelles pièces et preuves. Ils récusèrent l'invitation. Et se répandirent dans la presse en propos hautains. Confondus par la science, les « scientifiques d'État » persistaient à nier l'historicité de l'anneau. Nous étions à fronts renversés : c'est nous qui faisions les recherches pendant que les scientifiques, eux, couraient les médias.

Je me suis demandé d'où pouvait bien venir un tel dédain. Sans doute de cette mentalité universitaire de *médecins légistes.* Ils ne veulent pas d'une histoire vivante, où le romanesque vient déranger la chronique officielle, tenue pour définitive. Ils mettent tellement d'énergie à se tenir à distance de leur objet d'études qu'ils en conçoivent une froideur hiératique et détachée des sentiments les plus élémentaires qui vous attachent au personnage avec qui vous vivez pendant trente ans.

Notre pays meurt de ces sciences sociales qui tuent la vie. Le sociologisme des historiens hors sol nous éloigne des vibrations indicibles de nos mystères intimes. Ils ne croient ni aux voix ni aux miracles, ni aux élans, ni aux ferveurs, ni aux sursauts. Cette cohorte scientiste, soumise, il est vrai, depuis la loi Pécresse, à des « évaluations » et aux critères anglo-saxons des « *social sciences* », est bien incapable d'aller chercher l'âme de la France. Elle a trop de scepticisme pour comprendre ce que disait Lavisse : « Il y a dans le passé le plus lointain une poésie qu'il faut verser dans les jeunes âmes pour y fortifier le sentiment patriotique. »

Le contraste fut saisissant entre la moue des élites – les beaux quartiers et les quartiers de la pensée formatée – et l'engouement populaire formidable qui nous submergea. Le peuple voulait voir l'anneau. On n'enseigne plus Jeanne d'Arc depuis des décennies. Mais elle demeure dans un petit coin de la mémoire et descend encore dans les cœurs simples. Ceux-là sentent que Jeanne est la plus haute figure que le génie allégorique français ait jamais déposée dans notre littérature et ils devinent qu'elle reste le plus beau trait d'union que l'histoire ait jamais inventé entre le ciel et la terre.

Feu le roman national était une manière de visiter le passé qui nous élevait à la dignité de nos grandeurs défuntes. Il rassemblait la France, il la portait, il l'exhaussait au-delà des angoisses du pain quotidien.

Personne, en ce temps-là, ne parlait de notre identité. C'est quand on ne sait plus très bien qui on est qu'on commence à en parler. Chaque image du récit, et jusqu'aux défaillances de nos aïeux, installait en nous une parenté intime. Nous étions tous parents. Tous cousins dans la géographie de nos confins. Et de ceux qui avaient construit, habité, aimé la maison avant nous. La tradition, dit joliment Chesterton, c'est la démocratie des morts.

Nous étions une nation de sentiment. Aujourd'hui, il n'y a plus rien de ce bel ouvrage. Plus rien qu'un agrégat de peuples désunis. Plus de souvenirs, plus de parenté, plus d'histoire. Plus rien vers quoi se retourner. Plus rien pour s'agréger. Un peuple qui n'a plus d'enchantements est déjà dans la servitude. Il peut être cueilli par le premier coup de froid, soufflé par la première saute de vent. Il est terré. Il a peur. Peur du vide. Pour peu qu'on lui raconte quelque chose qui le touche, quand même il s'agirait d'un récit exotique, il accueille le nouveau conte comme un orphelin accueille une mère d'adoption. Nous en sommes là. Une petite souris suffit – Disney – ou *Les Mille et Une Nuits* revues par Daech.

Notre peuple, aujourd'hui, est vulnérable comme jamais. Il a perdu ses défenses immunitaires, identitaires. À ceux qui veulent découvrir la France pour l'aimer, à ceux qui en sont les héritiers et qui ne savent plus comment l'aimer, il n'y aurait plus que la réponse du néant sur fond de divertissement.

Alors, que faire ? Comment fédérer sans fédérateur ? Comment donner du rêve au-dessus du vide ?

XXVIII

# Un Roman d'amour

On ne reviendra pas en arrière. Le roman national a été enterré. Dont acte. Inutile de chercher à le ressusciter, il ne correspond plus à notre époque. Il relève d'« un modèle classique, universaliste, messianique[1] » où on poussait très loin la métaphore et l'hyperbole. Trop sans doute.

Je me souviens, quand j'étais enfant, des grandes cartes du géographe Vidal de La Blache suspendues au mur de chaux. Il voyait tout en grand. La France était disséminée en essaims de taches roses sur les cinq continents. On nous parlait de sa puissance, de ses hardiesses passées ; les Français étaient prêts à « mourir pour la patrie ». C'est fini. Le patriotisme ne peut plus passer par les hauts faits, la gloire. La France de 14, saignée à blanc, a connu la grande ordalie. Celle de 40 a vécu la débâcle. Nous avons été vaincus à la bataille de Diên Biên Phu et nous avons quitté l'Algérie sous la pression du FLN.

Le mot « France » écorche les bouches des nouveaux précepteurs. Aujourd'hui, l'école multiculturelle parle de « l'Hexagone ». On nous dit, pour désigner notre nation, « ce pays ». La France qui a perdu ses contours et ses conteurs apprivoise en nous un patriotisme compassionnel. On l'aime de tendresse douloureuse. Elle ne rêve plus. Et ne fait plus rêver. Elle a – nous dit-on – vocation à se dissoudre : on l'a intégrée « comme on intègre les marrons dans la purée de marrons des nations européennes[2] ». Elle cauchemarde. Elle n'entend plus l'écho des anciennes mélodies qui la berçaient en ses enfances. La tradition, qui est ce bourdon continu, à peine audible, ce *cantus firmus* qui traverse le temps et porte le monde, s'est éteinte.

Il ne reste plus que quelques symboles, comme le drapeau et l'hymne national à Saint-Denis. Pas à la basilique, au Stade des gladiateurs. L'identité française a été abîmée par une contre-mémoire, une contre-histoire. Aujourd'hui, chacun sent bien que la France peut mourir, submergée de l'extérieur, effondrée de l'intérieur.

Pourtant, de cette faiblesse même peut naître une lueur. Simone Weil l'avait déjà perçu en 1940 : « On peut aimer la France pour la gloire qui semble lui assurer une existence étendue au loin dans le temps et l'espace. Ou bien on peut l'aimer comme une chose qui, étant terrestre, peut être détruite, et dont le prix est d'autant plus sensible[3]. »

La pensée de la faiblesse peut enflammer l'amour comme celle de la force, mais c'est d'une flamme autrement pure. La compassion pour la fragilité est toujours liée à l'amour pour la véritable beauté parce que nous sentons que les choses vraiment belles devraient être assurées d'une vie éternelle et ne le sont pas.

Il est vital que notre pays, pris dans les secousses sismiques qui bousculent toutes ses fondations, retrouve un liant pour incorporer les jeunes Français de souche ou de désir. Jacques Bainville définissait le peuple français comme un composé subtil : « C'est mieux qu'une race. C'est une nation. »

Donc tout est possible. Il faut seulement que la France soit désirable. La nation est un lien amoureux. Il faut refaire un peuple amoureux. Romain Gary a raconté son coup de foudre : « Je n'ai pas une seule goutte de sang français mais la France coule dans mes veines. »

On n'empruntera plus jamais les mêmes voies que celles

de l'ancien roman national. J'ai été profondément marqué par la devise de Dostoïevski : « C'est le beau qui sauvera le monde ». Je l'ai appliquée au Puy du Fou, toute l'écriture passe par le Beau pour chanter un hymne à la France. Et la foule se presse, de plus en plus nombreuse, elle a soif de retrouver nos grandeurs déchues, soif du poème national et de l'esthétique française. Ainsi le Puy du Fou est-il devenu un haut lieu de la mémoire vivante de notre pays. J'en ai tiré la leçon suivante : il faut aller rechercher dans nos enfouissements les affleurements de tendresse française et les offrir aux jeunes Français. Passer par le Beau.

Je ressens cette idée au plus profond de moi-même. Il faut refaire un hymne à la France, la chair de notre chair, le sang de notre sang. La France est une œuvre d'art. C'est beaucoup plus qu'un programme scolaire, c'est un monument de civilisation qui nous élève vers une valeur supérieure et tient nos jardins en suspens, nos jardins secrets.

Demain, chaque petit Français devrait partir dans la vie avec un bagage imaginaire qui habille ses rêves.

Pour cela, il faut inventer un nouveau roman national pour franciser nos songes. Il ne sera pas un récit de puissance, de grandeur. Il faut l'établir sur les Beautés françaises. Il faut proposer aux jeunes un *roman d'amour*.

Il est urgent de reprendre le dialogue avec les ombres, de passer de l'intelligible au sensible. Car il n'y a rien dans notre esprit qui ne soit d'abord dans nos sens. La France est un être sensible.

Il faut en parler avec des mots d'amour, faire battre les cœurs pour la chair de la civilisation – plus encore que pour les principes. L'époque est à fleur de peau. Les jeunes sont écorchés vifs. Ils ne savent vers quoi monter, vers quels excès se tourner. Il faut changer d'angle, de façade, de porte d'entrée et passer par le côté esthétique pour illuminer le chef-d'œuvre afin d'irradier les cœurs. Il faut montrer la France comme le dernier des poètes antiques savait montrer sa

Rome, *pulcherrima rerum*, la plus belle des choses. « Ce n'est pas parce que Rome était grande qu'ils l'aimaient, c'est parce qu'ils l'aimaient que Rome était grande. »

Aimez l'or, l'azur et la flamme. À tous ceux qui sont capables de prendre la vie par le côté poétique, nous demandons des images et des chants. Il faut emmener les jeunes aux sources vives des premiers jaillissements pour qu'ils y puisent l'énergie des splendeurs intimes ; les entraîner dans notre passé où se tient immuable le mystère français, leur apprendre à respirer amplement avec l'âme sous le ciel de France où les nuages, souvent, dans leurs jeux fugitifs, se résolvent en panaches.

Ne pas aimer la France parce qu'elle fut rayonnante mais parce qu'elle est *belle*, jusqu'en ses charités ineffables.

Hugo a résumé avec humour les élégances de l'esprit français : « La beauté de la France, c'est qu'elle prend moins de ventre que les autres peuples ; elle se noue aisément la corde aux reins. Elle est la première éveillée, la dernière endormie. Elle va en avant. Elle est chercheuse. Cela tient à ce qu'elle est artiste. »

Le seul antidote connu à l'islamisme, c'est l'amour de la patrie. L'antidote doit contenir une dose de poison pour espérer enrayer ses effets : grandeur sacrificielle, appartenance passionnelle, incandescence du feu intérieur. Ne craignons pas cet élan patriote. Il n'est pas belliqueux. La France transforme ce qu'elle reçoit. Il y a toujours eu en elle quelque chose qui adoucit les contours, amortit les angles et change la passion qui dévore en flamme d'amour.

Nous crevons d'être sans légende, sans mystère, sans grandeur, se lamentait Céline. Le retour sur soi-même nous est interdit alors qu'une nation ne peut être qu'en paix de se chercher elle-même sans fin, de « s'identifier au meilleur, à l'essentiel de soi, conséquemment de se reconnaître au vu d'images de marque, de mots de passe connus des initiés, depuis les élites jusqu'à la masse entière du pays[4] ».

Le 31 décembre 2015, François Hollande a prétendu que la patrie ne pouvait « s'accomplir dans la nostalgie ». Comme si ce n'était pas le passé qui ouvrait le chemin des créateurs. Marc Fumaroli lui a vertement répondu : « Le président Pompidou allait répétant : “Paris ne doit pas devenir un musée”, et, pour s'en assurer, il a fait édifier la tour Montparnasse, détruire les Halles de Baltard. Or c'était la beauté nostalgique de Paris, et non ces fautes de goût, qui en avait fait la capitale du tourisme mondial. »

La nostalgie nourrit notre imaginaire de fulgurances entr'aperçues. Ainsi le novateur, à la recherche de nouvelles combinaisons, prend bien soin de faire le plein de ses fidélités avant de se mettre en rupture.

Pour l'heure, le retour en nous-mêmes est frappé d'interdiction. La nostalgie est devenue une tare. La France reste une enveloppe nominale mais elle n'a plus le même sens pour beaucoup de ceux qui prononcent son nom. On a gardé les clés mais changé les serrures. C'est une agonie programmée. Il ne faut plus apprendre l'histoire. Il faut s'en extraire.

Tous les régimes barbares établissent leur forfait sur un mélange de violence et d'amnésie. On découpe au ciseau les visages des photos qui gênent et on saccage Palmyre, comme jadis le « cimetière aux rois ». Il faut liquider le passé et disperser ses cendres. Pour qu'il ne revienne plus et ne soit plus jamais une tentation des âmes.

Il y a plusieurs manières de le tuer. La plus policée, la nôtre, la post-identitaire, c'est le *mémoricide.* Il suffit de ne plus parler aux enfants de nos grands hommes, de nos œuvres d'art, de nos légendes, pour éteindre en eux la petite flamme et prévenir les ferveurs naissantes. Ainsi fait-on grandir des plantes d'hébétude qui promènent leurs étourdissements dans l'air du temps. On les maintient dans une belle ignorance du lieu où ils arrivent et des héritages qui, pourtant, les accablent de bienfaits virtuels.

Ils ne savent plus rien de « la France, mère des arts, des

armes et des lois » qui leur ouvre les bras. Ainsi fait-on mourir du Bellay pour la deuxième fois. En lui infligeant le pire des supplices pour un écrivain, la mort littéraire pour la postérité.

On efface les tombes et les épitaphes. On fabrique des spectres aux appétits végétatifs qui vivent hors d'eux-mêmes. Ils n'ont plus de curiosité. Ils promènent leurs nonchalances en Nike. Semelles de vent, esprit léger. Le McDo suffira. Et la tablette. À plus dans le bus !

Pourquoi donc organiser une sortie scolaire à Versailles ? Grâce à Najat Belkacem, dès la première pièce, une chape d'ennui s'abat sur les zombies : les plafonds sont illisibles, gorgés de mythologie grecque, les statues romaines sont muettes. Les figures des bassins – Latone, Apollon, Alphée poursuivant Aréthuse – suscitent autant de torpeur bavarde que les noms des bosquets. Quel est donc ce « Cyrus » qui attaque un sanglier ? Ce Ptolémée qui s'entretient avec des savants dans une bibliothèque ? Il n'y a guère que Vespasien dont la racine dit peut-être quelque chose et encore, parce qu'il était proche de nécessité de nature. Et puis bien sûr *Le Vagin de la reine* d'Anish Kapoor dont ils comprennent la forme et la haute signification spirituelle.

Où est l'esprit français pour ces enfants ? Où est la culture, le goût, l'affinement ?

La vie poétique s'arrête au rap et au slam. Les jeunes rappeurs connaissent les caïds de Marseille mais pas les cadets de Gascogne. Ils préféreront toujours à Cyrano mourant, Grand Corps Malade ou Sexion d'Assaut.

Il faut donner une histoire à chaque enfant, en lui racontant des histoires ; il a besoin d'éblouissements pour garder l'esprit d'enfance. Tant il est vrai que la différence entre un enfant et un adulte, c'est le prix de ses jouets. Romain Gary aimait raconter : « Ma mère me parlait de la France comme d'autres mères parlent de Blanche-Neige et du Chat Botté et, malgré tous mes efforts, je n'ai jamais pu me débarrasser entièrement de cette image féerique d'une France de héros et de vertus exemplaires. Je suis probablement un des rares hommes au monde restés fidèles à un conte de nourrice. Je luttais contre le sommeil et ouvrais des yeux tout grands pour essayer d'apercevoir ce que ma mère voyait au loin : le chevalier Bayard. Un peu plus tard, je m'endormais enfin, la tête sur son épaule, le pot de chambre serré dans mes bras. »

Malheureux les peuples qui n'ont plus d'histoire et perdent la mémoire ! Car avoir une histoire, c'est en avoir deux, la sienne et la grande. Si on perd la grande, on perd la petite. Avoir une histoire, c'est avoir deux vies, celle qu'on traverse et celle qu'on reçoit. Celle qu'on prolonge et celle qui vous surplombe. Il y avait à Sparte un hymne qui était l'abrégé de toute patrie : « Nous sommes ce que vous fûtes, nous serons ce que vous êtes ».

Ainsi, grâce à l'histoire, vit-on deux fois, par soi-même et par procuration. On met le pied ailleurs que chez soi, on se promène dans un temps qui n'est pas le sien. On s'enrichit de l'expérience des autres. On pleure, on rit, on souffre, on grandit avec d'autres qui ne sont plus, qui nous incorporent à leurs infortunes, à leurs ascensions, à leurs tribulations et dont les malheurs sont un peu les nôtres. On apprend à mieux connaître les dédales de la trahison, de la forfaiture et des sublimes accomplissements.

L'assise de la France tient à ce dépôt millénaire, elle tient à ce qu'elle existe autant par des millions d'hommes vivants que par un milliard d'hommes morts. La vraie assise, la voilà. Quand on est du même champ, alors on est pour toujours du même temps.

On finit par ressentir de façon presque tellurique, en marchant sur ces bouquets fanés qui habillent les dépouilles de nos souvenirs enfouis, des sensations étranges d'ivresses anciennes qui revivent en nous, comme si la mémoire fluide d'un passé aux tons vifs venait couler dans nos veines.

L'histoire est un principe de rajeunissement perpétuel. Elle nous rappelle de ne pas oublier ce qu'il y a en nous qui n'est pas nous. La France est un être physique et moral. « L'Angleterre est un empire, l'Allemagne un pays, une race, La France est une personne » disait Michelet. La France a une âme. Il ne faut pas ajouter au mémoricide un matricide, qui consiste à porter la main sur la mère patrie. La France, en son histoire, participe du mystère de nos vies et d'un autre mystère qui lui donna la vie.

Ronsard parlait à ses roses et tenait conversation avec la France. Il entretenait avec elle un dialogue dramatique et amoureux. La France a une personnalité. Elle est vivante. Elle souffre, elle a mal. Elle espère, elle attend, elle sait qu'elle défaille, elle se sent trahie, asservie, menacée. Elle sent tout cela à travers nous. Parce qu'elle est venue jusqu'à nous et que nous nous savons périssables, le fait de vivre à travers elle nous donne du champ, un semblant de présence durable. Tout pendant que la chaîne de la transmission ne sera pas brisée, il faudra décliner, en soi, et autour de soi – c'est une urgence vitale – les éléments constitutifs de notre identité, ce qui, dans le trouble de l'esprit du temps, ne va plus de soi. Ce ressourcement ne doit plus se faire à l'ancienne, mais sous une forme imagée à travers les grandes *allégories françaises*, inscrites dans notre imaginaire national.

Quand j'étais enfant, je passais mes vacances en Bretagne, à Rotheneuf. Mon père répétait, une main en visière vers les rochers sculptés : « Ici, l'air est vivifiant. Il y a de l'iode. » Il nous parlait des îles Chausey et de Hugo à Guernesey.

Des impressions fortes se mêlaient à l'odeur des tamaris et remontaient en moi comme la marée qui roule les galets travaillés par l'usure des ans : les patates à l'amande, les vedettes vertes de Dinard, les pirates et les corsaires Quiquengrogne et Surcouf, l'aventurier du Roi. Et puis les rochers Bénétin et La Bigne qui sont là depuis toujours, c'est-à-dire depuis l'enfance. Au milieu d'eux navigue encore, dans les embruns de mes souvenirs, dans le fort au large de Saint-Malo, ce jeune homme aux orages désirés et dont l'écriture admirable vient en rappel de son nom, Chateaubriand. Et cette romance apprise de ma mère qui la chantait sur les remparts :

*Combien j'ai douce souvenance*
*Du joli lieu de ma naissance !*
*Ma sœur, qu'ils étaient beaux les jours*
*de France !*
*Ô mon pays, sois mes amours*
*Toujours !*

XXIX

# Douce France

Dans *Le Chevalier au Cygne*, ce récit du XIIIe siècle qui évoque le souvenir de celui que les croisés ont porté à la tête du royaume de Jérusalem, un témoin raconte une scène touchante. Godefroy de Bouillon, marchant lentement, le sourire aux lèvres, croise une princesse sarrasine. Il enlève son heaume en signe d'hommage et s'incline devant cette dernière. La princesse s'étonne : « De ce côté de la mer, ce n'est pas la coutume de s'incliner ainsi. »

Mais Godefroi lui répond avec les codes de *L'Ordène de chevalerie* : « Au pays qui est le mien, il n'y a ni prince, ni duc, ni personne qui ne fasse l'honneur aux dames[1]. »

Ce pays dont parle Godefroi outre-mer, c'est le pays de « France la Douce », célébré par les derniers mots de Roland au col de Roncevaux. En ce temps-là, la société célèbre les vertus héroïques : quand les chevaliers sont sur le point de mourir, on suit un us immémorial et symbolique, on leur tourne la tête et le buste du côté de la France pour le service d'un dernier salut de gratitude et d'adieu.

Dans tous les poèmes épiques, parfois difficiles à lire, enquêtant depuis mes plus jeunes années sur la généalogie de cette délicate tournure de « Douce France », j'ai rencontré un monde de raffinements inconnus de notre époque. Avec des élégances et un coloris tendre et mélancolique que mettaient les troubadours au cœur de leurs ballades, virelais et rondeaux.

Quand j'étais enfant, on apprenait à l'école la chanson de Charles Trenet :

*Douce France*
*Cher pays de mon enfance,*
*Bercé de tant d'insouciance...*

Il célébrait « son village au clocher, aux maisons sages ». C'était son enfance à lui. Et aussi la nôtre, car la France des années 1960 gardait encore les mêmes tons bucoliques. Mais en réalité, c'était beaucoup plus que cela. C'était un hymne et un cri du cœur.

Sortant du premier concert de Charles Trenet, Colette ne s'y trompait pas : « Je donnerais la Tétralogie de Wagner pour ce que je viens d'entendre. » Colette était une femme cultivée, elle savait que cette chanson d'enfance avait les saveurs des chagrins d'antan et que la « Douce France » pouvait bien s'abîmer dans les torpeurs de l'oubli. Elle sentait que, dans ce vocable magnifique, toute la tendresse de nos pères était enclose. Car depuis les poèmes populaires du XIe siècle jusqu'au music-hall du XXe siècle, court le même sonnet d'amour : la France est appelée « France la douce » parce que c'est le pays inventeur de la Courtoisie. Si un jour, dans son histoire qui est plutôt une histoire d'hommes, une jeune pucelle a pu commander à de rudes capitaines, être écoutée par le « Gentil Dauphin », mettre en son obéissance des soudards comme La Hire et Xaintrailles et devenir « chef de guerre » pour sauver Orléans, ce n'est pas un hasard. C'est le fruit de la rencontre du poème épique et du roman courtois.

« Dans le langage de l'ancienne chevalerie, bailler sa foi était synonyme de tous les prodiges de l'honneur. Roland, Du Guesclin, Bayard étaient de féaux chevaliers et les champs de Roncevaux, d'Auray, de Bresse, les descendants des Maures, des Anglais et des Lombards disent encore aujourd'hui quels étaient ces hommes qui prêtaient foi et hommage à leur Dieu, leur Dame et leur Roi[2]. »

La Courtoisie fut la mode de Cour singulière qui se forma chez nous avant d'être adoptée par la noblesse de tous les pays d'Europe. Le trait le plus original de cette vie de Cour tient à la place de la femme, désignée par un nom d'honneur, la Dame, la Domina, la maîtresse, la femme du prince maître de la Cour.

C'est de là que vient ce sentiment sans précédent dans l'histoire du monde et qu'on a appelé l'amour courtois. C'est à cause de lui que Charles Seignobos date du XIIe siècle la naissance d'une civilisation française, quand s'épanouissent en même temps la chevalerie, la courtoisie, le corps des villes, la grande geste des cathédrales, etc. On disait alors :

*Fais de Povre gens ta cousine*
*Et ta fille de l'orpheline.*

Notre vision moderne de la femme du Moyen Âge est complètement fausse : l'idée d'un sexe en retrait, illettré et sans influence, la femme dolente et éplorée qui attend toute sa vie en haut d'une tour, dont le regard se perd dans les douves. La vérité est tout autre : « La France est dame de haut port et seigneurie » disait-on alors.

À cette époque, il y a, dans la société, un parallèle subtil : le Seigneur rend la Justice. Et la Dame rend la sienne. Le jugement d'amour, la Cour d'Amour, sont les équivalents de la fidélité, de l'hommage vassalique. La femme, en amour, est suzeraine. Il y a même une casuistique amoureuse. La Cour d'Amour est l'imitation presque parodique de la Cour de Justice. Dans cette forme haute et raffinée du rapport amoureux, la femme règne, commande ; elle porte des ordonnances et des jugements[3].

L'échange symbolique des deux offrandes – le mouchoir contre la prouesse – porte l'idée du « service d'amour », la soumission absolue du chevalier à sa dame. La vaillance et la hardiesse s'allient à l'élégance de l'homme de cour. Et c'est la dame qui ennoblit son hérault.

Alors le règne de la femme commence. L'amour qui est vertu de toute prouesse devient une quête, un art, une philosophie ; la musique des mots illustre, enlumine l'invention poétique et romanesque.

Toute l'Europe va imiter, copier l'archétype français. La France est un être moral doué de tendresse. La France est une femme. La France est une mère. Une mère aimante. Elle est au pied de la croix, mère de déploration et de consolation. La France est une langue et « cette langue est une femme si belle, folle, sage, qu'on l'aime de toute son âme », dira plus tard Anatole France.

C'est en ces temps de chevalerie que Robert d'Abrissel bâtit pour une religieuse l'abbaye de Fontevraud, chapitrée par une mère abbesse. Ces novations inspirent à Michelet une exclamation : « Il se fit une grande révolution religieuse : Dieu changea de sexe, pour ainsi dire. La Vierge devint le dieu du monde. La femme régna dans le ciel, elle régna sur la terre. » C'est le temps des Dames et de Notre Dame.

Nous sommes loin, aujourd'hui, de ce tableau périmé, pense-t-on. Pas tant que cela. De la mode de l'amour courtois sont nées l'élégance des manières et la galanterie. La chevalerie a disparu, la courtoisie n'est plus qu'un souvenir, mais la galanterie a survécu et est venue jusqu'à nous.

Au XVIIIe siècle, un esprit aussi sévère et abstrait que Kant estimait même que la France avait réussi une ambitieuse combinaison entre l'esprit de commerce des Modernes, trop individualiste, et la Vertu civique des Anciens, trop oppressante. Entre l'idéalisme des Anciens et le cynisme des Modernes, dont les Anglais incarnaient le modèle, les Français avaient inauguré une synthèse que Kant désignait sous le terme de « courtoisie », dans un passage de son *Anthropologie du point de vue pragmatique*. Pour lui, le commerce de l'esprit, l'art de la conversation et surtout les manières étaient une arme de civilité et une barrière efficace contre le despotisme.

Car les manières ont aussi, comme les vertus, une fonction politique. Montesquieu avait allégué que, dans les régimes despotiques, la civilité est ignorée, comme dans les régimes républicains. Dans les premiers, on a peur du despote ; dans les seconds, on vénère la vertu des Spartiates. Mais cela n'est guère différent dans les nations commerciales, comme en Angleterre, où l'utile l'emporte sur l'agréable, le pratique sur l'esthétique. L'humeur sociable de la nation française est en revanche un garde-fou contre le césarisme et dans le même temps contre le cynisme égoïste.

Les Français ont inventé le roman parce qu'ils avaient déjà inventé l'art de parler d'amour. Madame de Staël l'écrivait avec finesse : « Tout homme de goût et d'une certaine élévation d'âme doit avoir le besoin de demander pardon du pouvoir qu'il possède. »

Dans *Le Sicilien ou l'Amour-peintre,* Molière avait déjà fait dire à une jeune Grecque : « L'on doit demeurer d'accord que les Français ont quelque chose en eux de poli, de galant que n'ont point les autres nations. » Molière identifie ainsi l'âge classique à l'âge galant.

Hélas, par les temps qui courent, les constatations de Molière viennent sonner à nos oreilles comme un trait d'humour excentrique, tant le décalage nous paraît spectaculaire entre ce qu'il décrit et ce que nous avons sous les yeux.

S'il revenait parmi nous aujourd'hui, Molière descendrait dans la rue. Il remonterait aussi vite dans son cabinet. Il aurait tout de suite compris. Sa plume partirait toute seule. Il ne ferait pas d'effort pour la retenir. Il passerait *L'École des femmes* au marteau-pilon : la jeune Agnès porterait le voile. Il solliciterait une invitation pour se rendre au Salon de la femme musulmane à Pontoise, près de Versailles, comme celui qui s'est tenu le 13 septembre 2015. Une journée de cheval. Là il n'en croirait pas ses yeux. Il n'aurait qu'à se baisser pour ramasser des scènes qui lui rappelleraient certaines de ses célèbres bastonnades des *Fourberies.*

Il enverrait Scapin séparer ces femmes hors d'elles qui se crêpaient le chignon, au sens propre, à coup de seins peinturlurés au Stabilo et de sombres abayas, offrant au public un spectacle justement moliéresque : on a oublié les trois coups mais voici que des jeunes femmes algériennes et tunisiennes, en djellabas, font irruption sur la scène ; d'un geste large, elles se découvrent. Ce sont des Femen. Le sein nu et la poitrine ardente, elles s'égosillent : « Personne ne me soumet ! Personne ne me possède ! Je suis mon propre prophète ! »

Alors, de la salle, montent des cris qui ne sont pas « Montjoie Saint-Denis » mais des insultes d'une poésie plus crue : « Sales putes ! Il faut les tuer ! » Une quinzaine d'hommes sautent sur la scène et tombent sur les poitrines criblées de slogans prophétiques du féminisme en marche. Molière aurait ri. Il aurait raconté tout cela à la Cour. Et le Roi-Soleil l'aurait invité à écrire cette monographie archétypale. La nouvelle pièce se fût appelée *L'École des Femen.*

Selon les militants de cet impromptu, les intervenants fondamentalistes étaient en train de débattre sur la question suivante : « Faut-il, oui ou non, battre sa femme ? » Cette version fut démentie par les organisateurs. De toute façon, nous sommes loin de la France des Cours d'Amour et de Célimène :

*Je sais que sur les vœux on n'a point de puissance,*
*Que l'amour veut partout naître sans dépendance,*
*Que jamais par la force on n'entre dans un cœur,*
*Et que toute âme est libre à nommer son vainqueur.*

Quelle pente descendue ! On ose nous parler d'obscurantisme des anciennes chrétientés et de l'esprit des Lumières. Que veut-on dire : l'obscurantisme d'hier et les Lumières d'aujourd'hui ? Comment en est-on arrivé là ? Comment a-t-on pu livrer notre pays à ce concours odieux de la vulgarité qui blesse l'âme, et de la claustration qui l'emprisonne ?

Les trousseurs de pastourelles étaient sans doute loin de penser qu'un jour la « douce France » tomberait ainsi en quenouille et s'abandonnerait à la violence, à la décivilisation.

Ô ma France douloureuse, prise dans ces nouvelles afflictions, pauvre pays au regard perdu dans le vide, qui abrite désormais en son sein un enclos de la décadence occidentale, la France des cours d'amour devenue le désert affectif des Femen et de la burka… Pauvre France estropiée, hors d'elle-même, qui assiste, impuissante, effarée, à la bataille entre les femmes dépoitrinées et les femmes grillagées.

La galanterie abritait un monde de retenue, typiquement français, qui est aujourd'hui chahuté. Les Femen se moquent des femmes et les cœurs virils encourent le risque du soupçon d'homophobie. La féminité est décriée. La virilité, suspecte.

La charia s'installe en Europe. Les cas se multiplient de ces musulmans rigoristes qui refusent de saluer une femme en lui serrant la main. Ils se réclament de Mahomet : « Celui qui touche la paume d'une femme à laquelle il n'a pas d'accès licite, on lui mettra une braise sur sa paume le jour du Jugement dernier[4]. »

La Cour suprême fédérale allemande a autorisé le 3 juin 2016 le mariage d'un migrant avec une *mineure* au motif que ce mariage a été conclu « selon les règles de la charia ». 51 % des mariages en Syrie sont des mariages avec des mineures. Le quotidien *Die Welt* rapporte ce nouveau problème des migrants qui arrivent en Europe et qui sont déjà mariés avec des jeunes mineures. Ou est la civilisation, la nôtre ? On a l'intuition que la Saint-Sylvestre tragique, de ces femmes bousculées et violentées, n'est qu'une miniature prémonitoire. D'ailleurs Sami Abou-Yousouf, l'imam de la mosquée Al-Tawid de Cologne n'a pas hésité à en imputer la responsabilité aux victimes elles-mêmes . « C'est la faute de ces femmes : elles étaient à moitié nues et portaient du parfum. Il est peu surprenant que des hommes veuillent les attaquer. C'est comme mettre de l'huile sur le feu. »

Le Coran est à l'exact opposé du roman de courtoisie : le Chevalier se consumait en vaine patience à la porte de la Dame. La femme était reine, maîtresse en ses ponctualités et protocoles. Le Coran énonce l'exhortation inverse en s'adressant aux hommes : « Vos femmes sont pour vous un champ de labour. Allez à vos champs comme vous le voudrez[5]. » Sauf que, dans les cours d'amour, la femme ne battait pas son soupirant. Elle le faisait languir. Alors qu'une sourate donne à l'homme le droit discrétionnaire de châtier son épouse : « Admonestez celles dont vous craignez l'infidélité ; reléguez-les dans des chambres à part et frappez-les. Mais ne leur cherchez plus querelle si elles vous obéissent[6]. »

Dans l'histoire des hommes, c'est toujours par la femme que passent les conquérants pour imposer une nouvelle civilisation. Or, pour la France, en ses tissus constitutifs, la femme est première. Non pas en termes de pouvoir mais de *prééminence.* C'est pourquoi la chariatisation guette la femme chez nous comme la première proie, symbolique. Et la déféminisation aussi. Les deux lui font perdre cette prééminence.

La civilisation française est menacée parce que son principal marqueur, son premier identifiant, c'est la place de la femme et que cette place est en train de changer. Si nous perdons ce trésor qui nous vient du tréfonds de nos élégances fondatrices, nous entamons notre capital de savoir-vivre. S'il n'y a plus la justice des Cours d'amour, tout à l'avantage de celles qui mettent la société en coquetterie de politesse et de bons mots, la femme deviendra ce qu'elle est en terre d'islam, où elle ne vaut en justice que la moitié d'un homme.

L'esprit de courtoisie et l'esprit de chevalerie sont tout ensemble tramés dans la personnalité française.

L'esprit chevaleresque est immuable. Il s'applique à l'éclat des vertus de la France. Il recherche en altitude la beauté des êtres et des choses, la surabondance et la plénitude. Il est de la même esthétique. Seuls ont évolué, au fil du temps, les points d'application, comme les armes de la conquête avec le même sourire au cœur. De la Cour aux réseaux sociaux, demeure le jeu de la séduction. Un mot me revient souvent, une allitération de Max Jacob : « La sobriété est une vertu esthétique, la pauvreté est une vertu esthétique, le respect est une vertu esthétique. La force, le renoncement, l'obéissance, l'ordre, l'humilité sont des vertus esthétiques. »

Péguy mettait l'esprit chevaleresque jusque dans le travail manuel à la française, dans l'honneur de l'ouvrage bien fait, à travers la fusion harmonieuse de l'esprit et de l'outil ; il célébrait les ouvriers de France en s'écriant : « Nous croira-t-on, nous avons connu des ouvriers qui avaient envie de travailler ! J'ai vu toute mon enfance rempailler des chaises exactement du même esprit et du même cœur, et de la même main que ce peuple avait taillé ses cathédrales. Ces ouvriers avaient un honneur absolu, comme c'est le propre de l'honneur. Il fallait qu'un bâton de chaise fût bien fait. C'était entendu. C'était un primat. Il ne fallait pas qu'il fût bien fait pour le patron, pour les clients. Il fallait qu'il fût bien fait en lui-même, dans son être même. » Ces humbles artisans entraient en leur ouvrage comme on entre en chevalerie.

Ainsi y a-t-il, dans notre histoire, toutes sortes de déclinaisons chevaleresques : chevalerie d'épée, de sapience, d'oblation, de clergie cueillant les fleurs de paradis. Chevalerie de souffrance sublimée. Apprendre à perdre pour que celui qui est derrière puisse un jour gagner. Le Chevalier sert. Il y a mille manières de servir. Servir les patries charnelles. La chevalerie reste un effacement, un don. Une manière de quitter ses vanités et de rejoindre le long cortège des ombres suppliantes.

L'esprit chevaleresque s'est éloigné de la politique parce que la politique s'est éloignée de la gratuité et de l'absolu détachement de soi.

Je relis souvent ce monument d'éloquence française de Malraux quand il évoque la première flamme qui s'élève du bûcher de Rouen : « Alors, depuis ce qui avait été la forêt de Brocéliande jusqu'au cimetière de Terre sainte, la vieille chevalerie morte se leva de ses tombes. Dans le silence de la nuit funèbre, écartant les mains jointes de leurs gisants de pierre, les preux de la Table Ronde et les compagnons de Saint Louis, les premiers combattants tombés à la prise de Jérusalem et les derniers fidèles du petit roi lépreux, toute l'assemblée des rêves de la chrétienté regardait, de ses yeux d'ombre, monter les flammes qui allaient traverser les siècles, vers cette forme enfin immobile, qui devenait le corps brûlé de la chevalerie. »

La Courtoisie et la Chevalerie ont fondé un monde. Ce monde est derrière nous. Mais aussi un peu en nous. Il a donné un pli au grand'œuvre que nous avons reçu en dépôt comme une présence vivante. En nos humeurs si changeantes coule encore un petit filet de « Douce France ». Il ne faut pas l'assécher. Il chante et gazouille comme la voix d'une petite fille de France qui vient adoucir, embellir, illuminer nos derniers songes de rescapés. La petite fille Espérance.

## XXX

# Le Jardin à la française

Dans les hautes sphères à forte connivence, on s'ingénie à faire croire que la France est venue au monde affublée du bonnet phrygien de Marianne, du temps de Monsieur Guillotin. Non, la France n'est pas née au bout d'une pique. Elle a éclos dans un jardin. L'image ancienne, tout énigmatique, nous vient des enlumineurs d'Azincourt où la France devint anglaise.

Les miniaturistes voulaient ainsi nous mettre en garde : ce jardin peut connaître l'hiver mortel, il est fragile, si précieux, il peut à tout moment être piétiné, foulé aux pieds, saccagé, pire, abandonné aux chardons des cœurs secs, qui mettent l'esprit en jachère et nos labours en friche.

Au Moyen Âge, on dessine la France en l'incarnant dans deux formes idéales : une dame et un jardin de paradis[1].

Depuis longtemps déjà, les trouvères et ménestrels accolent et confondent dans la même miniature les deux allégories fondatrices : « Le beau jardin plein de grâces et la douce France ».

Peu à peu, la littérature se remplit, fertile, de fleurs aux couleurs vives, de ruisseaux qui chantent, de belles odeurs de terre mouillée et de printemps tièdes qui ne finissent jamais.

On situe le royaume dans le « septième climat », le plus tempéré, qui donne à la terre ses équilibres et aux hommes leurs ardeurs à la herse. On fredonne, sur les coteaux des « Très riches heures » ou parmi la lande et la bruyère : « France est parement de la terre ».

Voici que notre Jardin, devenu polygonal, fermé de palis en osier armoriés, tout en formes régulières, planté d'ifs, de haies et d'arbres accablés de fruits, se met à cultiver les symboles. Toutes les fleurs y prennent un sens : la marguerite fleure bon l'immortalité, la violette figure l'humilité, la rose l'amour, le lys la félicité.

Chrétien de Troyes exprime alors la fierté de la civilisation française : « Les livres m'ont appris que la Grèce occupait jadis la place d'honneur dans la science et la sagesse, l'une et l'autre passèrent à Rome puis émigrèrent en France où elles ont désormais leur siège. »

Le Jardin de France devient celui de l'éclat des vertus : la douceur et la gravité, la peur d'infamie et la prud'homie qui s'épanouiront en « l'honnête homme » du siècle classique quand il viendra à point nommé cueillir les fruits de cet héritage.

Les saisons accordent leurs faveurs à cette terre qui a trouvé la bonne place dans l'univers, là où la glèbe est féconde. Le poète Guillaume du Vair, devant la richesse des récoltes, s'extasie : « Le destin a assigné en partage au jardin de France le plus beau quartier de la terre[2]. »

Il y eut, paraît-il, dans la Bible, sans doute à l'Orient, un « jardin d'Éden ». La France est le jardin d'en face, celui des soleils couchants. Le jardin tempéré, jardin de tempérance : d'une fontaine de grâce, sortent quatre fleuves. Bientôt on parlera d'un peuple jardinier qui retourne la terre et veille à protéger ses confins. Car le jardin que les Capétiens s'emploient à arrondir, de lopin en lopin, est bordé d'ondulations sablonneuses. Il devient un « pré-carré », baigné de mers qui lui donnent le sel de la vie ; elles lui rendent du matin au soir l'hommage de leurs robes d'écume qui s'inclinent puis se retirent.

De tout temps, la France chante ses terroirs. Le Français a toujours entretenu avec le lieu un rapport amoureux. Parce que le lieu porte jusqu'à nous quelque chose qui est déjà au fond de nos yeux. Le pays ressemble à ceux qui le regardent.

Chez nous, c'est dans le cœur de l'homme que finissent les paysages. Ils entrent en nous, nous leur prêtons nos sentiments. Ils nous habillent de leurs saisons qui sont leurs sentiments à eux : leurs tristesses d'automne, le temps qui s'écoute parfois, avant la nuée, l'intempérance, la colère sans raison, soudaine, de la foudre, les déchirures d'orage aussi qui les abîment et creusent en nous des crevasses, et puis les oiseaux qui reviennent, le blé en herbe qui deviendra bientôt la plaine fumante qui tremble sous juillet, comme dit Brel, le Français du Plat Pays.

La France n'est jamais pareille, les paysages sont si différents et pourtant, tout comme nous, ils ont des parentés : ils cousinent tous un peu.

Chaque petit coin de France a gardé jalousement sa touche immémoriale, mais partout, portée par les mêmes brises, les mêmes haleines, les mêmes houles, il y a malgré tout une unité, entre tous les jardins secrets. À chacun son Loir gaulois, son air marin, sa douceur angevine ; les oliviers et les amandiers brûlants de Giono, les étangs de Corot, le soleil mordant de Van Gogh qui taille à la hache les contours des maisons de La Crau, si loin, si près des collines de Pissarro, aux pentes sensuelles et arrondies…

C'est toujours la même histoire, la même peinture depuis le Moyen Âge et les Livres d'heures du duc de Berry. On se passe de main en main le même pinceau des frères Limbourg sur les semailles, l'ordonnancement du sillon qui s'ouvre et la victoire de l'homme sur la rocaille, le marais puant, la lèpre de galets.

Trois versants, trois mers. Bel équilibre trinitaire. La France se tourne de tous les côtés. Elle prend du regard le meilleur du voisinage. Elle se découvre à la fois continentale, occidentale et méditerranéenne. Un petit monde qui touche à tous les mondes – pense-t-on – et qui en résume les harmonies. Plus tard, Napoléon dira justement en termes prosaïques qu'un pays a la diplomatie de sa géographie : notre tradition nous porte à élever chez nous des jardiniers de la terre mais aussi à envoyer au bout du monde des laboureurs d'écume, des Jacques Cartier, des Champlain, des Lapérouse ; ils allèrent, à leurs risques et périls, porter nos curiosités sur les mers hurlantes et ramenèrent chez nous des fleurs sauvages et les promesses de l'Inconnu.

Toujours, il faut avoir un œil par-dessus le palis. Car nous sommes un jardin de convoitise qui inspire l'envie. Du fait que ce jardin est un isthme et une péninsule située au milieu de trois cercles de bornage incertain, il est comme encerclé. Toujours sous la menace d'un voisin tenté de franchir la barrière pour venir promener chez nous ses indélicatesses. Il y a le Nord et ses humeurs rudes, qui soupirent après nos saisons douces. Il y a le grand large atlantique des mondes indéfinis à venir, la *Mare Nostrum* des vieilles civilisations qui débordent et de nos parentés latines, et puis le continent qui finit en Asie, d'où viennent les hordes d'Attila.

Ce jardin, né sous un climat de rêve, ne pouvait pas rester longtemps une merveille de la nature inviolée. Il lui fallut très tôt apprendre à se protéger. S'il n'était pas devenu une œuvre d'art *politique*, il eût péri depuis longtemps, dépecé. À Sciences Po, le professeur André Siegfried transformait l'amphithéâtre Boutmy en un théâtre des nations. D'une main, il brandissait le portrait de l'une. Et de l'autre, il lui assignait un destin, une place dans la vie des hommes : il commençait ainsi son cours : « La nature est le premier personnage de l'histoire. Elle la commande. D'autres pays doivent beaucoup plus que le nôtre à la nature. Chez les Allemands, la forêt s'oppose au jardin. Il y a comme le chaos d'une nature indomptée[3]. Chez nous, la finitude et la sédentarité vont ensemble : on cultive son jardin, comme dit Voltaire. Il a fallu la rencontre d'une nature favorable et d'un dessein. La France est un acte politique. Sans la volonté, elle n'est plus rien. » Il faisait le tour de l'Europe, s'arrêtait dans chaque pays, sauf au Royaume-Uni. Les élèves le lui faisaient remarquer. Alors il se levait, remettait son polycopié dans son cartable à double entrée, en feignant de réparer cet oubli : « Ah, oui ! L'Angleterre ! J'allais oublier. C'est simple : l'Angleterre est une île. J'ai terminé. » Cela voulait dire que l'insularité commande toute l'histoire du Royaume-Uni, que la Nature commande la Politique. Et que chez nous, c'est l'inverse.

La tentation d'aller dans le champ d'à côté, où l'herbe paraît toujours plus verte, est aussi ancienne chez nos voisins que nos jardiniers de borderies et que nos frontières héritées de la nature. Elle impose de ne jamais baisser la garde, de surveiller les bordures et d'unir tous les cercles qui nous entourent. C'est une chance de pouvoir peser dans chacun d'entre eux.

Mais il faut nouer et renouer sans cesse tous les liens dans un savant entremêlement d'harmonies contraires. La France n'est pas seulement continentale, elle est une puissance d'équilibre. Elle est présente sur toutes les mers du monde. Elle doit cultiver ses relations selon le vieux principe des jardins suspendus, celui des poids et des contrepoids. La vieille image du « roi, empereur en son royaume » vient de cette dialectique : être parmi les autres, mais jamais au-dessous des autres. En France, pays de carrés multiples et d'autant d'apanages jaloux, on ne s'en remet à personne de cultiver soi-même son jardin de diversité. De Gaulle avait résumé cela avec un trait d'humour : « Comment voulez-vous gouverner un pays où il y a deux cent quarante-six variétés de fromages ? »

Cela veut dire que notre nation, qui a du mal à se gouverner, ne peut s'en remettre à personne pour contrôler le jardin de ses appellations, de ses terroirs, de ses traditions, de son art de vivre, de ses attirances, de ses goûts. De sa politique. Jardinier maître chez soi.

Aucun empire ne peut prévaloir. Les frontières ne sont pas indéfiniment extensibles, selon la sage théorie de la « puissance bornée » de Louis IX. Il y a là l'esquisse d'un monde en ordre. Pour la France, la frontière est la condition de l'échange. Ce qu'elle peut apporter de meilleur au monde, c'est elle.

Elle est même ce lieu un peu magique où le Nord et le Midi, le continent et l'Atlantique déposent, dans un va-et-vient subtil, le suc de toutes les expériences qu'elle rend sublimes. La France est un peu italienne avec Molière et la commedia dell'arte, un peu espagnole avec le Cid, un peu anglaise avec Montesquieu. Le grand Condé envahissant la Hollande s'arrête chez Spinoza et Napoléon dépose son sabre au pied de Goethe. De ses origines, la France garde cette curiosité. Elle incorpore ce qui n'est pas elle mais ce qui lui est proche.

Pour la culture, la France est, de par ses racines et ses épanouissements, largement européenne. Pour la politique, l'Europe est largement française.

C'est au XIIIe siècle que le mot « Francie » apparaît pour désigner l'ensemble du royaume. On passe du *rex Francorum* au *rex Franciae*, puis au « roi de France » « qui ne se reconnaît pas de supérieur au temporel ». Il est suzerain sur le jardin d'Île de France. Plus tard, du pré-carré élargi sortira le concept de souveraineté sur le jardin de France pour le faire rayonner aux quatre coins du monde. Ainsi dans le jardin royal, plantureux, verdoyant, s'épanouissent les « fleurs de paix et de justice ».

Selon l'historienne Colette Beaune[4], il y a une autre image qui accompagne celle du jardin, c'est celle de l'Arbre sec qui refleurit. Il descend de l'Arbre de la Connaissance et de l'Arbre du Bien du jardin d'Éden.

On l'associe à l'Arbre de Jessé, qu'on retrouvera sur le porche des cathédrales. Le thème de la floraison magique revient souvent : la couronne d'épines refleurit entre les mains de Charlemagne, les lances des preux qui vont mourir refleurissent en signe de faveur divine. Et puis l'Arbre de France est bientôt figuré comme un arbre vert à feuilles blanches.

« L'arbre et le jardin, ces deux symboles du pays de France, étaient complémentaires, l'un renvoyant au territoire, l'autre à l'ensemble du peuple. » C'est de ce bouquet d'images que sortira le Chêne de Saint Louis. Le Chêne de la Justice. Le jeune roi qui porte le sceptre et la main d'ivoire aux doigts levés – la main de justice – veut ainsi, sous la protection du plus vieil arbre du royaume, se rendre accessible à tous les plaignants, loin des voûtes solennelles et des austérités des salles d'audience. Il tiendra ces assises domestiques à l'extérieur de son palais. On les appellera « les plaids de la porte ». Chaque matin, sous le chêne de Vincennes, il rend la justice en personne, séance tenante. Et il juge en équité les grands comme les petits, sans passe-droits.

Dans son testament politique, Richelieu le dit sans ambages : « Dieu n'a fait les rois que pour protéger les petits et être le support de son peuple. » Cette image du Chêne de Justice restera gravée dans notre imaginaire national : la Justice plus forte que les féodaux, plus forte que les suzerainetés financières ou les hégémonies et les pouvoirs de fait. Le Roi fait corps avec le peuple. S'il devient « le premier gentilhomme du Royaume », comme Louis XVI, c'est fini. Car il n'est plus au-dessus des puissants mais le plus puissant d'entre eux.

C'est par la Justice – quand elle est juste – que tout devient légitime. C'est par la Justice – quand elle est trouble – que l'État perd son crédit. La France est un parterre où fleurissent ensemble, comme le rosier d'amour entrelacé de Tristan et Yseult, la justice et l'ordre.

La paix, c'est la tranquillité de l'ordre, disait saint Thomas. La justice ne peut être dans le désordre. Cette vieille idée capétienne a traversé les siècles. Elle fut bousculée par la suspicion puis la révolte des parlements et l'émancipation des Juges. De nos jours, elle est venue se fracasser sur le « mur des cons ». Quand la justice devient suspecte en ses arrêts, soupçonnée de trier à l'envers le bon grain et l'ivraie, c'est tout le jardin qui tombe en friche.

La civilisation française, son esthétique et ses chefs-d'œuvre peuvent se perdre. La nature sauvage peut reprendre le dessus. Le jardin est un état supérieur de la nature et l'ordre géométrique une conquête sur le chaos. L'art classique a ainsi transfiguré l'ancien jardin de France. « En ce temps-là, quand les bêtes parlaient par la vertu de Monsieur de La Fontaine, l'État était un jardin[5]. »

Le Roi-Soleil, dans une proclamation symphonique, a dédié à tous les soleils timides des matins de l'univers connu le jardin de l'intelligence française, où règnent la clarté, la composition, les dégradés et la ligne de fuite, toute une société hiérarchique où s'associent sur de multiples plans les enchantements de l'eau, des tapis verts, des parterres brodés et des terrasses.

Au nom du principe que le jardin ressemble au jardinier, Jacques Le Goff a comparé les jardins du monde : « Le jardin chinois aime le désordre et le secret. Le jardin japonais est très ordonné. Il y a, d'un côté, une religion du mystère, le taoïsme chinois, et de l'autre, une religion de la lumière, le shintoïsme japonais. En Europe, il existe une opposition forte entre le jardin à l'anglaise et le jardin à la française ; le premier est fouillis, c'est un lieu romantique, propice à la rêverie, tandis que le second est construit, structuré. » Et il conclut : « La Beauté, la Justice, l'Ordre… Voilà sur quoi sont bâties les civilisations[6]. »

Le « Jardin à la française » respecte ces canons. Et il y met de l'allégresse et du charme : à Versailles, tout y rit dehors et dedans, l'or et le marbre y rivalisent de beauté et d'éclat. La nature devient puissance invitante. Le parc de Le Nôtre a été dessiné comme un jardin régalien. On y retrouve, dans une transposition symphonique d'une nature ordonnée sans être asservie ni forcée, la double inspiration métapolitique de l'Ordre et de la Justice.

L'*Ordre*, en esthétique, porte un nom : la *Symétrie*. À travers un jeu subtil de correspondances entre les proportions. C'est cette symétrie dont parlait Madame de Maintenon à propos de Louis XIV : « Avec lui, il n'y a que grandeur, magnificence et symétrie. Et il vaut mieux essuyer tous les vents coulis des portes ouvertes afin qu'elles soient vis-à-vis les unes des autres... Ici, il faut *périr de symétrie.* »

Quant à la *Justice*, elle aussi porte un nom : la *Perspective*. Elle tient en équilibre dans la balance de l'architecte ce que voit l'œil au plus près et ce qu'il entrevoit au loin. Versailles, c'est une mise en perspective. « Le génie de Le Nôtre est d'avoir fait servir le paysage à prolonger vers des lointains grandioses, le théâtre de la majesté royale[7]. » La nature, en ses arrière-plans, s'unit à l'architecture par des rampes, des bosquets et toute une géométrie plaisante.

Le jardin à la française, comme les cathédrales, repose sur un *nombre d'or* : tout est à l'échelle humaine, la mesure, la hauteur, les distances. On est dans le grandiose et on demeure malgré tout à hauteur d'homme. Une nation qui brode des jardins à la française est une nation romanesque. Le romanesque est l'eau de la plante pour un peuple comme le nôtre.

C'est toute une société et toute une politique qui sont derrière cet art et cette beauté. Le jardin donne du fruit en abondance. *L'Angélus* de Millet salue un pays de semeurs et de longue patience qui accorde le soleil qui monte et le sillon qui s'offre. La terre est une offrande, il faut la mériter.

XXXI

# Heureux comme Dieu en France

Il y a, chez nous, dans notre vieux pays de cépages et de millésimes ancestraux, un art de vivre, un art de jardiner, un art de cultiver, mais aussi, qui en procède, un art de cuisiner, un art de la table et de la cave. Un art de vivre à la française. Un savoir-vivre, une façon d'être en société dont les codes de politesse ou les règles de protocole, qui viennent de loin, donnent encore le *la* à l'univers entier.

Dans le Jardin de France, ne lèvent pas que les oraisons de l'aurore et les épis mûrs ; il y pousse aussi de la vigne, à côté du pressoir qui côtoie le village et le bistrot, où s'écrivent et se mettent en toilette les chansons à boire :

*Fanchon, bien que bonne chrétienne*
*Fut baptisée avec du vin.*

Quand j'étais petit, autour de chez moi, chaque voisin avait son carré de vigne et récoltait sa piquette d'oberlin, un vin d'encre, épais et sévère, qui donnait de l'aplomb et tuait toutes les bactéries dans les ventres délicats ou fiévreux. C'était une médecine et un langage, un rite.

J'ai connu, dans mon village, les caves profondes, culottées de salpêtre, où s'échangeaient, au cul de la barrique, entre deux silences, en tournant la pinette, les choses qu'on ne dit que dans les entrailles de la Terre. On parlait avec des onomatopées. C'était une liturgie. Le mot était rare, lesté de tanin on se comprenait, on était du même arpent, du même sarment.

Je suis du pays de Rabelais. Je l'ai suivi à la trace, depuis l'abbaye Saint-Pierre de Maillezais qui garde le souvenir de ses périples en la province poitevine de la Dive Bouteille. Je sais où il est allé chercher son Pantagruel et dans quel four à pain il faisait cuire sa fameuse fouace, qui existe toujours près de chez moi.

Je connais les vins qu'il buvait, le Pissotte, le Mareuil, le Rosnay, le Brem. Et le noah, le vin interdit qui rendait fou comme l'absinthe. En France, il y a autant de vins que de clochers. Ce sont les moines qui, les premiers après les Romains, ont appris à tailler, à sculpter la vigne. Comme on taille des gargouilles dans la veine de la roche. La Chartreuse et le Grand Échezeaux sont sortis de leurs mains, de leurs chaix, de leurs ferments secrets.

Rabelais était moine. La religion n'était pas contraire au rire et à la nature. Elle la sanctifiait et en faisait une occasion de rendre grâce. Merci mon Dieu pour ces bouquets vermeils. La procession des Rogations marchait, chantait, suppliait vers les vents favorables et appelait les clémences du ciel pour la moisson. Le vin de la noce était de la même barrique, du même coteau, de la même vendange que le vin de messe. « Le vin est devenu central dans le christianisme qui allie l'héritage biblique et celui de la Grèce, au travers de l'Eucharistie[1]. »

Depuis les temps immémoriaux, les échauffements de gorge donnent à la conversation des Français entre eux du degré, du piquant, de l'esprit.

Chez nous, le vin est biblique et littéraire. Chacun est appelé à « vendanger dans les vignes du Seigneur ». Le premier ivrogne de notre histoire, c'est Noé. Qui donc aurait la mauvaise grâce de reprocher à quelqu'un qui s'est pris un déluge, de se noyer dans l'alcool ? Ce fut une ivresse mystique. À Cana, on ne manqua pas d'établir une hiérarchie du vin : il y a le bon et le mauvais, celui qu'on sert en premier. C'est une parabole. Nous sommes les fils spirituels d'une religion *incarnée.*

D'ailleurs, à peine converti derrière un chapiteau à fleur de vigne à Notre-Dame, Claudel loue les arômes et ses enchantements foudroyants : « Le vin est un professeur de goût et, en nous formant à la pratique de l'attention intérieure, il est le libérateur de l'esprit et l'illuminateur de l'intelligence. »

Là où est le vin est l'institution du village, le café. La vie de café, vantée par Stendhal, forge un langage qui s'enrichit en traversant la rue. Et là où est le café, naît et s'épanouit la mélodie populaire. La Madelon qui porte nos soldats mithridatisés à l'eau-de-vie des cantonniers et bouilleurs de cru. Et Valentin qui laisse comme dernière volonté :

*Le robinet dans la bouche*
*Et le gobelet à la main*[2]

Et puis ce menuisier de Nevers, au XVII^e^ siècle, maître Adam Billaut, pour qui la mort elle-même sera compagne d'une éternelle libation :

*Si je meurs, je veux qu'on m'enterre*
*Dans une cave où y a du bon vin.*

Demain, la vigne sera-t-elle interdite ? Un incident récent et sans doute prémonitoire pourrait nous le laisser craindre : cela se passe à Nice, au premier jour du ramadan : « Une serveuse, elle-même de confession musulmane et observant le jeûne, a été violemment agressée par deux individus la jugeant coupable de servir des boissons alcoolisées en cette période sacrée[3]. » Ce n'est pas un fait divers anecdotique, car « il rappelle à quel point le ramadan est devenu un marqueur identitaire ».

Plusieurs hadiths condamnent sans ambiguïté la production, la vente et la consommation de vin : « Allah maudit le vin, celui qui le presse, celui à qui on le presse, celui qui le boit, celui qui le prend, celui qui le vend, celui qui le sert et celui à qui on le sert ».

Comme chacun le sait aujourd'hui, les interdits islamiques ne s'arrêtent pas à la vigne mais vont jusque dans les fermes, condamner le porc. Alors il faut plus que jamais proclamer la devise des charcutiers : « Tout est bon dans le cochon. De la tête jusqu'à la queue ». Chez nous, le cochon est roi et cochon qui s'en dédit.

Là comme ailleurs, il y a des *dhimmis*, ceux de la Table, ceux de la cantine, comme il y a les *dhimmis* des musiques interdites. Il ne faut rien céder. En affirmant nos arts de la table, nous préservons le fameux *mode de vie à la française*. Nous gardons le jardin.

Cioran a eu un joli mot : « À Paris, je me suis rendu compte que manger est un rituel, un acte de civilisation, presque une prise de position philosophique. »

En 2010, l'Unesco a inscrit « le repas gastronomique français » au patrimoine culturel immatériel de l'humanité. La France est ainsi devenue le premier pays honoré pour son génie des arts culinaires. La cuisine d'un peuple est le seul témoin exact de sa civilisation[4]. Partout ailleurs, on se nourrit. En France, on sait manger.

La France a une identité culinaire, que Brillat-Savarin a ainsi qualifiée : « Les animaux se repaissent ; l'homme mange : l'homme d'esprit seul sait manger. » Il ne pouvait imaginer, en disant cela, qu'un jour, il y aurait la malbouffe, les restauroutes de Jacques Borel, la cocacolonisation et tous les problèmes d'obésité à l'américaine. Et puis la dictature de la Norme qui, depuis les instances mondialistes et européistes, prétend, au nom de l'hygiène, nous interdire nos fromages, nos foies gras, pour nous imposer le poulet au chlore, la lotte polyphosphatée de Chine et le champagne de l'Arkansas.

Saint Augustin racontait : « Quand je suis à Hippone, je vis, je mange comme dans cette contrée. Mais quand je vais à Rome, je vis, je mange comme les Romains. » Il y a un art de vivre dans le jardin à la française ; nous n'en changerons pas. La France de nos humeurs et de nos goûts restera dans notre fonds, là où s'épanouit le jardin de Douce France.

Ce jardin inspira à Péguy une ode magnifique : « Toutes les sauvageries du monde ne valent pas un beau jardin à la française. Peuple qui fais le pain, peuple qui fais le vin, ô ma terre lorraine, ô ma terre française. Peuple qui laboure le plus profondément les terres et les âmes, toujours tes eaux seront des eaux vives. Toujours tes rivières seront des eaux courantes et tes secrètes sources dans tes mystérieux, merveilleux, douloureux jardins.

« Moi je sais, dit Dieu, que rien n'est grand comme l'ordre et que rien n'est profond comme le labour français. Moi, je sais, dit Dieu, jusqu'où un Français peut se taire, sans rompre un alignement, une ordonnance.

« Une eau pure, une eau saine monte.

« Dans les tiges de la loi du Pain,

« Une eau saine, une eau courante monte, une eau rare. Dans les sarments de la loi du Vin.

« C'est vous qui avez inventé le jardin.

« C'est vous qui dessinerez mes jardins de Paradis. »

Le « vous » veut dire « nous » : la France. D'où la vieille expression, pleine de finesse allusive et qui vient d'Allemagne : « Heureux comme Dieu en France ». Sans doute parce qu'il retrouve chez nous, par l'effet du grand miroir de sa Création quelque correspondance avec les harmonies qu'il a dessinées pour les mortels du premier jardin, entre la pomme et le serpent. La France est un petit paradis.

XXXII

# Née d'un acte littéraire

C'est une histoire vraiment touchante que celle de ce physicien, franco-algérien, Malik Bezouh, qui s'est confié dans un livre surprenant[1]. Comme tant d'autres, il est entré dans l'islamisme par la porte du malaise identitaire : « J'avais un contentieux énorme avec la France. Officiellement, j'étais français, né en France, issu de l'immigration algérienne. Mais la France, pour moi, n'était qu'un hôtel, où j'étais seulement hébergé. Je souffrais d'ailleurs du racisme ordinaire envers les Maghrébins, dans ma jeunesse : combien de fois ai-je été traité de "bougnoule" ? Tout cela m'empêchait de me raccrocher à la France. Il faut comprendre cette faille identitaire que portent tous les Français d'origine maghrébine, si difficile à surmonter. » L'auteur raconte alors sa conversion à l'islam.

« C'est lorsque j'étais étudiant, à Saint-Étienne, que j'ai rencontré l'islamisme. J'ai lu cette phrase d'un penseur des Frères musulmans, Sayyid Qtub : "La nationalité du musulman, c'est sa foi." Alors j'ai cru tout résoudre : je ne suis ni algérien, ni français, je suis musulman ! J'ai embrassé l'islam porté par les Frères musulmans. »

Mais le récit du jeune croyant Malik va changer soudain de direction. Il confesse son malaise « chez les Frères » : « Je ne partageais pas leur sentiment de surpuissance envers les Français, ces mécréants qui pataugent dans l'ignorance et l'idolâtrie de la nouvelle Babylone. Je suis devenu dépressif... J'ai fini par quitter la Confrérie. Cela a été une vraie souffrance pendant plusieurs années. »

Et c'est alors que tout bascule : la France va faire irruption dans sa vie par la porte de la littérature : « Je suis tombé sur un texte de Bossuet : ce fut un véritable choc ! Je lisais un français magnifique, alors que je ne connaissais jusqu'à présent que des traductions islamistes de l'arabe. Ce fut mon premier contact avec la littérature française... J'ai été bouleversé par ses pensées qui s'inscrivent en faux contre la société hédoniste et narcissique actuelle. La France m'a donné des figures d'identification, et même une fraternité traversant les âges. Je suis un miraculé de l'identité française. J'ai plongé par l'histoire de France. Elle fut ma thérapie. »

Et Malik Bezouh conclut : « J'ai été sauvé par le génie français. » Sauvé par Bossuet, pourtant si loin de l'esprit de l'époque. Malik Bezouh a lu la *Politique tirée des propres paroles de l'Écriture sainte.* Elle l'a cueilli, emporté. Elle dit tout sur l'amour de nos patries intimes : « La société humaine, écrit Bossuet, demande que l'on aime la terre où l'on habite ensemble ; on la regarde comme une mère et une nourrice commune, on s'y attache, et cela unit. C'est ce que les Latins appellent *charitas patrii soli,* l'amour de la patrie, et ils la regardent comme un lien entre les hommes. Les hommes, en effet, se sentent liés par quelque chose de fort lorsqu'ils songent que la même terre qui les a portés et nourris étant vivants, les recevra dans son sein quand ils seront morts. C'est un sentiment naturel à tous les peuples. » Bossuet a bien décrit ce qui est dans le cœur de l'homme de toujours.

Ainsi la terre et la chair se mêlent. C'est la dernière demeure qui compte. On est de la première mais surtout de la dernière terre, celle où on élit domicile pour toujours.

L'histoire de ce jeune Français de désir – aujourd'hui de passion – illustre, en ces temps troublés, une pensée de Cicéron : « Quand l'ordre a disparu dans la Cité, seuls restent, pour rétablir la paix, *les mots.* » Les mots qui exultent, les mots qui engerbent et qui enlacent, les mots qui touchent.

Il faut aller porter les mots là où ils ne sont plus jamais prononcés. Il n'y a pas de territoire interdit pour les grands auteurs et les belles pensées. L'esprit français franchit toutes les murailles. Encore faut-il ne pas avoir honte de lui offrir l'hospitalité, ne pas capituler devant la bêtise quand elle sort de son lagon.

La première capitulation est littéraire puisque – c'est une singularité reconnue – la France et la langue ne font qu'un. Chez nous, la littérature est première. « La France, c'est la langue française[2]. » Parce qu'elle porte une pensée qui court comme un filigrane tramé dans toute notre histoire. À chaque fois que la France fut au bord de l'abîme, elle s'est accrochée à deux môles qui n'ont pas vacillé : « le tronçon de l'épée et la pensée française[3] ».

Notre pays n'est pas venu au monde à partir d'un coup de force, d'un coup d'échine, d'un trait de plume de robins. La France est *née d'un acte littéraire*, d'une chanson de geste, la chanson de Roland. Qui célèbre une vallée de larmes, une défaite, Roncevaux. Mais cette glorieuse défaite va devenir le plus vieux titre national de nos gloires. Une défaite transfigurée par des mots. Le preux a pleuré sur le pays de « Douce Plaisance ». Pour la première fois, un homme fait de la France un poème national. Plus tard, à Hastings, en 1066, les Français déclameront la chanson de Roland. De génération en génération, on tiendra Durandal à la main.

Jouvet disait : « Le théâtre, c'est le Verbe. » Le théâtre de la grande histoire aussi. Il suffit d'un mot – ô ma France – qui crée l'élan, d'un appel de l'olifant, d'une épée qui se brise, s'élance, se plante dans un rocher, à Rocamadour, et vient se ficher dans nos cœurs romanesques. Et voici que notre destin est scellé. Le Français aura la tête épique.

Notre langue sera le principe unificateur du Royaume, le Verbe vivant. Comme l'écrit magnifiquement Marc Fumaroli :

« Nation-Église, la France est construite autour d'un Roi-Verbe, d'un Roi-Christ, dont la langue chante les louanges, véhicule les ordonnances et rassemble les fidèles sujets[4]. »

Plus tard, la clarté française portera bien au-delà du jardin de France nos saveurs fraîches et aurorales. Jusqu'aux confins de notre continent, la conversation sera bientôt française. La France devient le salon de l'Europe.

Avec sa langue, notre pays a inauguré un nouveau régime de la parole et de la civilisation. S'il a élevé la littérature au rang de symbole national, c'est qu'il y a un commandement politique de la langue, le nouveau *sacré laïc*, comme dit Paul-Marie Coûteaux[5].

En France, la littérature est au-dessus de la politique, elle est sa légitimité supérieure. Elle fait l'histoire. Sans les mémorialistes, que saurait-on des temps passés ? Sans Grégoire de Tours, le Vase de Soissons ne serait pas venu jusqu'à nous. Sans Joinville, Saint Louis fût demeuré un roi obscur. C'est Saint-Simon qui fait découvrir la Cour de Louis XIV et Chateaubriand sait, comme Tacite avec Néron, que ce qui restera de Napoléon, c'est ce qu'il aura écrit : « L'historien paraît, chargé de la vengeance des peuples. »

Pour la postérité, ce qu'on retient, ce ne sont pas les faits mais ce qu'en ont dit les écrivains. La trace des hommes politiques s'efface. Le jugement des écrivains demeure. C'est un besoin très ancien que ressent notre patrie littéraire d'accorder l'histoire et l'écriture. Dès le XIIe siècle, Suger, le conseiller du roi Louis VI, confie aux moines de Saint-Denis le soin d'un travail historique prodigieux : ce sera la « Grande Chronique de Saint-Denis », elle traversera les siècles pour venir jusqu'à nous. Dans le vieux fonds gaulois, fort en gueule, les mots ne sont pas au-dessus des actes. Ils sont des actes. C'est à cause de cela – quel symbole ! – que les écrivains accèdent au privilège de l'immortalité sous la Coupole. Pour eux seuls, les phrases prononcées ne s'éteindront jamais. Ils ne meurent pas. Les saints ont le Paradis. Les Immortels ont la Postérité.

Quand la France enterra Victor Hugo le 1er juin 1885, c'est tout le Paris populaire qui conduisit les funérailles. D'un à deux millions de personnes marchaient sur le pavé, derrière le corbillard. Une foule en blouse, en casquette, en bourgeron, en pantalon de travail. C'était un fleuve de peuple qui venait rendre un ultime hommage au poète national et saluer un soleil qui disparaissait derrière l'océan.

Romain Rolland raconte : « Le peuple entier était en ribote. » Jules Romains était là lui aussi, près du grand *velum* en crêpe et la chapelle ardente de l'Arc de triomphe, dans la foule : « Je n'étais qu'un fœtus d'environ six mois. » Il confie que sa mère eut bien du courage de rester debout avec cette charge ; elle était une jeune femme très modeste, issue d'une lignée paysanne. Elle marchait derrière le cercueil, les parents n'étaient pas loin. Mais, comme on disait à l'époque, « la famille de Victor Hugo, c'est la grande famille française ».

Aujourd'hui les poètes meurent seuls. Le peuple ne les suit plus. Il ne les connaît pas. Sauf les écrivains du commerce. Il est vrai que la bonne littérature est devenue suspecte. Les déconstructeurs sont passés par là. Ils se méfient de la langue : « elle nous opprime ». Dans les mots qu'elle nous dicte, nous serions contraints de faire entrer nos sentiments les plus intimes. Roland Barthes en conclut que « la langue est tout simplement fasciste ».

Comme l'écrit François-Xavier Bellamy, « il n'est pas anodin que l'apprentissage des langues et de la littérature ait longtemps été désigné sous le beau nom d'humanités. S'attaquer à la culture, c'est en fait le plus sûr moyen de s'attaquer à l'humanité vive de l'homme[6] ». Ainsi s'éclaire cette incroyable prophétie lancée par Heinrich Heine : « Là où on brûle des livres, on finit par brûler des hommes. La déculturation précède la déshumanisation. »

L'enseignement de nos chefs-d'œuvre a mauvaise presse. L'idéologie mondialiste lui préfère l'apprentissage de l'anglais, des tablettes et du smartphone. Pour les négociateurs du traité de commerce transatlantique, les langues nationales autres que la langue du moment, l'anglo-américain, sont considérées comme des « obstacles commerciaux non tarifaires ». On traite les langues comme la margarine.

Najat Belkacem qui ne veut plus du grec, du latin, de l'histoire, du français, fait entrer l'arabe à l'école, la langue de l'islam. Mais bien avant elle, Nicolas Sarkozy avait répandu ses moqueries sur la culture des grands auteurs français. Il avait fait rire toute une salle, à Lyon, lors d'une réunion électorale[7], en improvisant une charge sévère contre la littérature classique : « L'autre jour, je m'amusais, on s'amuse comme on peut, à regarder le programme du concours d'attaché d'administration. Un *sadique* ou un *imbécile*, choisissez, avait mis dans le programme d'interroger les concurrents sur *La Princesse de Clèves.* Je ne sais pas si cela vous est souvent arrivé de demander à la guichetière ce qu'elle pensait de *La Princesse de Clèves.* » Pauvre princesse, affublée de ridicule. Dommage qu'elle ne fût pas « La Princesse du Qatar » ! Le ludion électronique aurait eu beaucoup plus d'égards...

Nicolas Sarkozy aurait mieux fait de méditer la leçon de Hannah Arendt : « C'est pour préserver ce qui est neuf dans chaque enfant que l'éducation doit être conservatrice. »

Malika Sorel-Sutter, avec sa grande connaissance du monde arabe, ne cesse de souligner que le réenracinement religieux des jeunes générations s'est effectué par le biais de la transmission de la langue arabe[8]. Les « enseignements des langues et cultures d'origine » sont devenus, aux dires mêmes du Haut Conseil à l'intégration, des « catéchismes islamiques ».

Trop souvent, on présente l'urgence de la langue comme une simple facilité de communication. Il est vrai qu'il est bien plus difficile qu'on ne croit de passer d'une culture à une autre. J'en ai fait l'expérience douloureuse au Parlement européen. Beaucoup de mots français – liberté, laïcité, panache, etc. – sont intraduisibles. La langue est un véhicule, un vecteur. Mais elle n'est pas que cela. Elle est, comme disait Unanumo « le sang de l'âme », l'âme d'un peuple.

## XXXIII

# Le Trésor de l'âme française

Quand j'étais enfant, j'ai d'abord été nourri au lait du patois poitevin, vendéen. Ce fut ma langue maternelle. C'était une merveille de langue à proverbe qui avait du suc, loin des « écoles de la parlerie », comme disait Montaigne, où on a raboté les locutions par souci d'urbanité. Cette petite musique intérieure demeure encore en moi. Par tout un jeu de reviviscence singulière de l'immémorial, elle m'a préparé au français classique. On ne disait pas « écraser » mais « écrapoutir ». On ne disait pas « déranger » mais « racasser ». Il y avait de la couleur, de la verdeur et des sonorités heureuses. Une infinité de bons mots. J'ai perdu ma première langue. Et voici que nous sommes menacés de perdre la seconde.

Derrière l'*imperium* de l'anglais, il y a le projet de dépersonnaliser la France et de manipuler les futurs illettrés. Quand on parle une langue, on pense dans cette langue. Quand on parle anglo-saxon, on pense anglo-saxon. Un peuple qui tient sa langue, qui connaît ses classiques, n'est pas manipulable. Il a des points d'ancrage qui le relient à d'autres pensées que la sienne et lui donnent de la hauteur sur l'expérience humaine.

L'importance décisive de notre langue, c'est qu'elle nous ouvre à un monde qui nous fait revivre, qui fait revivre en nous toute une symphonie de chefs-d'œuvre, de fulgurances, d'impressions de déjà vu, de métaphores tout juste effacées.

La langue française élargit le champ de nos propres souvenirs, elle vient greffer sur eux une richesse insensée de mots inventés par d'autres et qui deviennent les nôtres, de répliques anciennes qui trouvent à se loger dans nos étroitesses sémantiques, et surtout de sentiments et de passions qui viennent nous exhausser bien au-delà de nos dilections et de nos émois.

La langue a fixé dans le temps un romanesque qui vient embraser le roman de nos vies. Le génie est intemporel. Molière est notre ami, notre voisin virevoltant mais il est comme nous : il rit comme nous, il pleure comme nous, il nous a laissé de bons mots, libres d'usage pour nos fantaisies. Et il nous a fait connaître Harpagon, qu'on rencontre tous les jours, sauf que les avares de notre connaissance arrivent à la cheville de l'Avare.

Nous avons tous rencontré le Bourgeois gentilhomme, et puis ce genre d'homme qui n'aime pas l'humanité, Alceste. Grâce à lui, il est là, parmi nous, dans le même restaurant ou à bicyclette. Et on part en amour avec Marivaux, pour « peser des œufs de mouche dans des balances de toiles d'araignées ». On assiste à la rupture déchirante de Tite et Bérénice, nos contemporains : « Malgré lui, malgré elle, ils se séparèrent ». On se sent un peu seul, comme l'Albatros : « ses ailes de géant l'empêchent de marcher ».

Pourquoi un personnage est-il classique ? Parce qu'il est sorti de son temps pour être de tous les temps. Les mots des auteurs s'ajoutent aux nôtres, ils élargissent notre aptitude à concevoir, à discerner, à juger, à comprendre, à aimer, à travers les œuvres d'hier, les Français d'aujourd'hui.

La langue commune nous fait entrer en *ressemblance* : les mots, les livres, les images sont des représentations communes. On ressent ensemble, on goûte ensemble, on vibre ensemble. La littérature est le miroir du chahut de nos âmes. Nous lui confions nos trésors, nos béances et elle les rend sublimes parce qu'elle leur donne l'éclat qui leur manquait.

Nous sommes un peu Voltaire quand nous dissimulons et cherchons le trait d'ironie qui blesse. Beaumarchais est en nous lorsque nous nous moquons. Et bientôt Valéry nous arrache à nos légèretés.

La langue française est tendre, affectueuse. On a dit qu'elle était comme une eau pure et nette et qui n'a point de goût, qui coule de source et s'en va où sa pente naturelle la porte.

Un écrivain du XVIIe siècle adressa à un ami cette lettre savoureuse : « Vous vous souvenez, Monsieur, de ce qu'un sage Rêveur a dit autrefois des langues Espagnole, Italienne, et Française : c'est qu'elles avaient été toutes trois dès la création du monde, que Dieu s'était servi de l'Espagnole pour défendre à Adam de toucher à ces pommes fatales, que le Diable s'est servi de l'Italienne pour leur persuader d'en manger, et qu'Adam et Ève après l'avoir cru se servirent de la Française envers Dieu pour excuser leur désobéissance. Il est vrai que cette dernière langue a une propriété toute particulière pour fléchir un esprit irrité, mais elle ne réussit pas moins bien dans les autres emplois. Elle est singulière pour les affaires, excellente pour l'art oratoire, tendre, pathétique et admirable pour les affections de l'esprit. C'est le véritable langage des passions, et je dirai avec la permission des Italiens que je n'en vois point qui convienne mieux à l'amour. »

Si l'on faisait couler le miel de la langue française dans les Cités, peut-être la Douce France serait-elle reçue comme un acte d'amour. Parce que les mots de notre langue ouvrent les cœurs.

Je me souviens d'une séance mémorable à l'Académie française. J'étais jeune étudiant à Sciences Po, je m'étais glissé dans le public : Julien Green évoquait son amour de l'esprit français[1] : « Les partisans de l'hexagonal oublient que ni eux, ni l'Académie ne peuvent rien faire de bon sans le concours du plus puissant des collaborateurs, je veux dire le peuple, car enfin, c'est de sa langue à lui qu'il est question dans cette histoire. Il la forme et la déforme à son idée, il la rudoie, il la malmène, et elle ne s'en porte que mieux, celle que Voltaire appelait une fière gueuse. Au fond des plus grandes pages de notre littérature s'entend le murmure de la rue. C'est ce murmure que je n'entends pas dans l'hexagonal, cet écho franc et rude qui nous assure que la vie est là.

On me dira que le peuple ne comprend pas mieux le français de l'Académie. Voire. Il y reconnaît parfaitement sa langue, celle qui est à nous tous, et il n'aime pas qu'on la parle mal sous prétexte de parler comme lui, qui parle bien à sa façon. Permettez-moi de vous raconter une anecdote : il y a un certain nombre d'années, on eut l'idée de donner *Le Cid* dans un théâtre populaire de la périphérie. Jouer du Corneille dans un théâtre populaire, faire entendre au peuple la langue classique d'il y a trois cents ans, était-ce possible ? Il s'agissait de savoir si Corneille passerait la rampe. Or, *Le Cid* fut écouté avec une attention exemplaire. Et quand vint la scène où Chimène déclare que son choix est fait et qu'elle est prête à sacrifier son amant, à la fin de la fameuse tirade, une voix de femme s'éleva dans l'auditoire : “La salope !”

Voilà, je pense, de la bonne critique et, comme on dit aujourd'hui, percutante. Cette langue française qui sait retentir sur la place, et murmurer quand il le faut, et chanter sur un mode qui n'est qu'à elle. »

Aujourd'hui, le problème est simple : si nous continuons à tenir les jeunes gens de notre pays éloignés de nos chefs-d'œuvre, le choc en retour sera terrible. Quand on ne propose pas à nos jeunes nos drames, nos larmes, nos grandeurs et nos gloires, ils vont chercher ailleurs d'autres drames, d'autres larmes, d'autres grandeurs, d'autres gloires.

C'est un crime que de ne pas donner à l'école les nourritures de survie que notre littérature tient disponibles en abondance.

Quand j'ai eu mes quinze ans, mon père m'a initié à ce qu'il appelait la « littérature héroïque ». Un jour qu'il me racontait son arrestation par les Allemands, puis sa vie au camp de représailles de Lübeck, il me fit cette confidence : « C'était dur. Interminable. La pente naturelle des caractères inclinait les baraquements à une forme d'usure, nourrissant des pensées mornes, parfois désespérées. Ce qui nous a maintenus à hauteur d'homme, c'est la littérature. Nous lisions des histoires de rencontre entre les mots et le feu. »

Et mon père me racontait comment se promenait, sous les miradors, la pensée française : « Ce sont les mots qui m'ont sauvé. Ils faisaient sauter les barbelés. Nous lisions en cachette. Sans les livres, nous nous serions écroulés. »

Parmi les lettres que mon père gardait précieusement de cette période, il en est une qui me bouleverse à chaque relecture. Je la connais par cœur. Elle fut écrite et adressée clandestinement depuis Birkenau, par Benjamin Fondane. Avec des mots, il a toisé l'épreuve. Il les a assemblés en un serment poétique qui a forgé son destin de héros. Si les gosses des banlieues lisaient cette lettre, peut-être en seraient-ils touchés : « C'est à vous que je parle, hommes des antipodes. Je parle d'homme à homme. Avec le peu en moi qui demeure de l'homme, avec le peu de voix qui me reste au gosier. Mon sang est sur les routes, puisse-t-il ne pas crier vengeance… Un jour viendra, c'est sûr, de la soif apaisée, nous serons au-delà du souvenir. La mort aura parachevé les travaux de la haine. Je serai un bouquet d'orties sous vos pieds. Alors, eh bien, sachez que j'avais un visage comme vous, une bouche qui priait, comme vous. Quand une poussière entrait, ou bien un songe, dans l'œil, il y coulait un peu de sel. Et quand une épine mauvaise égratignait ma peau, il y coulait un sang aussi rouge que le vôtre. » Benjamin Fondane n'est jamais revenu mais il n'est jamais vraiment parti. Son poème est un aide-mémoire, un aide de vie.

Aujourd'hui, un enseignant vient de m'écrire que, dans son lycée, « on fait étudier des textes de Grand Corps Malade. Et ces textes sont proposés à la même hauteur que Rimbaud et Verlaine, au motif que, dans les deux cas, il y a des rimes ».

Pourquoi s'en étonner quand on sait que Jack Lang n'hésitait pas à affirmer que « Molière, notre grand Molière, a été nourri du théâtre de rue » et voyait dans le hip-hop « la commedia dell'arte d'aujourd'hui » ?

Et plus récemment Manuel Valls a proposé, dans le secondaire, des cours de stand-up, l'art de la tchatche de rue, sous le patronage de Jamel Debbouze. Partout on installe les nouvelles idoles rivalisant d'indigence.

La carrière métaphorique du bouquet de plumes blanches du roi Henri IV a pris fin, hélas. L'esprit de voltige qui fut la plus belle victoire sur la carcasse qui tremble s'est évanoui. Sur les trottoirs des territoires perdus ne sonnent plus les éperons invisibles.

Les caracoles de l'esprit et les moulinets de la rapière de Cyrano s'en sont allés. « Toujours le mot, la pointe ! » lançait un cadet. Le mot s'est perdu et la pointe est rouillée. On écrit sur les murs d'un centre hospitalier : « Ne travaillez jamais ». Les nouveaux Robin des Bois sont « No Border », « caillera », nuit-deboutiste, héros d'un Bronx chimérique. Les anciens héros sont partis ; les nouveaux sont victimaires ou humanitaires, ils appartiennent au village global, ils n'ont plus de racines chez nous, ils n'ont plus de racines du tout.

Superman, Spiderman et Pokémon arrivent d'Amérique, les Mangas du Japon. Les Lapins crétins du futur ont remplacé *Le Lièvre et la Tortue* de La Fontaine. Il n'y a plus de héros français, les super-héros sont des mutants : Scarlet Witch crée des tornades, elle souffle, à l'aide de sa main, une énergie rouge cataclysmique, un pouvoir qu'elle a obtenu au contact d'un démon. Elle est fille de Magneto, au pays des *Avengers* et des *X-men.*

La mode est aux héros déracinés. Selon Omar Sy, nos jeunes ont pour seuls modèles les footballeurs, mercenaires d'une exoplanète. Viennent, juste derrière, Nabilla et « Les anges de la téléréalité ».

Pour ceux qui sont pris de vertige devant ce vide culturel et identitaire, il y a parfois la tentation syrienne. Les recruteurs des candidats au djihad jouent sur l'épanouissement du sentiment de frustration. Aux futurs combattants, aux futurs tueurs de mécréants, ils promettent le passage d'un statut de « zéro à celui de héros ».

Les enquêteurs qui écoutent les conversations des jeunes filles mineures, elles-mêmes tentées par le djihad, tombent à la renverse : cinq d'entre elles ont ainsi découvert sur internet un logiciel magique, un guide spirituel virtuel qui a répondu à toutes leurs questions : « l'islam radical ». On a changé de littérature. On n'est plus dans la langue de Malherbe et la grammaire de Monsieur de Vaugelas. Ces jeunes filles concoctent un projet terroriste, les échanges de SMS sidèrent les policiers[2] :

Camille[3] : « Bah je vais me faire sauter en kamikaze en France In Shaa Allah si je *peut* pas partir.

Fatima : – *Ces* quoi kamikaze ?

Camille : – Tu te fais sauter avec une bombe. [...]

Fatima : – Vous aller faire *sa* où ? Si j'ai pas le temps de partir je le fait avec vous. [...]

Camille : – On va faire sauter le gouvernement boum boum boum ! On est des mudjahida.

Fatima : – Des *vrai* Mudjahida hahaaa [...] On recite la chahada – la profession de foi islamique – on s'tient les mains et on se fait péter.

Camille : – *Ouais* le mieux *ses* à la Tour Eiffel. »

Voilà où conduit la déshérence, le déracinement. On a arraché les souches. Face aux djihadistes, il y a tout un peuple perdu, avachi, condamné à l'instant et voué à l'effacement. Comme disait Marie-France Garaud, il n'est plus capable de tuer ni d'enfanter, en tout cas de se défendre. Ce peuple a perdu ses fiertés et largué les amarres avec les beautés secrètes dont il dérobe la vue à ses enfants.

Mais si demain nous venait l'idée d'aller rechercher au grenier nos chefs-d'œuvre, nos trésors, non par forfanterie mais pour nous ressourcer, la tentation reviendrait de les prolonger, de les habiter, et de défendre pied à pied contre les agresseurs, ce pour quoi ils ont été imaginés, dessinés, créés. On pourrait refabriquer des élites.

Souvent, on nous dit : nous sommes dans l'irréversible, il n'y a plus de solution. Si, il y en a toujours une. La solution, ce n'est pas un train de mesures, la solution, c'est l'étincelle. Il faut réinstaller la France chez elle. Et pour cela, s'aider du dépôt millénaire et sortir de la honte. La stratégie des islamistes et des *dhimmis* est très claire : nous priver de notre passé. Le rendre odieux pour que la barbarie change de camp dans l'esprit de la jeunesse.

La France a été expropriée de chez elle. Si elle regagne ses pénates et recouvre sa mémoire, l'esprit retrouvera son rayonnement et sa force d'attraction.

Il faut revivre la fable du « riche Laboureur » qui sentait sa mort prochaine et fit venir ses enfants :

*Gardez-vous, leur dit-il, de vendre l'héritage*
*Que nous ont laissé nos parents.*
*Un trésor est caché dedans.*

XXXIV

# Un Blanc Manteau d'églises

Le muezzin est déjà dans l'escalier. Depuis les premières pages de ce livre, il a eu le temps de monter plusieurs marches. Il patiente, il piaffe. Il se fait la voix. Il sera bientôt tout en haut du minaret. On attend juste l'arrêté municipal qui est à la rédaction. La semaine dernière, le maire a refusé ce que les voisins de la place de l'Église lui réclamaient : interdire les cloches de l'angélus « pour nuisance sonore ». Il a résisté. C'était courageux. Mais du coup, il s'apprête à autoriser le muezzin. Il peut difficilement faire autrement. Car il a demandé conseil à l'Association des maires de France, qui s'en est elle-même remise aux plus hautes instances de l'État. Dans une note empreinte de solennité et d'équilibre, le Conseil d'État a rendu un avis très clair, parfaitement balancé : il faut appliquer partout le principe de *non-discrimination* entre Dieu et Allah, « au nom des valeurs de la République ». Si on autorise l'un, on autorise l'autre. Égalité pour tout le monde, pas de passe-droits, pas de piston pour l'Au-delà.

C'en est fini de l'idée que, si les religions sont égales devant la *loi*, elles ne le sont pas devant la *mémoire*. Surtout, si toutes se valent, alors que l'une d'elles porte des commandements violents, plus rien n'est à opposer à la barbarie.

Cette monographie prémonitoire nous introduit aux prochaines étapes de l'islamisation à la française : comment inscrire les futurs minarets dans nos paysages avec leurs belles coupoles vertes ? Dans les cercles officiels, voilà la question qu'on se pose. On est déjà au coup d'après. Au jour d'après. À la France d'après.

Il y a pourtant un problème d'*insertion*, car leur conception et leur dessin font intervenir dans notre architecture des éléments d'exotisme arabe qui, par delà leurs charmantes singularités, détonnent avec les harmonies de notre civilisation. Tout à coup, l'irruption d'un bout d'Orient nous fait comprendre qu'il y a des civilisations. Que la France est une terre d'églises, une terre chrétienne et non une terre musulmane. Il y a en effet, dans les clochers de France, toute la diversité des villages et des traditions de notre pays : Guy de Maupassant célèbre les « clochers noirs et pointus bâtis avec les laves des anciens volcans d'Auvergne », ou encore les « mille clochers légers ou trapus, frêles et travaillés comme les bijoux de Rouen ». Hugo incline vers les « clochers d'ardoise luisante » de la vallée de Chamonix. Nerval vante les « clochers aigus, hérissés de saillies régulières, qu'on appelle dans son pays des ossements de Senlis ». Et Marcel Proust verse une larme sur la beauté des clochers de Caen « rapprochés en une triple aiguille montagneuse ». Sans oublier Lamartine qui met en vers la voix des « cloches de son village ». À chacun son clocher. Mais c'est toujours la France, la France du coq gaulois, qui, tout là-haut, pivotant à la pointe des flèches, annonce l'astre du jour et les prochains reniements de l'Église.

Les minarets à venir seront sans doute plus élevés que celui de la Grande Mosquée de Paris, de style hispano-mauresque, qui se dresse à trente-trois mètres de hauteur. Celui de Créteil n'est qu'à vingt-cinq mètres. Ceux de Clermont-Ferrand, Roubaix et Reims sont plus discrets par la taille.

Les plus hauts minarets de France devraient se dresser à Strasbourg. Le projet de construction de la mosquée turque prévoit deux minarets de trente-six mètres de haut. Le style en sera néo-ottoman. Une référence historique qui parle à la mémoire de l'Europe. Le style du Champ des Merles et de Lépante.

Pour l'heure, l'appel à la prière n'est pas prévu. L'imam de Bordeaux se veut rassurant. Mais Mohamed Moussaoui, l'ex-président du Conseil français du culte musulman est plus offensif : « Dans les grandes villes, lorsque les fidèles le réclament, il est légitime d'indiquer et de normaliser la présence des musulmans, mais ce n'est pas une nécessité absolue. » La question n'est pas tranchée.

Les imams en discutent entre eux. Comme ils discutaient du voile, à l'époque de l'affaire du collège de Creil, en 1989. On sait aujourd'hui ce qu'il en est advenu. Déjà, des voix s'élèvent, comme le recteur de la mosquée d'Évry-Courcouronnes, Khalil Merroun, qui s'étonne que les cloches des églises sonnent et que les minarets restent muets. Il proteste au nom même de l'égalité républicaine : « Je me considère comme un Français à part entière et j'entends avoir les mêmes droits que les chrétiens et les autres confessions installées en France. » Dans un esprit de bonne volonté, il propose, bon prince, que l'appel à la prière ne se fasse qu'« à voix humaine » et jamais très tard le soir ou très tôt le matin tout simplement pour être « respectueux du voisinage »[1]. Nous sommes touchés par tant d'attention.

Le principe de l'équivalence des religions conduit à une impasse. Si on ne fait pas prévaloir les racines de la France, présentes encore aujourd'hui dans la trame de nos civilisations et malheurs intimes, on perd toute chance d'éviter le muezzin. L'*antériorité* de la conversion de la France au christianisme lui donne ce que René Rémond[2] a appelé « un droit d'aînesse sur les autres nations chrétiennes » et *a fortiori* une primogéniture sur la terre même du baptême de Clovis par rapport à toute autre religion.

Naturellement, à cette antériorité s'ajoute un motif supérieur pour refuser non pas les musulmans mais l'ordre de l'islam suprémaciste et régressif. Ce motif supérieur tient à la distinction morale d'une civilisation comme la nôtre, dont la spécificité est de rendre possible l'universalité humaine, aux antipodes de la charia.

Entre toutes les appellations et allégories dont se nourrit l'imaginaire national, la première, dans l'ordre d'ancienneté, et qui nous vient du fond des âges, c'est la formule de la « Fille aînée de l'Église ». Comme le disait Platon, la vérité d'une chose est dans ses commencements. Ceux de la France sont très éloignés de la mythologie laïciste : « L'État n'est pas, en France, né de la sécularisation du pouvoir mais tout au contraire de la rencontre providentielle du trône et de l'autel, de l'alliance féconde du temporel et du spirituel, du pouvoir et du sacre. C'est ce qui fait que la France est bien, de ce strict point de vue, "la Fille aînée de l'Église"[3]. »

Contrairement à la Hongrie, la Russie, la Pologne, la France n'est pas une nation païenne devenue chrétienne par son baptême. La France est *née du baptême de son roi*. Du baptistère est sortie la nation.

La hiérarchie des références historiques donne des droits à l'histoire d'un peuple. Car ce thème de la « fille aînée » est devenu ensuite le ciment de l'Unité. Et malgré la diffraction de la mémoire depuis la Révolution, qui dresse, face au baptistère, le Jeu de Paume, les affleurements de chrétienté remontent de la nappe profonde à chaque instant. Chez nous encore aujourd'hui, tant de nos épanouissements, de nos monuments, de nos trésors culturels et jusqu'à la toponymie des rues et des villages nous rappellent à notre haute mémoire multiséculaire et à l'éminente destinée de la France, « telle la princesse des contes, la madone des fresques des murs »[4] !

Plus forte que la partition de la mémoire depuis 1789, l'union du temps de crise revient chez nous comme une forme de charité supérieure, qui impose malgré tout la continuité des affections pour la tunique sans coutures. Elle fut célébrée par le Vendéen de l'*Union sacrée* – la bien nommée – Georges Clemenceau : « Hier soldat de Dieu, aujourd'hui soldat du Droit, la France sera toujours le soldat de l'Idéal. » Grâce à l'Union sacrée, certains symboles sont sortis de leur temps. « La Marseillaise », le drapeau tricolore, qui ont vu tomber tant de nos grands-pères au champ d'honneur, évoquent désormais un autre temps que celui de leur naissance. Ainsi va la vie d'un peuple, assez riche de son respect des choses sacrées pour changer le sens de ses emblèmes et en faire des signes d'unité intemporels.

Ce n'est pas que le peuple français, plus qu'un autre, soit mystique ou méditatif. Mais la France du subconscient va chercher ses secours en les secrets dépôts qui ont forgé des millions d'âmes. Même Mitterrand confiait avant sa mort : « Je crois aux forces de l'Esprit. » Il y a un souffle, un mystère français. Il y a comme un petit angelot qui se promène au-dessus des toits dans le vent des cloches. Comme une réminiscence et une présence. On le retrouve en la complainte de Villon, le « mauvais garçon », mais qui réclama le Gros Bourdon de Notre-Dame pour ses funérailles :

*Je veux qu'on sonne à grande volée*
*Le gros bourdon qui n'est pas en verre*
*Dans le passé, chacun le sait*
*Fût-ce soldats ou bien tonnerre*
*Quand il sonnait, tout mal cessait.*

On le retrouve en George Sand : elle n'était pas une social-sacristine mais elle a décrit « son gros vieux clocher, l'ami de tout le monde, qui se montre le premier à ceux qui reviennent au pays pour les tirer d'embarras quand ils sont en faux chemin »[5].

On le retrouve dans les supplications touchantes d'Édith Piaf qui appelait la Sainte Vierge, Notre-Dame du Grand Secours. On le retrouve en Fabrice Luchini qui confiait une attirance troublante : « Le Puy-en-Velay ? Savez-vous ce qui m'est arrivé là-bas ? Je marchais, un jour, sur les hauteurs de cette ville incroyable lorsque j'ai été envahi par une intuition forte. Pour la première fois de ma vie, je me suis dit : “Ce pays est habité par une grâce chrétienne, je suis en terre chrétienne.” »

Dans les grandes épreuves, la France retourne à ses enfances. Et les églises se mettent à l'unisson de nos tristesses. Les cloches pleurent non pas pour les croyants seuls mais pour le pays tout entier. Le glas a sonné pour les policiers de Magnanville, il avait sonné le 16 novembre pour les victimes du Bataclan et même pour *Charlie Hebdo* qui préfère pourtant la satire au bedeau. Aucune famille n'a protesté contre les volées de cloches.

À Notre-Dame de Paris, c'est le bourdon Emmanuel, de treize tonnes, refondu au XVII<sup>e</sup> siècle, qui, depuis le sommet de la tour sud, sonne dans les grandes circonstances.

En France, on fait comme les aïeux : on va au bistrot quand ça va bien. On va à l'église quand ça va mal. Et quand c'est la France qui va très mal, alors on se précipite au sanctuaire pour mettre un cierge. Même les hommes politiques, dans les temps d'épreuve, se trouvent des ascendances chez les enfants de chœur : le 10 mai 1940, le pays roule à l'abîme. Le recours au surnaturel apparaît comme l'unique voie de salut, même aux politiques qui se pressent à Notre-Dame le 19 mai pour s'associer aux prières publiques. Ce soir-là, le président du Conseil, Paul Reynaud, s'écrie, dans une allocution poignante : « S'il faut un miracle, alors je crois au miracle ![6] »

Au même moment, en pleine débâcle, quand le front est rompu et que les divisions allemandes menacent la capitale, des milliers de Parisiens escortent la châsse de sainte Geneviève, la patronne de Paris, qui habite juste à côté du Panthéon, l'ancienne église Sainte-Geneviève justement. Et ce n'est pas au Panthéon et à ses saints laïcs qu'on demande du secours mais à la patronne de Paris. C'est un signe.

À chaque fois que j'entre dans cette cathédrale, je me sens comme enveloppé par la puissance, l'épaisseur symbolique du lieu où se mélangent, dans une harmonie typiquement française, l'histoire et le romanesque.

Mais la légende, ici, a fait corps avec le tragique qui favorise la rencontre du tourbillon des âmes et des beautés françaises. Cette rencontre, on la sent, on la devine. Elle s'impose à nos sens en éveil.

Dans cet immense jeu d'ombres et de lumières, l'histoire vivante se fraie un chemin. On entend l'âme de la France qui respire. On entend le souffle des poitrines oppressées. Il y a la trace, sur la dalle, des pas lourds, accablés, ou des cortèges triomphants : le *Te Deum* de Charles VII qui éclate sous les voûtes. Le même que pour le Vœu de Louis XIII. Le Requiem du service solennel des funérailles de Turenne, et à nouveau le *Te Deum* pour la victoire de Marengo, le même que celui du 17 novembre 1918. Requiem – *Te Deum*. La Mort et l'appel de la Vie qui revient.

Le soir du 24 août 1944, le gros bourdon Emmanuel, muet depuis 1940, se met à sonner à nouveau alors que nos armées sont entrées dans Paris. Ce sont les troupes de Leclerc, dont la devise de la famille Hautecloque vibre en écho : « On entend loing sonner la haulte clocque ». Toutes les églises se répondent, suivant l'ordre, donné à la radio : « Messieurs les curés, faites sonner vos cloches ! »

Le consul de Suède, Raoul Nordling, a raconté la scène : « Soudain, une cloche d'église s'ébranla. Bientôt une seconde, puis une troisième. Et toutes ensemble, les cloches de Paris se mirent à sonner à leur tour. Ce fut une atmosphère inoubliable, lorsque résonna ce chant de cloches, à l'instant même de la libération de la capitale. »

Dans son QG de l'hôtel Meurice, le gouverneur militaire de Paris, Von Choltiz, a immédiatement compris. Il décroche son téléphone et appelle le général Speidel, installé à La Roche-Guyon. Il tourne le combiné vers la fenêtre ouverte pour lui faire entendre les cloches de Paris. Son interlocuteur a compris : « c'est fini ».

Il fut un temps où le monde prit le large à partir de Paris, la ville de sapience. On copiait la France et ses beautés. C'était au siècle de Saint Louis.

L'art ogival qui donne naissance à ce qu'on appelle encore aujourd'hui « l'ouvrage français », fit ainsi le tour de l'Europe, depuis la cathédrale de Cologne, copie insolente d'Amiens, jusqu'à celle de Tolède dont la nef est une réplique de Bourges.

Partout, dans cette Europe française, on réclamait nos architectes pour inscrire dans toutes les villes voisines les mêmes élans, quand c'était la lumière qui commandait à la pierre. Péguy salue ainsi cette quintessence du génie d'un peuple : « C'est embêtant, dit Dieu, quand il n'y aura plus de ces Français : il y a des choses que je fais, il n'y aura *plus personne* pour les comprendre[7]. »

Rome fut dans le forum, et toute la Grèce fut contenue dans le Parthénon. S'il est vrai que dans l'histoire des hommes, celle d'un peuple peut tenir tout entière dans une œuvre particulière, alors la cathédrale résume la France.

Elle est sortie de nos entrailles : la cathédrale est la synthèse du pays, le grès des Vosges, le granit de Chartres, le tuffeau de Nantes.

À chaque fois que j'entre sous le vieux porche de l'une d'entre elles, marqué par les vicissitudes de la pierre souffrante, décapitée, je ressens en moi charnellement, qui vibre, toute une France des hautes nefs immémoriales, une foule chantante, un grouillement d'âmes simples, un hymne à l'unité profonde de la symphonie millénaire, l'accord parfait du burin sur la pierre et du souffle de l'esprit. C'est une grande émotion que cette présence de l'œuvre vive, une respiration qui ne s'éteint pas. Des ombres qui se lèvent le long des colonnes. Des géants. Des gisants de géants.

Je les rejoins, je les écoute, je les entends. Ils sont partout les mêmes. Ils ont, ici même, travaillé leur pierre, déposé leur prière, puis ils sont partis pour toujours, sans signature. Quelquefois, comme à Bourges, ils ont laissé les noms de leurs corporations, comme un emblème sur un vitrail, une offrande, une promesse, un merci, un exhaussement secret : les pelletiers, les charrons, les bouchers, à côté de Jacques Cœur et du duc de Berry. On les devine sur un prie-Dieu. Ceux-ci ne partiront jamais. Ils prient pour nous.

Quand je travaillais à Strasbourg, mon hôtel se trouvait en face de la cathédrale. À 11 h 38, à l'équinoxe du printemps, il y a un spectacle saisissant de beauté : un rayon de soleil filtre et vient se répandre dans tout le vaisseau. Il traverse la nef et illumine la tête du Christ en croix. Un rayon vert. Et je me posais toujours la même question en regardant le haut de la voûte : quel est donc ce peintre de la lumière qui est là, invisible mais si actif, depuis des siècles, chaque matin, à guetter le soleil, pour jouer avec lui et lui emprunter ce rayon, pour le peindre à heure fixe, après l'avoir capté, en lui faisant traverser les grandes verrières qui prennent feu ?

Il a rejoint l'escorte des enlumineurs où il aura sans doute retrouvé, parmi ses voisins de splendeurs, ce maître de pierre vive, anonyme, qui accorda à l'Ange de Reims la grâce de nous accueillir avec le sourire.

La cathédrale, c'est la France. « Je sens nos ascendants qui montent et qui descendent en moi, comme sur une autre échelle de Jacob », murmure Rodin. Pour le peuple français, la cathédrale fut longtemps sa maison. Elle l'est encore un peu. Il y a déployé les expressions les plus pures de son génie créateur, il a entassé, comme pour préparer le grand voyage outre-mer, dans ces arches de Noé, dans ces vaisseaux renversés, nos forêts, nos jardins, nos soleils levants, mais aussi nos chimères et nos grimaces et dans les tuyaux d'orgue, jusqu'à nos tempêtes intimes. Tous ces gens d'œuvre prenaient des moments de vie, des intentions secrètes, pour les figurer, les fixer. C'étaient un appel, un clin d'œil, une moquerie de voisinage parfois, l'expression d'une détresse. Cet appel, cette détresse sont tout là-haut, vivants, au-dessus de nos têtes. Car ils sont accrochés aux fraises et aux chapiteaux. Des petits désespoirs faisaient une grande espérance. Tout, en eux, était authentique et se nourrissait du même élan. Ils faisaient vivre une religion *incarnée.*

Le temps a passé. L'élan est retombé. Mais quelque chose demeure encore. Comme l'a dit Proust : « Les cathédrales ne sont pas seulement les plus beaux ornements de notre art, mais les seuls qui soient restés en rapport avec le but pour lesquels ils furent construits. »

Sur la dalle, la plupart du temps, ce sont des touristes, aujourd'hui, qui passent. Des chasseurs d'images. Des curieux. Quand on croise cette foule insouciante, qui tourne sur elle-même, elle a le regard vide. On est en post-modernité. Les rosaces, les vitraux, sont transparents, les statues resteront pour elle des paraboles énigmatiques. Cette foule a perdu les clés pour comprendre. Elle est admirative et hagarde. Elle bourdonne.

Il y a quelque chose de pathétique à deviner, derrière le brouhaha du siècle, et qu'y vient s'y mêler, le murmure originel dans la pénombre des absides. Toutes les petites marches sont incurvées, usées à force de génuflexion. Ce sont nos ancêtres qui sont passés et repassés là, ceux qui étaient à Bouvines, à Taillebourg, à Patay, à Rocroi, à Valmy, à Sedan, à Douaumont. Ils se battaient pour sauver leurs cathédrales. Les sauver, avant-hier, de l'invasion et de l'apostasie ; hier, des bombardements. Ils sont là, au milieu des errants de la post-histoire, la post-mémoire. Ils veillent en leurs processions éternelles, sur nos sanctuaires, nos souvenirs, qui furent les leurs et ceux de leurs aïeux. Ils prennent leur tour de garde et suppléent à nos frivolités.

De leur temps est venue jusqu'à nous l'expression imagée qui nous renvoie aux strophes du grand poème : « La France est recouverte d'un blanc manteau d'églises ».

C'est ce manteau, criblé d'étoiles, qu'il paraît légitime et urgent aujourd'hui de protéger. En terre d'islam, les croix et les clochers sont interdits. En 1976, Monseigneur Duval[8] demanda aux membres du clergé de son diocèse d'Alger de ne plus porter l'habit religieux ou la croix en public. Quelques semaines plus tard, l'archevêque mit au silence les cloches des églises, qui cessèrent de résonner et de mêler leur tintamarre à l'appel de la prière. Les moines obtempérèrent. Les cloches n'ont plus jamais carillonné là-bas. Le monastère de Tibhirine est entré dans le *silence* définitif. Les cloches se taisent, les moines sont morts. Paix à leur âme.

Il ne paraît pas outrancier d'émettre le souhait que la France respecte ce que les juristes appellent « le parallélisme des formes », le principe de réciprocité : pas de cloches là-bas. Pas de minarets ici.

La France doit rester la France. Elle n'a pas vocation à devenir la fille aînée de l'islam.

# Postface

Au moment de relire les épreuves de ce livre, j'apprends, comme tous les Français, en ce matin du mardi 26 juillet 2016, qu'un prêtre a été égorgé dans son église – Monsieur l'abbé Jacques Hamel.

C'est le premier prêtre martyr de l'islamisme en France.

# Notes

*I. Le Lapsus*

1. Éditions Albin Michel, 2006.
2. *La Dernière Heure*, Bruxelles. 18 juin 2016.
3. *Correspondance européenne*. 20 juin 2016.
4. Emmanuel de Las Caves, *Mémorial de Sainte-Hélène*, Paris Garnier, tome 1, 1852.

*II. L'heure du Muezzin*

1. 10 janvier 2016.
2. Dalaa al-Mufti dans le quotidien *Al-Qabas*, citée par Ahmed Halli *in* « Minarets suisses et beffrois libyens », *Le Soir*, 7 décembre 2009.
3. Compte-rendu de la rencontre annuelle des musulmans de France, Le Bourget, 20 avril 2014. https://www.ramf.uoif.fr.

*III. La Défrancisation*

1. Abdul Adhim Kamouss, 21 février 2015, cité par l'Observatoire du Moyen-Orient, memri.fr.
2. Alain Peyrefitte. *C'était de Gaulle*, Fayard, 1994.
3. La Courneuve, 5 janvier 2010.

*IV. Le Frankistan*

1. Discours à la Rencontre Annuelle des Musulmans du Nord, Uoif, février 2016.

2. Conférence « Islam et laïcité », cité par Caroline Fourest dans *Frère Tariq. Discours, stratégie et méthode de Tariq Ramadan*, Édition Grasset, 2004.

3. *La Solution*, poème de Bertolt Brecht.

4. Hervé Juvin, *La Grande Séparation*, Gallimard, 2013.

5. Alain Finkielkraut, *Le Point*, 17 avril 2014.

6. Emmanuel Kant, *Anthropologie du point de vue pragmatique*, 1798, IIe partie, C, note 2.

## *V. La Conquête*

1. Serge Michaïlof, chercheur associé à l'Iris, auteur de *Africanistan*, Fayard, 2015.

2. Boualem Sansal, *2084*, Gallimard, 2014.

3. Hassan al-Banna, « credo » des Frères musulmans *in* Anouar Abdel-Malek, *Anthologie de la littérature arabe contemporaine*, Sevil, 1965.

4. Sourate 58, verset 21-22.

5. Hassan al-Banna, « Épître aux jeunes », cité par Mohamed-Ali Adraoui *in* « Les approches non occidentales des relations internationales : regards croisés sur le monde extérieur », congrès AFSP Aix-en-Provence 2015.

6. Sourate 2, verset 139.

7. Sourate 9, verset 73.

8. Sourate 2, verset 216.

9. Sourate 9, verset 5.

10. Sourate 9, verset 29.

11. Cité par Olivier Hanne, *Mahomet*, Belin, 2013.

12. Sourate 33, verset 26-27.

13. Sourate 33, verset 21.

14. Sourate 4, verset 80.

15. Sourate 9, verset 111.

16. Olivier Clément, *Un respect têtu*, Nouvelle Cité, 1989.

17. Cité par Olivier Carré, *Mystique et politique : lecture révolutionnaire du Coran par Sayyed Qotb, Frère musulman radical*, Cerf, 1984.

18. Sourate 4, verset 74.

19. Sourate 47, verset 35.

20. www.islamonline.net, 2002.

21. *Leading Sunni Sheikh Yousef al-Qaradhawi and Other Sheikhs Herald the Coming Conquest of Rome*, Memri, 2002.

22. *L'Express*, 22 juin 2016.

## *VI. Le Concierge était grec*

1. *Le Monde*, 8 mai 2014.
2. Jean-Charles Antoine, « Frontières et trafic d'armes », rapport du 10 mars 2015.
3. Rapport de la commission d'enquête sénatoriale sur les filières djihadistes, avril 2015.
4. France 3, 25 mars 2015.
5. *Le Neue Osnabrucker Zeitung*, 20 février 2016.
6. *Le Monde*, 23 avril 2016.

## *VII. Les deux Déferlantes*

1. Lepoint.fr, 31 août 2010.
2. Colloque « Printemps arabe : enjeux et espoirs d'un changement », Institut du monde arabe, 16 avril 2011.

## *VIII. La Mamamouchie*

1. Euro2day.gr, voir aussi *Le Monde*, 10 mars et 16 avril 2013.
2. AFP, « Crise migratoire : Erdogan menace l'Europe de lui envoyer les migrants », 11 février 2016.
3. Annie Laurent, *L'Europe malade de la Turquie*, éditions R.-X. de Guibert, 2005.

## *IX. Le Plan secret des élites*

1. Hubert Védrine, *Le Figaro*, 8 avril 2016.
2. « *Replacement Migration* » : rapport de la Division de la population, département des Affaires économiques et sociales, secrétariat des Nations unies, 21 mars 2000.
3. Secrétariat des Nations unies, 21 mars 2000.
4. Signé par Philippe Fargues, *Population et Société*, avril 2016.
5. Entretien à *Atlantico*, 17 mars 2016.
6. *Bild*, octobre 2014.

## *X. L'Eurislam*

1. André Malraux, *Les Chênes qu'on abat*, Gallimard, 1971.
2. Christopher Caldwell, *Une révolution sous nos yeux. Comment l'islam va transformer la France et l'Europe*, L'Artilleur, 2014.

3. Boualem Sansal, « Lettre à un Français sur le monde qui vient », *Le Figaro*, 16 septembre 2015.
4. *Mémoire sur la pacification des troubles* (1562), éditions M. Smith, Genève, Droz, 1983.

## *XI. Le projet « Tamkine »*

1. Fernand Braudel, *L'Identité de la France. Les hommes et les choses* (1986), Flammarion, coll. « Champs », tome I, 1990, p. 278.
2. Mohamed Louizi, *Pourquoi j'ai quitté les Frères musulmans*, Michalon, 2016.
3. Programme de recherche à l'université d'Utrecht (Pays-Bas) en 2014.
4. Marie-Cécile Royen, « Comment les Frères musulmans ont pris la Belgique en otage », *Le Vif L'Express*, 6 mars 2015.
5. Fiammetta Venner, *L'Express.*, 2 mai 2005.

## *XII. Le « Pacte avec les Musulmans »*

1. 2 octobre 2014.
2. Leparisien.fr, Juppé : « Nous allons marcher vers l'identité heureuse », 23 février 2016.
3. *Le Point*, 14 janvier 2016.

## *XIII. Changer de trottoir, changer de mémoire*

1. Nicolas Sarkozy, *La République, les religions, l'espérance*, Cerf, 2004.
2. Discours sur l'esprit et le projet européens, Bruxelles, 26 février 2016.
3. France Culture, Émission « Répliques » d'Alain Finkielkraut, juin 2011.
4. Discours lors de l'ouverture du nouveau département des Arts de l'Islam au Musée du Louvre.
5. Rapport Tuot, février 2013.
6. Discours de François Hollande à l'inauguration du Musée national de l'histoire de l'immigration, le 15 décembre 2014.
7. Rapport du groupe de travail « Mobilités sociales », novembre 2013.
8. *Hommes et migrations*, n° 1218, mars-avril 1999, p. 55, cité par Bruno Riondel in *Considérations inconvenantes*, Toucan, 2015.
9. *In* Elisabeth Schemla, *Islam, épreuve française*, 2013, Plon, cité par Yvan Rioufol, « Pourquoi je suis convoqué par la police judiciaire », 10 juin 2013.

### *XIV. Le Paradis diversitaire*

1. Malika Sorel. Rapport au président de la République par le comité présidé par Simone Veil « Redécouvrir le Préambule de la Constitution », La Documentation française, novembre 2008.
2. Malika Sorel-Sutter, *Décomposition française. Comment en est-on arrivé là ?*, Fayard, 2015.
3. « Gauche : quelle majorité pour 2012 ? », publié au mois de mai 2011.
4. Hervé Algalarrondo, *La Gauche et la préférence immigrée*, Plon, 2011.
5. *Figaro Vox*, Entretien de Vincent Tremolet de Villers avec Géraldine Smith, auteur de *Rue Jean-Pierre Timbaud, une vie de famille entre bobos et barbus*, Stock, 2016.

### *XV. « Faire de l'en-commun »*

1. Le rapport du conseiller d'État Thierry Tuot, « La grande nation pour une société inclusive », février 2013.
2. Christophe Guilluy, *La France périphérique. Comment on a sacrifié les classes populaires*, Flammarion, 2014.
3. Par exemple la ville de Colombes (Hauts-de-Seine) dans son magazine municipal 2014.
4. Source : *L'Officiel des prénoms*, édition 2015.
5. *Valeurs Actuelles*, 11 décembre 2014.
6. Congrès du Parti socialiste à Dijon, 17 mai 2003.

### *XVI. Le Couvre-feu moral*

1. Christophe Alévêque, dans l'émission « Les Informés de France Info », le 4 janvier 2016, rapporté par François d'Orcival. *Valeurs Actuelles*, 7 janvier 2016.
2. Conférence de Jacques Dupâquier, « Naissance d'un peuple, l'histoire démographique de la France », août 1996.
3. Pierre Milza, *Voyage en Ritalie*, Payot, 2004.

### *XVII. « Ce sont les immigrés qui ont fait la France »*

1. Rapport du capitaine Umberto Pittali, 28 mai 1944, *in* Tommaso Baris, « Le corps expéditionnaire français en Italie », *Vingtième siècle. Revue d'histoire*, 2007.
2. Benjamin Stora, *Ils venaient d'Algérie*, Fayard, 1992.
3. Rapport de la mission d'information sur les immigrés âgés, Assemblée nationale, juillet 2013.

4. Charles-Robert Ageron, « L'immigration maghrébine en France », *Vingtième siècle. Revue d'histoire*, n° 7, juillet-septembre 1985, p. 59-70.

## *XVIII. La Position du soumissionnaire*

1. Sourate 59, verset 2.
2. RTL, émission « On refait le monde », 26 septembre 2013.
3. France 2, émission « On n'est pas couché », 12 mars 2016.
4. Rapport du Sénat, mission d'enquête, 5 juillet 2016.
5. Franz-Olivier Giesbert, *L'animal est une personne*, Fayard, 2014.
6. Communiqué de presse, 22 février 2012.
7. Franz-Olivier Giesbert, *op. cit.*
8. Source : www.destinationsante.com : « Halal, casher, l'impact sanitaire de l'abattage ».
9. Paru en novembre 2011.
10. *Le Monde*, 20 mai 2016.
11. Gilles Kepel, *Passion française*, Gallimard, 2014.
12. *L'Opinion*, avril 2015, entretien avec Lotfi bel-Hadj, « La bible du halal ».

## *XIX. Les Compagnons de route*

1. Isabelle Levy, *Menaces religieuses sur l'hôpital*, Presses de la Renaissance, 2011.
2. *Le Monde*, 29 juillet 2010.
3. http://www.uam93.com/031108-valerie-pacresse-je-voudrais-faire-emerger-les-rama-les-rachida-et-lesfadela-de-demain.html
4. Emmanuel Berretta, Lepoint.fr, 13 janvier 2015.
5. France 2, « Complément d'enquête », 13 mars 2006.
6. *Le Figaro*, 14 avril 2016.
7. Site internet du CCME : http://www.ccme.org.ma/fr/ccme-groupe-de-travail. Je détiens l'original, modifié récemment.
8. Dahir Royal n° 1.07.208 du 21 décembre 2007. Bulletin officiel du Royaume du 7 février 2008.
9. Gilles Kepel, *Banlieue de la République*, Gallimard, 2012.

## *XX. La Société décoloniale*

1. *Le Monde*, dimanche 3-lundi 4 avril 2016.
2. Vincent Tremolet de Villers, Lefigaro.fr, 18 janvier 2016.
3. Discours à l'Institut du monde arabe, 15 janvier 2015.

4. Alain Badiou, *De quoi Sarkozy est-il le nom ?*, Nouvelles éditions en ligne, 2007.
5. Éditorial co-signé par Pierre Bergé, Bernard-Henri Lévy et Georges-Marc Benamou, premier numéro de *Globe*, 1985.
6. Album du groupe de rap Ministère Amer, *Flirt avec le meurtre*, 1994.
7. Philippe Sollers, *Le Monde*, 28 janvier 1999.
8. L'« Appel des Indigènes de la République », janvier 2005.
9. Mathieu Bock-Côté, *Le Multiculturalisme comme religion politique*, Éditions du Cerf, avril 2016.
10. Discours du 8 mai 2015 pour les 10 ans des Indigènes de la République.
11. *Libération*, 30 juin 2016.
12. « Pour le droit à la non-mixité », *Mediapart*, 4 mai 2016.

## *XXI. Le Cheval de Troie*

1. Karl Marx, *La Question juive*, 1843.
2. Jean-Louis Harouel, *Les Droits de l'homme contre le peuple*, Desclée de Brouwer, 2016.
3. Christophe Beaudouin, *La Démocratie à l'épreuve de l'intégration européenne*, LGDJ, 2014.

## *XXII. Une classe politique achetée*

1. Lettre en date du 4 février 2016, avec la liste des huit principales chaînes en cause.
2. BFM TV, 15 mars 2016.
3. 20 novembre 2015.
4. Le 21 novembre 2011, Al Jazeera et Oryx FM.

## *XXIII. Ils ont du sang sur les mains*

1. Gilles Kepel, *op. cit.*
2. Gilles Kepel, *op. cit.*
3. *Libération*, Alice Géraud. Willy le Devin. 25 septembre 2012.
4. Nicolas Beau, Jacques-Marie Bourget, *Le Vilain Petit Qatar*, Fayard, 2013.
5. Mezri Haddad, ancien ambassadeur tunisien, *Le Plus L'Obs*, 10 octobre 2012.
6. *Libération*, « Les musulmans dans la mire du Qatar », 27 avril 2013.
7. Pierre Péan, *Une France sous influence*, Fayard, 2014.

8. « Les relations économiques entre la France et le Qatar », IRIS-Qadrand, mars 2016.
9. Daniel Riolo, *Racaille football club*, J'ai lu, coll. « Document », 2014.
10. « Échange Juppé-Frères musulmans », lefigaro.fr, 6 mars 2011.
11. *Le Figaro*, 6 avril 2016.
12. Gilles Kepel, *op. cit.*
13. France Inter, « Secrets d'info », 23 janvier 2015.
14. Thibaut de Montbrial, *Le sursaut ou le chaos*, Plon, 2015.
15. Jacques de Saint-Victor, *Revue des Deux Mondes*, février-mars 2016.
16. Samir Amghar, *Critique internationale*, 2011.
17. Jonathan Laurence, Justin Vaïsse, *Intégrer l'islam : la France et ses musulmans, enjeux et réussites*, Odile Jacob, 2007.

### *XXIV. Le ventre mou*

1. *Dar-el-islam*, numéro 7, Février 2015, "De l'inimitié de la France envers l'islam".
2. Pierre Vermeren, *La France en terre d'islam*, Belin, 2016.
3. *Le Point*, 24 mars 2016.
4. Intitulée « La situation à Alep ».
5. *L'Express*, Gilles Kepel, 22 juin 2016.

### *XXV. Le nouvel Édit de Nantes*

1. Gilles Kepel, Iforum.fr, 17 janvier 2015.
2. Tarek Oubrou, Conférence sur Hassan al Banna disponible sur Dailymotion.
3. Janine Garrisson, *L'édit de Nantes et sa révocation. Histoire d'une intolérance*, Le Seuil, 1985.
4. Gilles Kepel, 24 mars 2016.
5. Géraldine Smith, *op. cit.*
6. Note du service central du Renseignement territorial – SCRT – « Implantation de la mouvance salafiste sur le territoire national », 29 décembre 2015.
7. *Id.*

### *XXVI. L'Islam est leur patrie*

1. Le 13 novembre 2005 par Benoît XVI.
2. Hassan al-Banna, *Vingt principes pour comprendre l'islam*, traduit par Moncef Zenati, Bayane éditions, 2011.

3. Sourate 5, verset 38.
4. Sourate 24, verset 31.
5. Sourate 33, verset 59.
6. Conférence d'Annie Laurent au Parlement européen, le 2 décembre 2015.
7. Méropi Anastassiadou : « L'échange des populations entre la Grèce et la Turquie au lendemain de la Première Guerre mondiale », *Cahiers balkaniques*, 2004.
8. Lucia Grilli, *Les Italiens en France depuis 1945*, Rennes, 2003.
9. Natacha Polony, *Le Figaro*, samedi 4-dimanche 5 juin 2016.

### *XXVII. Le Roman noir*

1. Oxford Labs, X-ray fluorescent analysis, 29 décembre 2015.

### *XXVIII. Un Roman d'amour*

1. Pierre Nora, *Les Lieux de mémoire*, Gallimard, 1997.
2. Charles de Gaulle, *Mémoires d'Espoir*, Plon, 1970.
3. Simone Weil, *L'Enracinement*, Gallimard, 1949.
4. Fernand Braudel, *L'Identité de la France*, Flammarion, coll. « Champs Histoire », 2009.

### *XXIX. Douce France*

1. *Le Chevalier au Cygne*, cité par Noémi Hepp, in *Les Lieux de Mémoire*, Gallimard, 1997.
2. Chateaubriand, *Le Génie du Christianisme*, 1802.
3. André Le Chapelain, *Le Traité d'Amour courtois*, Klincksieck, 1997.
4. Ghassan Ascha, *Du statut inférieur de la femme en Islam*, L'Harmattan, 1987.
5. Sourate 2, verset 233.
6. Sourate 4, verset 34.

### *XXX. Le jardin à la Française*

1. Colette Beaune, *Naissance de la Nation France*, Gallimard, 1985.
2. Jean de Viguerie, *Les deux Patries*, édition Dominique Martin Morin, 2003.
3. Keyserling, *Analyse spectrale de l'Europe*, Stock, 1930 (1928).
4. Colette Beaune, *op. cit.*

5. Jacques Tremolet de Villers, *Les Jardins d'Ulysse*, édition Dominique Martin Morin, 1995.
6. *Le Monde*, Nicolas Truong, 21 janvier 2014.
7. Pierre Gaxotte, *Histoire des Français*, Flammarion, 1951.

## *XXXI. Heureux comme Dieu en France*

1. Jean-Robert Pitte. Conférence sur « Le vin et la condition humaine » devant l'Académie des sciences morales et politiques, 12 décembre 2011.
2. Georges Durand, « La vigne et le vin », *in* Pierre Nora (dir.), *Les Lieux de Mémoire*, coll. « Quarto », Gallimard, 1997.
3. Bérénice Levet, Le Figaro, 10 juin 2016.
4. Eugène Briffault, *Paris à table*, Paris Hetzel, 1846.

## *XXXII. Née d'un acte littéraire*

1. Malik Bezou, *France-Islam : le choc des préjugés*, Plon, 2015.
2. Fernand Braudel, *op. cit.*
3. Charles de Gaulle, *Mémoires d'espoir*, Plon, 1970.
4. Marc Fumaroli, *Trois Institutions littéraires*, Folio Histoire, 1986.
5. Paul-Marie Coûteaux, *Être et parler français*, Perrin, 2006.
6. François-Xavier Bellamy, *Les Déshérités*, Plon, 2014.
7. 23 février 2006.
8. Malika Sorel-Sutter, *op. cit.*

## *XXXIII. Le Trésor de l'âme française*

1. Le 16 novembre 1972.
2. *Le Monde*, 4 mars 2016.
3. Les prénoms ont été changés.

## *XXXIV. Un Blanc Manteau d'églises*

1. RFI, « Religions du Monde », 30 mai 2010.
2. René Rémond, *La Fille aînée de l'Église*, in *Les Lieux de mémoire*, Gallimard, 1993.
3. Michel De Jaeghere, *Qui a peur du baptême de Clovis*, Renaissance catholique, 1996.
4. Charles de Gaulle, *op. cit.*
5. George Sand, *François le Champi*, Journal des débats, 1848.

6. René Rémond, *op. cit.*
7. Charles Péguy, *Le Mystère de la Charité de Jeanne d'Arc*, Gallimard, 1910.
8. René Guitton, *En quête de vérité, le martyre des moines de Tibhirine*, Calmann-Lévy, 2011.

DU MÊME AUTEUR

*Lettre ouverte aux coupeurs de têtes et aux menteurs du Bicentenaire*
1989, Éditions Albin Michel

*La Chienne qui miaule*
1990, Éditions Albin Michel

*Notre Europe sans Maastricht*
1992, Éditions Albin Michel

*Avant qu'il ne soit trop tard*
1993, Éditions Albin Michel

*La Société de connivence*
1994, Éditions Albin Michel

*Dictionnaire du politiquement correct à la française*
1996, Éditions Albin Michel

*L'Aventure du Puy du Fou*
1998, Éditions Albin Michel

*La Machination d'Amsterdam*
1999, Éditions Albin Michel

*Vous avez aimé les farines animales, vous adorerez l'euro*
2001, Éditions Albin Michel

*La 51e étoile du drapeau américain*
2003, Éditions Albin Michel

*Quand les abeilles meurent, les jours de l'homme sont comptés*
2004, Éditions Albin Michel

*Les Turqueries du Grand Mamamouchi*
2005, Éditions Albin Michel

*Les Mosquées de Roissy*
2006, Éditions Albin Michel

*Une France qui gagne : la preuve*
2007, Éditions du Rocher

*Le Puy du Fou, un rêve d'enfant*
2010, Éditions Albin Michel

*Les Secrets du Puy du Fou*
2012, Éditions Albin Michel

*Le Roman de Charette*
2012, Éditions Albin Michel

*Le Roman de Saint Louis*
2013, Éditions Albin Michel

*Le Roman de Jeanne d'Arc*
2014, Éditions Albin Michel

*Le moment est venu de dire ce que j'ai vu*
2015, Éditions Albin Michel